순간의 힘

평범한 순간을 결정적 기회로 바꾸는 경험 설계의 기술

순간의 힘

칩 히스·댄 히스 지음 | 박슬라 옮김

The
Power
of
Moments

웅진 지식하우스

사랑하는 딸들
에머리, 오드리, 그리고 조세핀에게,
너희의 결정적 순간은
곧 우리의 결정적 순간이란다

빅 모먼츠 1 고양 ELEVATION 영원히 간직하고 싶은 순간

빅 모먼츠 2 / 통찰 INSIGHT   불현듯 진실을 깨닫는 순간

빅 모먼츠
3
긍지 PRIDE 내가 나이길 잘했다고 믿는 순간

간과하기 쉬운
결정적 순간의
영향력

'나도 저 단상에 서고 싶어'

크리스 바빅Chris Barbic과 도널드 카멘츠Donald Kamentz는 휴스턴의 한 술집에 앉아 있었다. 두 사람이 일하는 차터 스쿨charter school(자율형 공립학교-옮긴이)에서 14시간을 꼬박 근무한 후에 지친 몸과 기운을 보충하는 참이었다. 그들은 맥주를 홀짝거리며 스포츠 채널을 시청하고 메뉴판에 있는 유일한 음식인 피자를 나눠 먹었다. 2000년 10월의 그날 밤, 두 사람은 몇 분 뒤에 앞으로 수천 명의 삶을 극적으로 바꿀 계시를 마주하게 되리라고는 꿈에도 생각지 못하고 있었다.

그날 스포츠 전문 채널인 ESPN은 '전국 서명의 날National Signing Day' 소식을 보도하고 있었다. '전국 서명의 날'이란 미 전역에서 고등학교를 졸업하는 풋볼 선수들이 대학 스포츠팀과 계약동의서를 체결하는 날인데, 대학 풋볼 리그 팬들에게는 엄청나게 중요한 행사였다.

열기와 흥분에 가득 찬 스포츠 뉴스를 보던 중, 카멘츠는 불현듯 뭔가를 깨달았다. "스포츠 선수들은 대학에 들어갈 때 이렇게 전국적으로 떠들썩하게 축하를 받는데, 다른 학생들은 이런 대접을 받은 적이 없다는 생각이 들더군요." 그날을 회상하며 카멘츠는 말했다. 그들의 학교에 다니는 학생들—대체로 저소득층 히스패닉 가정 출신인—도 축하를 받을 자격은 충분했다. 상당수가 자신의 집안에서 최초로 고등학교 졸업장을 땄기 때문이다.

바빅은 바로 그런 학생들을 돕기 위해 학교를 설립했다. 그는 원래 공립 초등학교에서 6학년생들을 가르쳤는데, 점차 실망과 환멸을 느끼게 되었다. "많은 학생들이 꿈과 희망에 부풀어 중학교에 진학했다가 고작 몇 달 만에 생기를 잃고 풀린 눈을 하고 돌아오곤 했습니다." 학생들은 그를 찾아와 갱과 마약, 임신 같은 이야기를 털어놓았다. 바빅은 낙담했다. 그에게는 2가지 선택이 있었다. 자신의 정신적 안정을 위해 교사를 그만둘 것인가, 아니면 그런 학생들을 위한 학교를 세울 것인가. 그러던 중 1998년에 마침내 YES 예비학교$^{YES\ Prep}$를 설립했다. 도널드 카멘츠는 그가 처음으로 고용한 직원 중 한 사람이었다.

그날 밤 술집에서 전국 서명의 날 뉴스를 보며, 두 사람은 하나의 발상을 떠올렸다. '우리 학생들이 어떤 대학에 합격했는지 발표하는 우리만의 서명의 날을 만드는 건 어떨까?' 그렇게 하면 졸업생 전원을 축하하고 치하할 수 있을 터였다. YES 예비학교의 졸업 조건은 실제로는 대학에 진학하지 않는다고 해도 일단 대학에 지원해 합격 통보를 받는 것이기 때문이다.

그들은 아이디어를 보다 구체적으로 다듬기 시작했다. 그 행사를 '졸업생 서명의 날'이라고 부르도록 하자. 그리고 그날 YES 예비학교의 졸업생들은 대학 스포츠팀에 입단한 운동선수들처럼 열광적인 찬사와 축하를 받게 될 것이다.

그로부터 약 6개월 뒤인 2001년 4월 30일, 제1회 졸업생 서명의 날이 열렸다. 학교 옆에 위치한 커뮤니티 센터에 대략 450명의 인파가 몰려들었다. 졸업생 17명과 그 가족들, 그리고 6학년생부터 다음 해의 예비 수험생까지, YES 예비학교의 전교생이 그 자리에 참석했다.

졸업생은 한 사람씩 차례대로 연단 위로 올라가 올 가을에 어떤 대학에 갈 것인지 선언했다(미국은 여름방학이 끝난 가을학기에 신학기가 시작된다-옮긴이). "제 이름은 에디 자파타입니다. 제가 갈 대학은 밴더빌트 대학입니다!" 어떤 학생은 대학교 이름이나 로고가 적힌 티셔츠 혹은 삼각기를 펼쳐 보이기도 했다. 많은 학생들이 최후의 순간까지 어느 대학에 합격했는지 비밀로 했기 때문에 강당 안에는 숨죽인 긴장감이 감돌고 있었다. 학생들이 대학을 밝힐 때마다 환성이 터져 나왔다.

선언을 마친 학생들은 테이블에 앉아 가족들에게 에워싸인 채 입학 접수증에 서명을 하고 등록을 확정지었다. 바빅은 서명이 완료되는 순간, 사람들의 감정이 폭발하는 것을 보았다. "감동적이었죠. 자기 자식을 그 자리에 세우기 위해 이제껏 치른 모든 희생과 노력들을 생각하면……. 하지만 그건 절대로 혼자 해낸 일이 아니었습니다. 수많은 사람들의 노력이 어우러진 결과였죠." 행사가 끝날 즈음에는 눈시울이 젖지 않은 사람이 없을 정도였다.

그때부터 졸업생 서명의 날은 YES 예비학교에서 가장 중요한 연례행사가 되었다. 졸업을 앞둔 학생들에게는 그들이 학교에서 이룬 성취를 축하받는 최고의 날이었다. 한편 그보다 어린 하급생들에게 서명의 날은 다른 의미를 지녔다. 제3회 졸업생 서명의 날은 휴스턴 대학 강당을 빌려야 할 정도로 규모가 커졌다. 6학년인 마이라 베일도 그날 참석한 이들 중 하나였다. 그녀가 참석한 첫 서명의 날이었고, 마이라는 깊은 감동을 받았다. 그녀는 생각했다. '나도 저렇게 될 수 있어. 우리 집에서는 아직까지 대학에 간 사람이 아무도 없지만, 나도 저 단상에 서고 싶어.'

그로부터 6년 후인 2010년, 졸업반은 126명으로 늘었고, 서명의 날은 걷잡을 수 없을 만큼 거대한 행사가 되어 5,000명의 참석자를 수용하기 위해 라이스 대학교의 농구 경기장을 대여해야 했다. 그해 졸업생 중 90퍼센트가 그 집안 최초의 대학생이었다.

축사를 맡은 미 교육부장관 안 덩컨Arne Duncan은 자신이 목격한 광경에 깊은 감동을 받았다. 그는 미리 준비해왔던 연설문을 옆으로 치워버리고 마음에서 우러나오는 대로 말했다. "지금 여기서 일어나는 일은 그 어떤 농구 시합이나 풋볼 경기와도 비교할 수 없을 만큼 중요하고 위대합니다……. 감사합니다. 여러분은 형제자매들뿐만 아니라 학교의 후배들, 나아가 전 미국 국민을 고취시키고 감동을 주었습니다."

마이라 베일도 그날의 졸업생 중 하나였다. 단상에 오를 수 있기를 갈망한 지 6년째, 드디어 오늘은 그녀의 날이었다. "안녕하세요, 여러분. 제 이름은 마이라 베일입니다." 마이라는 만면에 미소를 지으며 말했다. "이번 가을에 저는 코네티컷 대학에 입학합니다!" 코네티컷 대학은 미국 인문대학 가운데 상위 50위권에 드는 학교다. 관중들은 환호로 답했다.

결정적 순간을 기다릴 필요가 없다

우리는 모두 살면서 결정적 순간을 맞이한다. 결정적 순간이란 우리의 기억 속에 유난히 도드라지게 새겨진 의미심장한 경험을 가리키는데, 보통은 그중 상당수가 운에 좌우된다. 길에서 우연히 부딪힌 상대와 일생일대의 사랑에 빠진다. 학교에 새로 온 교사가 당신도 모르고 있던 재능을 발굴한다. 갑작스러운 상실로 인해 하루아침에 삶이 흔들린다. 어느 날 불현듯, 이 회사에서는 단 하루도 더 일하고 싶지 않다는 사실을 깨닫는다. 이 놀라운 순간들은 마치 숙명이나 행운, 또는 보다 위대한 권능이 개입되어 있는 것처럼, 우리가 통제하거나 손을 댈 수 없는 것처럼 느껴진다. 하지만 정말로 그럴까? 결정적 순간은 정말 '우연히' 발생하는 것일까?

졸업생 서명의 날은 우연의 결과가 아니다. 그것은 크리스 바빅과 도널드 카멘츠가 학생들을 위해 '창조'한 결정적 순간이다. 마이라 베일과 다른 수백 명의 YES 예비학교 학생들이 단상 위로 올라갔을 때, 그들은 신중하고 사려 깊게 고안된 결정적 순간에 발을 디딘 것이며, 의도적으로 계획되었다고 해서 그 특별함이 사라지진 않는다. 학생들은 그 특별한 순간을 평생 잊지 못할 것이다.

결정적 순간은 우리의 인생을 형성하고 구축한다. 그러나 우리는 결정적 순간이 발생하기를 기다릴 필요가 없다. 그 순간을 직접 고안하고 만들 수 있기 때문이다. 교사가 학생들이 학교를 졸업하고도 오래도록 기억할 수업을 계획할 수 있다면 어떨까? 직원들의 실패의 순간을 성장의 계기로 전환시킬 방법을 아는 관리자가 될 수 있다면 어떻게 하겠는가? 당신의 자녀들에게 평생 간직할 추억을 심어줄 방법을 알고 싶은가?

이 책의 목표는 2가지다. 첫째, 결정적 순간들을 분석하여 공통적인 특성을 파악한다. 무엇보다 우리는 특정 경험을 더욱 인상 깊고 오래 기억하게 하는 요인이 무엇인지 탐구할 것이다. 우리의 연구 결과에 따르면 모든 결정적 순간은 공통된 요소를 공유한다.

둘째, 그런 요소들을 활용해 결정적 순간을 창조하는 방법을 알려준다. 우리는 왜 결정적 순간을 창조하길 원하는가? 우리의 삶을 더욱 풍부하게 만들기 위해서다. 다른 사람들과 연결되고 교감하기 위해서다. 추억을 만들고, 고객들과 환자 또는 직원들의 경험을 개선하기 위해서다.

삶이란 우리가 경험하는 매 순간으로 구성되고, 결정적 순간은 그중 가장 오래 살아남아 기억된다. 그러므로 우리는 당신의 삶에 더욱 많은 결정적 순간을 만들 방법을 알려줄 것이다.

숫자를 이기는 절정 – 대미 법칙

우리는 왜 어떤 경험은 생생하게 기억하는 반면 어떤 것들은 금방 잊어버리는 걸까? 서명의 날의 경우에는 간단히 대답할 수 있다. 중요한 기념행사일 뿐만 아니라 몹시 감동적이기까지 한 사건이기 때문이다. 그러니 수학 수업보다 기억에 오래 남는 게 당연하다. 그러나 다른 일상적인 경험들의 경우에는—방학이나 휴가에서부터 업무 프로젝트에 이르기까지—왜 어떤 것은 기억하고 어떤 것은 잊어버리는지 그 이유가 불분명하다.

심리학자들은 이런 기억의 수수께끼와 관련해 일반적인 통념과는 사뭇 어긋난 해답을 발견한 바 있다. 이를테면 당신이 가족들과 디즈니랜드에 놀러갔다고 치자. 우리는 매 시간마다 당신에게 문자를 보내 디즈니랜드에서 보낸 시간에 대해 1부터 10까지—1점은 형편없고 10점은 아주 좋은—점수를 매겨달라고 부탁했다. 자, 우리는 당신에게 도합 6번의 문자를 보냈고, 당신이 디즈니랜드에서 보낸 하루는 다음과 같았다.

a.m. 9   호텔에서 애들을 데리고 나옴. 다들 들떠서 제정신이 아님. 6점.

a.m. 10   '작은 세상'이라는 놀이기구를 탐. 애들이나 어른들이나 서로 이런 걸 좋아하나 보다, 하고 꾹 참고 견딘 듯. 5점.

a.m. 11   '스페이스 마운틴' 롤러코스터를 타고 나니 도파민이 급상승함. 아이들도 한 번 더 타자고 조름. 10점.

p.m. 12   디즈니랜드에서 파는 완전 비싼 음식을 먹음. 이 돈이 다 자기들의 대학 등록금이라는 걸 알면 애들도 저렇게 좋아하진 않을 텐데. 7점.

p.m. 1   기온이 35도에 육박하는 플로리다의 뜨거운 뙤약볕 아래서 45분

째 줄을 서서 기다리는 중. 아들이 난간을 물어뜯지 못하게 말려야 했음. 3점.

p.m. 2 디즈니랜드를 나오면서 미키마우스 귀가 달린 모자를 삼. 애들한 테 씌우니 눈이 돌아갈 정도로 귀엽다. 8점.

당신이 오늘 하루를 어떻게 보냈는지 평가하는 가장 간단한 방법은 평균 점수를 내는 것이다. 6.5점이라, 꽤 즐거운 시간을 보낸 것 같다. 그렇다면 그로부터 몇 주일 뒤에 당신에게 디즈니랜드에 갔던 경험에 대해 '전반적인' 평가를 내려달라고 부탁한다면 어떨까? 논리적으로 예상한다면 당신의 평가 점수는 그날의 가장 좋은 경험과 가장 나쁜 경험을 아우른 6.5점에 가까울 것이다.

하지만 심리학자들의 대답은 다르다. 그들은 당신이 디즈니랜드에 간 날을 회상하고 평가할 경우 종합적으로 9점을 매길 것이라고 예측한다. 왜냐하면 여러 연구 조사에 따르면 우리는 과거의 경험을 기억할 때 대부분의 사건을 무시하고 몇몇 특정한 순간만을 떠올리기 때문이다. 특히 이 사례의 경우에는 2가지 순간이 두드러지는데, 스페이스 마운틴 롤러코스터를 탄 것과 미키마우스 모자를 산 것이다. 왜 하필이면 이 사건들이 가장 중요한지 궁금하다고? 이와 관련된 심리학 이론을 잠깐 살펴보자.

참가자들이 3개의 고통스러운 과제를 수행해야 하는 연구 실험이 있다. 첫 번째는 13도의 차가운 물이 담긴 양동이에 손을 넣고 60초 동안 버티는 것이다(같은 온도라도 물은 공기보다 '훨씬' 차게 느껴진다).

두 번째는 첫 번째와 비슷하지만 60초가 아니라 90초 동안 물에 손을 담그고 있어야 하는데, 대신에 마지막 30초 동안 수온이 15도로 상승한다. 여전히 괴롭긴 해도 대부분의 참가자는 적어도 수온이 13도였을 때에 비해 눈에 띄게 덜 고통스러워 보였다(연구진은 경과 시간을 면밀히 측정하지만 참가자들은 시간이 얼마나 지났는지 정확히 알지 못한다).

그리고 세 번째에서 참가자들은 선택권을 얻게 된다. 첫 번째 과제를 반복할 것인가, 아니면 두 번째를 반복할 것인가?

아주 간단한 질문이다. 두 실험 모두 60초 동안 똑같은 고통을 견뎌야 하고, 두 번째의 경우에는 고통의 강도는 다소 덜할망정 추가로 30초 동안 더 고통을 겪어야 한다. 즉 '60초 동안 맞을래, 아니면 90초 동안 맞을래?'와 거의 흡사한 질문인 셈이다. 그럼에도 불구하고, 실험 참가자의 69퍼센트가 두 번째를 선택했다.

심리학자들은 이처럼 이해하기 힘든 결과가 나온 이유를 밝혀냈다. 사람들은 특정한 경험을 평가할 때 그 경험이 지속되는 시간을 잊거나 무시하는데, 이 같은 현상을 '지속 시간 경시'라고 부른다. 우리는 경험을 평가할 때 대개 2개의 중요한 순간을 기준점으로 삼는 듯 보인다. 최고 또는 최악의 순간을 뜻하는 절정peak과, 마지막end이 그것이다. 심리학에서는 이를 '절정-대미 법칙peak-end rule'이라고 부른다.

다시 말해 실험 참가자의 기억에서 60초와 90초의 차이는 지워지며—'지속 시간 경시'—지속 시간이 더 길었던 두 번째 과제 쪽이 '끝이 더 편안했다'는 인상만 남는 것이다(두 경우 모두 고통이 절정에 이르는 순간은 약 60초 구간이다).

이 실험은 당신이 왜 디즈니랜드에 놀러 간 경험에서 스페이스 마운틴 롤러코스터(절정)와 미키 마우스 모자(마지막)만을 기억하는지를 말해준다. 그 둘을 제외한 나머지는 기억 속에서 흐릿해지고, 그 결과 그날에 대한 당신의 기억은 1시간 단위로 당신이 제공한 실제 정보보다 훨씬 즐거웠던 것으로 남게 된다.

"네, 아이스바 핫라인입니다"

절정-대미 법칙은 여러 종류의 경험에 광범위하게 적용되는데, 이와 관련해 대부분의 연구는 단기적인 실험실 조건 경험에 집중하는 경향이 있다. 이를테면 영상 보기나 불쾌한 소리 견디기처럼 말이다. 경험의 지속 시간이 길수록 절정의 중요성은 비슷하나 마지막의 중요성은 상대적으로 다소 미약해진다. 시작도 매우 중요한 요소다. 대학 졸업생들의 대학 시절 추억에 관한 실험의 경우, 그들이 지금껏 기억하고 있는 약 40퍼센트의 기억이 막 입학한 9월에 집중되어 있었다! 시작과 마지막은 가끔 혼동되기도 한다. 예를 들어 새 직장 때문에 이사를 갔다면 그것은 시작일까, 마지막일까 아니면 양쪽 다일까? 그것이 바로 우리가 전환transition에 대해 이야기해야 하는 이유다. 전환은 시작과 마지막을 모두 아우르기 때문이다. 무엇보다 분명한 점은, 우리가 경험을 평가할 때 매 순간의 감정을 균등하게 계산하지 않는다는 것이다. 우리는 가장 인상적인 순간을 기억하는 경향이 있다.

고객 경험에 따라 성공 여부가 결정되는 서비스 분야─레스토랑, 병원에서, 콜센터와 사우나에 이르기까지─에 종사하는 사람들에게 이는 엄청나게 중요한 깨달음이다. 매직캐슬 호텔을 예로 들어보자. 매직캐슬 호텔은 LA에 있는 수백 개 호텔 중에서 세 손가락 안에 꼽히는 곳이다. 비벌리힐스의 포시즌스나 LA 리츠칼튼도 제칠 정도이며, 고객들의 평가도 굉장하다. 트립 어드바이저에 등록된 2,900개 리뷰 중에서 93퍼센트가 "훌륭한" 혹은 "좋은"으로 평가하고 있다.

하지만 매직캐슬이 이런 호평을 받는 것은 다소 의외다. 인터넷에서 사진을 몇 장만 찾아봐도 이곳이 'LA 최고의 호텔 중 하나'라는 결론을 내리기는 힘들다. 호텔 안뜰에 있는 수영장은 가정집 뒷마당에 있다면 근사하다고 불러줄 정도고, 인테리어는 촌스럽고 가구는 단순하고 벽도 대부분 텅 비어 있다. 사실 호텔이라고 부르기에도 많이 부족해 보인다. 실제로 매직캐슬 호텔은 1950년대의 2층짜리 아파트 건물—그것도 촌스러운 개나리색—을 약간 개조한 것에 불과하다.

문제는 매직캐슬의 외양이 초라하다는 것이 아니다. 뭐, 그건 그런대로 괜찮다. 그 정도면 포시즌스 수준은 아니더라도 적당한 가격대의 실용적인 모텔처럼 보이기 때문이다. 그런데 매직캐슬은 숙박비가 싸지 않다. 힐튼이나 메리어트 호텔과 맞먹을 정도다. 그런데도 어떻게 이곳이 LA 최고의 호텔이라는 평가를 받을 수 있단 말인가?

수영장 옆에 붙어 있는 새빨갛고 촌스러운 전화기부터 살펴보자. 수화기를 집어 들자 누군가의 목소리가 들린다. "네, 아이스바 핫라인입니다." 주문만 하면 잠시 후에 손에 하얗고 정갈한 장갑을 낀 직원이 포도맛, 체리맛 또는 오렌지맛 아이스바를 수영장 옆에 누워 있는 당신에게 손수 배달해준다. 그것도 은쟁반에 곱게 담아서. 공짜로 말이다.

그뿐만이 아니다. 킷캣에서 루트비어, 치토스에 이르기까지 온갖 주전부리로 가득한 스낵 메뉴도 있다. 동전 한 푼 낼 필요 없이 전부 공짜다. 보드게임 메뉴와 DVD 메뉴에 적힌 물건들도 전부 무료로 빌릴 수 있다. 아침 식사 때에는 일주일에 세 차례 마술사들이 공연을 한다. 아차, 더러운 세탁물을 얼마나 많이 내놓든 전부 공짜로 세탁을 해준다는 얘기도 했던가? 오전에 옷가지를 내놓으면 오후에는 빳빳하게 세탁된 옷이 두꺼운 방습지와 노끈으로 포장되어, 거기에 라벤더 가지 하나까지 곁들여져 돌아온다. 의사가 당신의 아이를 처음으로 품에 안겨주었을 때마저도 이만큼 근사하고 운치 있는 의례를 치러주지는 않았을 것이다.

매직캐슬 호텔에 대한 고객들의 반응은 가히 열광적이다. 매직캐슬은 고객을 만족시키고 싶다면 굳이 세세한 부분까지 집착할 필요가 없다는 사실을 안다. 몇몇 환상적인 순간들을 만들어주기만 한다면 고객들은 손바닥만 한 수영장과 촌스러운 인테리어 따위는 금세 잊어버릴 것이다. 훌륭한 서비스 경험의 놀라운 핵심은 그것들이 '대부분은 잊어버리기 쉽지만 가끔 아주 감동적'이라는 것이다.

그렇다면 아이스바 핫라인의 수화기를 드는 것은 결정적 순간일까? 삶이라는 측면에서는 당연히 그럴 리가 없다. 임종을 앞두고 "그때 포도맛 아이스바를 주문했어야 했는데……"라고 후회하지는 않을 테니 말이다. 하지만 즐겁고 만족스러운 휴가 여행의 관점에서 본다면? 오, 굉장히 결정적인 순간이다. 남캘리포니아에 다녀온 관광객들은 친구들에게 이렇게 말할 것이다. "디즈니랜드에 갔어. 명예의 거리에도 가봤지. 아, 그리고 호텔에 묵었는데, 매직캐슬이라고, 너는 안 믿을지도 모르지만 글쎄 수영장 옆에 전화기가 있거든?" 아이스바 핫라인은 당신의 여행에서 결정적 순간 중 하나가 될 것이다. 동시에 그것은 의도적으로 만들어진 순간이기도 하다. 다른 호텔들은 해내지 못한 매직 캐슬만의 순간 말이다(메리어트 호텔의 정원은 몹시 아름답지만 당신이라면 친구들에게 그곳이 얼마나 멋진지 '자랑'하겠는가?).

요는 간단하다. 어떤 순간들은 다른 순간들보다 더 깊은 의미를 지닌다. 여행객들에게 아이스바 핫라인은 2주일간의 휴가에서 유독 기억에 남은 15분이다. YES 예비학교 학생들에게 졸업생 서명의 날은 학창시절 7년 중에 최고로 두드러진 순간이다.

그러나 우리는 그러한 진실을 간과하는 경향이 있다. 우리는 이런 눈에 띄는 순간들에 '투자'하는 데 익숙하지 않다. 예를 들어 역사 교사가 한 학기 동안 학생들을 가르칠 커리큘럼을 짠다고 하자. 그가 계획한 각각의 수업들은 1시간 내내 거의 비슷한 수준의 집중력을 요한다. 다시 말해 그는 수업 중에 몇몇 '절정'의 순간들을 만들 노력을 하지 않는 것이다. 혹은 어떤 회사의 경영자가 단기간에 신속한 발전을 이끌고 있지만 업무 자체는 이번 주에도 다음 주에도 늘 비슷하다고 생각해보라. 자녀들과 매주 판에 박힌 생활을 한다면 그에 대한 기억은 한 덩어리로 뭉뚱그려지고 희미해질 것이다.

결정적 순간을 창조하는 4가지 요소

이렇게 지겹고 단조로운 시간 속에서 중요한 순간을 창조하려면 어떻게 해야 할까? 가장 기본적인 것부터 시작해보자. '결정적 순간'이란 무엇인가? 어떻게 정의할 것인가? 일반적으로 이 단어는 다양한 방식으로 사용된다. 누군가는 사람의 인격이나 본질이 드러나는 순간, 이를 테면 전투에서 군인이 용기와 투지를 드러내는 극적인 순간을 지칭하기도 하고 또 어떤 이들은 보다 자유로운 맥락에서 '대성공'과 같은 의미로 사용하기도 한다(예를 들어 인터넷에서 이 단어를 검색하면 "70년대 TV 시리즈의 결정적 순간" 같은 목록을 발견할 수 있을 것이다).

이 책에서 의미하는 결정적 순간은 오래 기억되고 깊은 의미를 지닌 짧은 경험이다(여기서 '짧은'은 상대적 개념이다. 한평생 중 한 달일 수도 있고, 고객서비스 통화 중 1분일 수도 있다). 인생을 살다 보면 자신이 누구인지 깨닫는, 아주 결정적인 순간들을 수없이 마주치기 마련이다. 그리고 그중에는 보다 작고 사소한 경험들도 있다. 가령 아이스바 핫라인처럼 휴가나 유학 중에 또는 제품 개발을 하는 과정에서 마주치는 결정적 순간들 말이다.

이런 순간들은 어떻게 만들어지며, 더 많은 결정적 순간을 창조하려면 우리는 어떻게 해야 하는가? 우리는 연구 조사를 통해 결정적 순간이 다음 4가지 요소에서 비롯된다는 사실을 알아냈다.

고양Elevation 결정적 순간은 평범함과 일상 속에서 현저하게 두드러진다. 일시적으로 행복감을 느끼거나 친구의 농담에 웃음을 터트리는 것을 넘어 기억에 오래 남는 기쁨과 고양감을 선사한다(빨간 수화기를 집어 들자 누군가 "아이스바 핫라인입니다. 곧 대령해드리겠습니다"라고 말하는 것처럼). 고양의 순간을 맞닥뜨렸을 때, 우리는 감각적 쾌감을 맛보며―은쟁반에 담긴 아이스바가 내 눈앞까지 배달될 것이라는 기대감―가끔은 놀라움의 요소가 곁들여지기도 한다. 우리는 그런 뜻밖의 놀라움이 어째서 우리의 시간 감각을 왜곡하는지, 그리고 삶에서 가장 인상적인 기억들이 왜 대부분 10대와 20대에 집중되어 있는지 알아볼 것이다. 고양의 순간은 일상적인 사건을 압도한다. 그것은 문자 그대로 특별하다.

통찰Insight 결정적 순간은 우리 자신 또는 주변 세계에 대한 인식을 재구성한다. 몇 초 또는 겨우 몇 분도 안 되는 찰나의 시간에 우리는 앞으로 오랫동안 우리 삶에 영향을 끼칠지도 모르는 무언가를 깨닫는다. '지금이 바로 이 사업을 시작할 때야', '이 사람이 바로 내가 결혼할 사람이야.' 심리학자 로이 보마이스터Roy Baumeister는 "불만의 실체화crystallization of discontent"가 촉발한 삶의 변화에 관해 연구했다. 불만의 실체화란 사람들이 불현듯 진실을 깨닫는 순간을 가리킨다. 가령 사이비 종교 집단의 신도들이 어떤 사건을 계기로 교주의 정체를 알아차리는 것처럼 말이다. 이 같은 통찰의 순간은 대개 우연의 산물처럼 보이기 쉽지만, 사실은 이를 설계하거나 그 기초를 다질 수 있다. 우리는 약간 지저분한 이야기를 통해 지역공동체가 "진실에 걸려 넘어지게"함으로써 변화를 일군 사례에 대해 알아보려한다.

긍지Pride 결정적 순간은 우리가 최선의 모습을 드러낼 때 발생한다. 성취의 순간, 용기의 순간. 이 같은 순간들을 창조하려면 긍지와 자부심이 어떻게 생성되는지 알아야 한다. 우리는 어떻게 보다 거대한 목표로 이어지는 뜻 깊은 이정표를 세울 것인가? 이번에는 '소파에서 5K로Couch to 5K' 앱이 어떻게 "더 오래 달리시오" 같은 단순한 지시보다 더 큰 효과를 발휘하고 지금 같은 성공을 거둘 수 있었는지에 대해 탐구한다. 또 용기 있는 행동에 관한 여러 가지 사실과 그로 인한 거대한 파급 효과에 관해서도 알아본다.

교감Connection 결정적 순간은 사회적인 경험이다. 결혼식과 졸업식, 세례식, 휴가, 업무적 성공, 술집과 성인식, 연설, 스포츠 경기 등을 생각해 보라. 이 같은 순간들이 강렬하게 느껴지는 이유는 다른 이들과 함께 공유하기 때문이다. 이런 교감의 순간을 자극하는 것은 무엇일까? 우리는 전혀 모르는 사이인 두 사람이 방 안에 들어와 45분 뒤에는 세상에 둘도 없는 친구가 되어 나가는 기가 막힌 실험 과정을 지켜볼 것이다. 뿐만 아니라 한 사회학자가 인간관계―남편과 아내, 의사와 환자, 또는 판매자와 고객―를 보다 돈독하게 만든다고 주장하는 일종의 통합 이론에 대해서도 분석한다.

당신의 소중한 물건들이 말해주는 것

결정적 순간은 종종 긍정적 감정을 유발한다. 이 책에서는 대개 '긍정적인 결정적 순간'과 '절정'을 거의 동일시하여 사용하지만, '부정적인' 결정적 순간이 존재하는 것도 사실이다. 불쾌하거나 당황스럽거나 간혹 사람들이 "본때를 보여주고야 말겠어!"라고 울분을 터트리는 순간들 말이다. 그와는 완전히 다른 범주에 속하는 비통하고 애달픈 트라우마의 순간도 있다. 나중에 트라우마를 극복하려는 사람들에 대해 이야기하긴 할 테지만 상세하게 다루지는 않을 예정이다. 이 책은 주로 긍정적인 순간을 창조하는 데 중점을 두고 있기 때문이다. 상실의 순간을 더 많이 경험하고 싶어 하는 사람은 없다. 책 말미에 덧붙이는 글이 트라우마를 겪은 이들에게 다소 도움이 되길 바란다.

결정적 순간은 위에서 언급한 4가지 요소 중 적어도 하나를 포함하지만, 반드시 4가지 모두를 포함할 필요는 없다. 가령 통찰의 순간은 대개 개인적이며, 교감을 그다지 필요로 하지 않는다. 그리고 아이스바핫라인처럼 재미있고 신나는 순간들은 통찰력이나 긍지가 포함될 여지가 별로 없다.

한편 아주 강력한 결정적 순간은 4가지 요소를 전부 포함하기도 한다. YES 예비학교의 졸업생 서명의 날을 생각해보라. 단상 위에 오른 '고양'된 학생들, '나도 저렇게 될 수 있어'라고 생각하는 6학년생들의 '통찰', 대학에 합격했다는 '긍지', 그리고 강당을 가득 메운 수천 명이 공유하는 '교감'까지, 여기에는 모든 것이 있다(결정적 요인의 4가지 요소를 쉽게 기억할 수 있는 방법에 대해 알고 싶다면 다음 페이지의 각주를 확인하라).*

때로 이러한 요소들은 굉장히 개인적일 수도 있다. 혹시 당신도 집 안 어딘가에 당신에게는 무척 소중하지만 다른 사람들에게는 쓸모없는 잡동사니로 가득한 보물상자를 숨겨놓지는 않았는가? 그것은 스크랩북일 수도 있고, 옷장 서랍일 수도 있고, 다락방에 올려놓은 작은 상자일 수도 있다. 어쩌면 그중에서 특히 좋아하는 것들을 날마다 보려고 냉장고 문에 자석으로 붙여놨을지도 모른다. 당신의 보물상자에 무엇이 들었든 그것은 위에서 말한 4가지 요소를 전부 포함하고 있을 것이다.

고양 러브레터, 반 토막만 남은 티켓 조각, 낡고 해진 티셔츠, 꺼내볼 때마다
입가에 미소가 떠오르는 어린 시절 열심히 모으던 트레이딩 카드들.

통찰 감동적인 글귀, 세상에 대한 시선을 바꾼 책, 어린 시절 생각이 담긴
일기장.

긍지 상장, 성적표, 칭찬 쪽지, 수료증, 감사 카드, 우승컵(무슨 상이 됐든 상
패를 버리는 건 매우 가슴 아픈 일이다).

교감 결혼사진, 여행사진, 가족사진, 못생긴 크리스마스 스웨터를 입고 찍
은 사진, 어쨌든 수많은 사진들, 집에 불이 나면 가장 먼저 챙겨서 나
갈 물건들.

당신이 소중히 간직하고 있는 이 물건들은 간단히 말해 삶의 결정
적 순간을 기념하기 위한 지취이다. 보물상지에 담겨 있는 물건들을
생각하면 어떤 기분이 드는가? 자녀들에게, 학생들에게, 동료와 고객

---

* 고양, 통찰, 긍지, 교감의 머리글자를 따서 통찰과 긍지의 순서를 바꾸면 'EPIC'이라는 단어가
된다. 사실 우리 저자들은 이 단어에 대해 다소 복잡한 감정을 갖고 있다. 이런 책을 쓸 때 이런
두문자어를 고안해내면 좀 진부하게 느껴지긴 해도 쉽게 기억할 수 있다는 장점이 있다. 이전
이라면 기꺼이 이 거래를 받아들여 우리의 두 전작에서처럼 두문자어를 사용해 독자들에게 도
움을 줬겠지만 이번에는 여기에 저항하기로 했다. 무엇보다 우리는 이 책에서 '웅대한EPIC' 순
간을 창조해야 한다고 조언하는 것이 아니기 때문이다. 앞으로 접할 일화 중 몇 개는 그 단어와
잘 어울리지만, 대개는 소소하고 사적이며 때로는 변화와 함께 고통을 수반한다. 'EPIC'은 너
무 거창한 단어이고, 동시에 너무 피상적으로까지 느껴진다. 두 번째 이유는 보다 개인적인데,
'EPIC'이라는 단어를 읽으면 왠지 약에 취해 헤롱거리며 서핑을 즐기는 젊은 친구들이 생각나
기 때문이다(무슨 뜻인지 대충 이해하리라 믿는다). 만일 'EPIC'이라는 단어가 이 4가지 요소
를 기억하는 데 도움이 된다면 모쪼록 사용하도록 하라. 하지만 우리가 이 단어를 언급하는 것
은 지금이 처음이자 마지막일 것이다.

들에게도 그와 똑같은 기분을 선사할 수 있다면 어떻겠는가?

　순간은 중요하다. 그런 중요한 순간들을 단순히 우연의 손에만 맡긴다면 우리는 얼마나 많은 기회를 놓칠 것인가. 교사는 학생들을 고취시킬 수 있고 간병인이나 돌보미는 환자들에게 편안함과 위안을 줄 수 있으며, 서비스직 종사자는 활력을 얻고, 정치가들은 단결하고, 관리자는 직원들에게 동기를 부여할 수 있다. 이 모든 것이 약간의 계획과 통찰력만 있으면 가능하다. 이 책은 순간의 힘을 창조할 지혜와 통찰을 담고 있다.

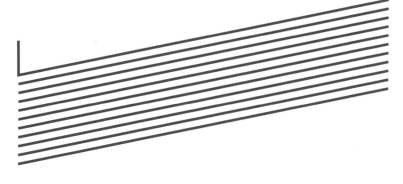

Chapter 1

삶이란 산문에 구두점이 필요한 순간

순간 중심적 사고 습관

지금 당신이 일하고 있는(또는 가장 최근까지 일했던) 직장에 처음 출근한 날을 기억하는가? 결정적 순간은 '아니었다'고 해도 무리가 없을까?

여기저기서 들은 이야기로 미뤄볼 때, 출근 첫날에 아직 어리숙한 직원들이 경험하는 전형적인 하루는 다음과 같다. 아침에 새 회사에 출근한다. 안내데스크 직원은 당신이 다음 주에나 출근하는 줄 알고 있다. 이런저런 끝에 당신에게 배정된 자리로 안내받는다. 책상 위에는 모니터와 인터넷 케이블이 있지만 막상 컴퓨터 본체가 없다. 바인더 클립 하나가 달랑 놓여 있을 뿐이다. 의자에는 전에 사용하던 사람의 엉덩이 자국이 마치 인체공학 엉덩이 화석처럼 고스란히 남아 있다.

당신의 직속 상사는 아직 출근하지 않았다. 안내 직원이 근무 수칙 및 윤리 규정을 건네준다. "이걸 읽고 계시면 제가 몇 시간 뒤에 다시 올게요." 성희롱 항목이 어쩌나 길고 복잡한지 동료들의 평소 행실이 의심스러울 지경이다.

마침내 한 붙임성 좋은 동료가 다가와 자기를 소개하고는 사무실 안을 데리고 돌아다니며 열심히 업무 중인 11명의 동료들과 인사를 시킨다. 이 회사에서 근무를 시작한 지 아직 1시간도 안 되었는데 동료들의 일을 방해해서 밉보이는 건 아닌지 걱정이 된다. 사람들 이름이 한 귀로 들어왔다가 다시 한 귀로 흘러나간다. 레스터라는 사람만 빼고. 어쩌면 저 사람 때문에 성희롱 경고 항목이 그렇게 긴지도 모르겠다. 당신이 아는 것과 대충 비슷한가?

새 직원의 출근 첫날이 얼마나 주변의 무관심 속에서 흘러가는지 가히 신기할 정도다. 회사의 새 가족에게 유대감과 소속감을 심어줄 절호의 기회를 터무니없이 낭비하는 셈이 아닌가. 첫 데이트 날에 상대를 이런 식으로 취급한다고 상상해보라. "조금 있다 회의가 있어서요, 잠시 조수석에서 기다리시면 제가 몇 시간 뒤에 다시 올게요."

이런 바보 같은 실수를 피하려면 특별한 순간이 언제 필요한지를 알아야 한다. 즉, '순간 중심적 사고' 방식을 배워야 한다. 시간과 노력을 투자할 가치가 있는 것을 구분하고 식별하는 법을 배워야 한다.

이런 '순간 포착' 습관은 저절로 생기지 않는다. 가령 회사나 조직에서 우리는 목표 중심적으로 사고하는 경향이 있다. 시간은 오로지 목표를 명확히 하거나 평가할 때에만 의미가 있다. 왜냐하면 조직에서 가장 중요한 것은 목표이기 때문이다. 그러나 개인에게는 순간이 중요하다. 우리는 삶을 살아가면서 경험한 특별한 순간들을 기억하고 소중히 여긴다. 물론 마라톤 완주나 중요한 고객을 유치하는 것처럼 개인적인 목표를 추구하고 이를 성취하는 데서 큰 기쁨을 느끼지만 순간은 성취를 포함하는, 그보다 더 큰 개념이다.

모든 문화권에는 각별히 중요하게 여기는 소중한 순간들이 있다. 생일, 결혼식, 졸업식, 명절과 장례의식, 정치적 전통까지 말이다. 우리는 이것들을 '당연하게' 생각하지만, 사실 이 모든 기념일은 인위적으로 발명된 것이며 시간에 형태를 부여하고 싶었던 이름 없는 작가들의 작품이다. 삶이라는 산문에 구두점이 필요한 곳을 인식하는 것, 그것이 '순간 중심적으로 사고'하는 것이다.

"우리가 하는 일은 중요해, 그리고 나는 회사에서 중요해"

지금부터 우리는 그런 구두점을 찍기에 걸맞는 3가지 상황, 즉 전환점과 이정표, 구덩이를 살펴볼 것이다. 전환점은 결정적 순간의 가장 전형적인 모범이라 할 수 있다. 예를 들어 많은 문화권에 '성인식'이 존재한다. 유대교에는 바르 미츠바와 바트 미츠바가 있고(각각 유대교의 남녀 성년식-옮긴이), 라틴 문화권에는 퀸세아녜라(소녀의 15세 생일을 축하하는 성년식-옮긴이)가 있다. 브라질 아마존의 사테레 마우웨 부족의 사내아이들은 13세가 되면 사납고 성난 총알개미를 가득 넣은 장갑을 착용하여 독침에 쏘인 흉터를 얻어야 한다. 누군가 그저 "어떻게 해야 사춘기를 더 힘들게 만들 수 있을까?"라고 생각했기 때문이다. 성년식은 성인을 향해 점진적으로 전진하는 청소년의 성장 과정에 명확한 경계선을 긋는 행사다. '어제까지 나는 어린애였다. 하지만 오늘부터는 성인이다(독침 때문에 흉하게 부풀어 오른 손을 가진 성인 남성이다).'

전환점은—이정표와 구덩이처럼—'자연스레' 발생하는 결정적 순간이다. 결혼이라는 전환점은 의식의 유무와는 관계없이 한 사람의 인생에서 중대한 결정적 순간이다. 그러나 이런 자연발생적인 결정적 순간이 얼마나 중요한지 이해할 수 있다면 우리는 이를 의도적으로 더 매끄럽게 가다듬을 수 있다. 다시 말해 더욱 인상적이고 의미 깊게 만들 수 있는 것이다.

그렇다면 이제 당신은 출근 첫날이 어째서 투자할 가치가 있는 중요한 경험인지 이해할 수 있을 것이다. 새 직장에 출근하는 직원은 이날 3개의 거대한 전환점을 한꺼번에 맞이한다. 지적으로는 새로운 업무를 시작하고, 사회적으로는 새로운 사람들을 만나며, 환경적 맥락에서는 새로운 장소에 발을 디디게 된다. 따라서 출근 첫날은 지루하고 요식적인 활동의 반복에 그치는 것이 아니라 반드시 절정의 순간이 되어야 한다.

라니 로렌즈 프라이Lani Lorenz Fry는 그런 기회가 얼마나 귀중한지 알았다. 존 디어John Deere의 국제 브랜드 전략 및 마케팅 부서에서 일하는 프라이는 아시아 지사에서 직원 몰입도와 근속률이 낮아 어려움을 겪고 있다는 이야기를 들었다. "존 디어는 아시아에서 잘 알려진 브랜드가 아닙니다." 프라이의 말이다. "할아버지 댁에 가면 매번 존 디어 트랙터를 볼 수 있는 미국 중서부하고는 다르죠." 그래서 직원은 회사 브랜드에 감정적 유대감을 느끼기가 힘들었다.

프라이와 브랜드 전략 팀원들은 직원들이 유대감을 형성할 기회를 발견했다. 그리고 그 출발점은 직원들의 첫 출근날이 되어야 했다. 브랜드 전략팀은 고객경험 컨설턴트인 루이스 카본Lewis Carbone과 함께 '출근 첫날 경험'이라는 프로그램을 기획했다. 그들이 새 직원들에게 경험하게끔 하고 싶은 첫 출근날은 다음과 같았다(보다시피 앞에서 예시로 든 첫 출근 경험과는 현저하게 다르다).

존 디어로부터 채용 통지를 받은 지 얼마 되지 않아, 당신은 존 디어 프렌드로부터 이메일을 받는다. 그녀의 이름을 아니카라고 하자. 아니카는 자기소개와 함께 회사에 대한 기본적인 정보를 알려준다. 차는 어디에 주차해야 하는지, 어떤 복장으로 출근하는지 등등. 아니카는 당신이 회사에 첫 출근을 하는 날 로비에서 당신을 기다리고 있겠다고 말한다.

드디어 그날이 왔다. 당신은 배정된 주차 공간을 찾아 차를 주차한 후, 로비로 향한다. 저기 아니카가 있다! 그녀가 사진을 미리 보내준 덕분에 금세 알아볼 수 있었다. 아니카가 로비에 설치된 평면 모니터를 가리킨다. 화면에 커다란 글씨가 떠 있다. "우리 회사에 온 걸 환영합니다. 아르준!"

아니카가 앞으로 당신이 일할 자리로 안내한다. 책상 옆에 커다란 배너가 세워져 있다. 큐비클 너머로도 새 직원이 왔다는 걸 알 수 있을 정도로 높고 커다랗다. 하루 종일 옆을 지나가는 사람들이 당신에게 들러 인사를 건넨다.

자리에 앉고 나니 모니터에 깔려 있는 바탕화면이 눈에 들어온다. 붉은 석양과 널따란 농장을 배경으로 존 디어 농기구가 멋들어지게 서 있는 사진이다. 화면 하단에는 이렇게 적혀 있다. "앞으로 인생에서 가장 중요한 일을 하게 된 것을 환영합니다."

당신 계정에 벌써 이메일이 한 통 와 있다. 존 디어의 CEO 샘 앨런^{Sam Allen}이 보낸 것이다. 그는 짧은 영상 속에서 "계속해서 증가하는 세계 인구에 필요한 식량과 주거지, 사회기반시설을 제공"한다는 존 디어의 기업 사명에 대해 잠시 설명한 다음, 이렇게 마무리한다. "오늘 하루를 마음껏 즐기십시오. 앞으로 존 디어에서 오랫동안 성공적이고 보람 있는 회사생활을 만끽하실 수 있길 바랍니다."

그러고 보니 책상 위에 선물이 놓여 있다. 존 디어가 1837년에 발명한 '자가 소제형 쟁기'의 스테인리스 모형이다. 동봉된 카드에는 왜 이 농기구가 농부들의 지극한 사랑을 받았는지 적혀 있다.

정오가 되자 아니카가 몇몇 동료들과 함께 점심을 먹고 찾아온다. 그들은 당신이 어떤 일을 하는지 묻고 지금 그들이 진행 중인 프로젝트에 대해 설명해준다. 오후에는 부장(당신 상사의 상사)이 찾아와 다음 주 점심 약속을 잡는다. 이날 당신은 이렇게 생각하며 집으로 돌아갈 것이다. '나는 오늘부터 이 회사의 직원이야. 우리가 하는 일은 중요해. 그리고 나는 이 회사에서 중요해.'

존 디어 브랜드 전략팀이 '출근 첫날 경험' 계획을 완성하고 나자 일부 아시아 지사들이 실행에 들어갔다. 베이징 지사에서는 얼마나 큰 효과를 거두었는지 기존 직원들이 "나도 다시 입사하면 안 돼요?" 하고 농담을 할 정도였다. 인도에서는 이 프로그램 덕분에 인력 경쟁이 치열한 노동시장에서 존 디어를 차별화할 수 있었다.

세상의 모든 회사들이 존 디어의 출근 첫날 경험과 비슷한 프로그램을 개발할 수는 없을까?

과거의 나와 작별을 선언하는 순간

존 디어의 출근 첫날 경험은 전환점에서 경험하는 절정의 순간이다. '순간'이 부족한 인생의 전환점은 흐지부지되어버릴 수 있다. 우리는 그런 전환점에 섰을 때, 어떻게 해야 할지 또는 어떤 규칙이 적용되는지 몰라 당혹감을 느끼곤 한다. 공인상담심리사이자 애도상담전문가인 케네스 도카Kenneth Doka의 이야기를 들어보자.

어느 날 루게릭병으로 남편을 잃은 여성이 그를 찾아왔다. 하지만 그녀는 남편과 행복한 결혼생활을 보냈다고 했다. 그는 아이들에게는 좋은 아버지요, 아내에게는 좋은 남편이었다. 그러나 루게릭병은 잔인한 퇴행성 질환이었고, 병세가 진전될수록 환자는 더 많은 보살핌을 필요로 했다. 두 사람 모두에게 힘든 시간이었다. 남편은 자존심이 강한 사람이라—그는 작은 건설회사를 운영하는 사업가였다—자신의 병을 잘 받아들이지 못했다고 그녀는 말했다. 부부의 다툼이 잦아졌다. 그러나 두 사람은 결혼의 가치를 진심으로 믿고 존중하는 가톨릭 신자였다. 그들은 매일 밤, 힘겨운 하루 일과를 마치면 침대에 누워 서로 손을 포개고 결혼반지를 맞댄 채 혼인서약을 읊었다.

그녀가 도카를 만나러 온 것은 남편이 세상을 떠난 지 6년이나 지난 시점이었다. 그녀는 이제야 새로운 사람과 데이트를 할 각오가 된 것 같다고 말했다. "하지만 결혼반지를 뺄 수가 없어요." 그녀는 말했다. "결혼반지를 끼고 데이트를 할 수는 없잖아요. 그런데도 반지를 뺄 수가 없어요." 그녀는 결혼이란 결국 산 사람을 위한 것이며, 자신이 그동안 서약에 충실하게 살았음을 알고 있었다. 그럼에도 그녀는 앞으로 어찌해야 할지 몰라 혼란스러웠다.

도카는 슬픔에 잠긴 사람들에게 치료 의식이 큰 도움이 될 수 있다고 믿었다. 그가 결혼반지를 빼기 위한 '전환 의식'을 치르자고 제안하자 그녀는 흔쾌히 승낙했다. 도카는 내담자의 허락하에 그녀의 담당 신부에게 간단한 의식을 집전해달라고 부탁했다.

의식은 일요일 오후 미사가 끝난 뒤, 그녀가 결혼식을 올린 성당에서 열렸다. 신부가 내담자의 가족과 가까운 친구들에게 이미 연락을 해둔 터였다. 대부분 그녀의 결혼식에 참석했던 이들이었다. 신부는 하객들을 제단 가까이 불러 모은 다음, 그녀와 문답을 하기 시작했다.

"기쁠 때나 슬플 때나 서로 아끼고 사랑했습니까?"

"네."

"건강할 때나 아플 때나 존중하고 사랑했습니까?"

"네."

신부는 그녀에게서 혼인서약을 받았다. 다만 모든 문장이 과거형일 따름이었다. 그녀는 증인들 앞에서 이제껏 남편을 늘 사랑하고 존중했음을 엄숙히 맹세했다. 마침내 신부가 말했다. "반지를 주십시오." 그녀는 손가락에서 반지를 빼내 신부에게 내밀었다. 나중에 그녀는 도카에게 "반지가 마치 마법처럼 빠져나왔다"고 말했다.

신부가 반지를 받아들었다. 신부와 도카는 그녀의 결혼반지를 남편의 반지와 함께 두 사람의 결혼사진 앞에 붙여놓았다.

그 의식은 내담자가 자기 자신과 사랑하는 이들에게 자신이 혼인서약의 의무에 충실했음을 증명하는 것이었다. 그 자리에 참석한 이들은 이제 그녀가 전과는 다른 사람이 되리라는 것을 알 수 있었다. 그녀가 새로운 시작을 선언하는 순간이었다.

이 완혼식完婚式은 매우 강렬한 깨달음을 기반으로 하고 있다. 남편을 잃은 아내가 도카를 찾아왔을 때, 그녀는 이미 새로운 사람을 만날 준비가 되어 있었다. 설사 도카와 상담을 하지 않았더라도 언젠가는 스스로 데이트를 시작했을 것이다. 한 달, 혹은 1년, 어쩌면 5년이 걸렸을지도 모르지만 말이다. 그리고 그 불안한 시기 동안 그녀는 조바심을 느꼈을 것이다. '내가 정말 데이트를 할 준비가 되어 있는 걸까? 내가 그래도 '되는' 걸까?' 그녀가 필요로 했던 것은 본인 스스로 만들어 나가고 있는 삶의 전환점을 표시할 수 있는 명확하고 분명한 순간이었다. '그 의식을 치른 후부터 나는 준비가 됐어.'

우리는 본능적으로 이런 확고한 순간을 갈망한다. 해가 바뀔 때마다 새해 다짐을 하지 않는 사람이 있던가? 와튼 경영대학원 교수인 캐서린 밀크먼Katherine Milkman은 이렇게 말했다. "새해가 시작되면 우리는 과거를 지우고 완전히 새롭게 시작할 수 있다고 믿습니다. 그것을 '새 출발 효과'라고 하죠. 옛날에 저지른 실수나 실패는 전부 작년에 일어난 일이니까 '그건 내가 아니야. 그건 옛날의 나야. 새로운 나가 아니야. 새로운 나는 이런 실수 같은 건 저지르지 않을 거야'라고 생각하는 겁니다."

즉, 새해 결심에서 중요한 것은 결심이 아니다. 사실 대부분의 사람들에게 그런 다짐은 별로 새로운 것도 아니다. 어차피 12월 31일에도 살은 빼고 싶었고 돈도 모으고 싶었다. 새해 첫날에 우리가 하는 일은 정신적인 속임수에 가깝다. 지난날의 실수는 지난날의 나에게 맡기고, 오늘부터는 새로운 내가 탄생하는 것이다. 새해 다짐은 엄밀히 말하자면 새해맞이 특별사면이라고 불러야 할 것이다.

밀크먼은 만일 그녀의 새출발 이론이 옳다면 과거 청산적인 사고가 새해 첫날에만 국한되지 않을 것이라고 생각했다. 가령 한 달이나 한 주가 시작되는 날처럼 확실한 경계선을 긋는 날짜도 과거의 기록을 지우는 변명으로 이용될 수 있지 않을까?

밀크먼과 동료 헹첸 다이Hengchen Dai는 대학교 부설 체육관의 출석률을 조사한 결과 이 새출발 가설을 강력히 뒷받침하는 증거를 발견했다. 학생들이 체육관에 들르는 확률은 매주(33퍼센트), 매달(14퍼센트), 그리고 학기 시작(47퍼센트) 첫날에 급격히 증가했다. 다시 말해 '새출발 효과'는 새해 첫날뿐만 아니라 새로 시작하는 모든 경계점 날짜에 적용되는 셈이다. 새로운 변화를 시도하고 있는가? 그렇다면 과거의 나와 새로운 나를 구분할 분명한 표석이 될 결정적 순간을 창조하라.

18, 21, 30, 40, 50, 60, 100

일반적으로 경계점이라고 인식되는 특정한 날들이 있다. 애덤 알터Adam Alter와 할 허시필드Hal Hershfield가 인생에서 가장 중요한 생일에 대해 조사했을 때, 응답자들이 가장 일반적으로 꼽은 나이는 (많은 대답을 얻은 순서대로 나열할 때) 다음과 같았다.

18

21

30

40

50

60

100

이것들이 바로 우리 인생의 '이정표'가 되는 생일이다. 우리는 이 숫자에 이를 때마다 특별한 축하를 받거나, 100번째 생일의 경우에는 아직도 살아 있느냐는 약간 꺼림칙한 축하인사를 듣게 된다. 법적 성인 또는 술을 마실 수 있는 나이를 뜻하는 18세와 21세 생일을 제외하면 나머지 숫자는 다소 임의적이다. 50세가 되면 일종의 분기점을 넘어서는 기분이 되지만 실은 정말 느낌일 뿐이다. 몇 번째 생일이 됐든 우리는 그저 어제보다 하루 더 나이를 먹는 것에 불과하기 때문이다(흑마술 같은 서머타임이 낀다면 한 번에 이틀을 늙거나 하루 더 젊어질 수도 있겠지만). 어차피 우리는 하루하루 조금씩 늙어가고 있다. 삶에 의미를 더하겠답시고 이런 기준점을 만들어놓고 해당 숫자들에 가까워질 때마다 기겁하는 것이다.

그러나 우리가 임의대로 만든 것이라고 해서 이런 기준점의 의미가 퇴색되는 것은 아니다. 이정표는 이정표다. 인생의 전환점을 기념하는 결정적 순간—가령 졸업식—이 있는 것처럼 이런 삶의 중요한 이정표를 기념하는 순간들도 있기 마련이다. 40세 생일 파티, 결혼 25주년 여행, 30년 근속 기념 상패나 금시계.

우리는 이런 기념비적 순간들에 대해 깊이 생각하지 않는다. 신기하게도 우리는 이런 순간들을 저절로 알아차리는 본능을 가졌기 때문이다. 그러나 전환의 순간이 그랬듯이 중요한 이정표들도 쉽게 간과된다. 예를 들어 자라는 학생들은 너무나도 짧은 시간 동안 빈번한 변화를 겪는다. 그렇다면 성적이 오른 것은 둘째치고 입학 1,000일, 혹은 도서 50권 독파 같은 특별한 순간을 축하할 수 있지 않을까? 교사들은 1,000번째 제자를 가르치게 된 것을 자축해보는 것은 어떨까?

모바일 앱과 개인기록 관리장치 회사 등도 전에는 눈에 보이지 않던 이정표적 순간들을 더욱 효과적으로 이용하고 있다. 인터넷 기사를 나중에 읽을 수 있게 핸드폰에 저장해주는 포켓Pocket 앱은 사용자가 읽은 기사 분량이 1만 단어에 이르면 이를 알려준다. 운동용 팔찌인 핏빗Fitbit은 사용자가 각각의 목표를 달성하면 배지를 부여한다. (747 항공기의 비행 고도와 비슷한) 4,000층을 오르면 747 배지를 증정하고, 제왕나비 이주 배지를 주기도 하는데 이에 대한 설명은 다음과 같다. "제왕나비는 해마다 겨울을 나기 위해 4,023킬로미터를 이동합니다. 그와 동일한 통산 목표를 달성하시다니, 나비들과 치열한 경쟁을 하고 계시군요!"

이런 회사들은 지금 긍지의 결정적 순간을 창조하고 있는 것이다. 그것도 겨우 이메일 한 통으로 말이다. 당신이 할 일은 그저 중요한 기념비적 사건에 관심을 기울이는 것뿐이다.

구덩이를 절정으로 뒤집는 사람들

순간 중심적으로 사고하려면 전환점과 이정표뿐만 아니라 세 번째 종류의 경험에도 주의를 기울여야 한다. 구덩이는 절정의 반대를 가리키는 단어다. 그것은 부정적인 결정적 순간이며, 고통과 괴로움, 시련의 순간이다.

'구덩이'는 채워져야만 한다. 이것은 단순한 상식이다. 예를 들어 디즈니는 사람들이 긴 대기 줄을 싫어한다는 것을 알고 있고, 그래서 그 구덩을 채우기 위해 방문객들의 관심을 분산시킬 흥미로운 볼거리를 배치한다. 그들과 얘기를 나누고 소통할 배우들을 고용해 순서를 기다리는 동안에도 기대감을 증폭시킨다. 당신의 삶에서도 마찬가지다. 배우자가 어려움을 겪고 있는지 알기 위해 결정적 순간에 관한 책을 읽을 필요는 없다. 그저 그들의 옆을 지키고 보살펴주면 된다.

하지만 다들 알다시피, 상식에는 한계가 있다. 졸업식이 중요하다는 것은 상식이다. 출근 첫날의 경험이 중요하다는 것은 그다지 상식이 아니다. 40세 생일파티를 여는 것은 상식이다. 학교생활 시작 1,000일 기념 파티를 여는 것은 상식이 아니다. 이는 구덩이 상황에서도 마찬가지다. 예를 들어 자동차 리스 서비스를 사용하던 사람이 어쩌다 사망하고 말았다고 하자. 당신의 상식으로는 죽은 사람의 가족이 자동차를 돌려주고 리스 계약을 종결하면 된다고 생각할 것이다. 틀렸다. 대부분의 자동차 리스 회사들은 고통스러운 시간을 겪고 있는 고객들에게 친절과 배려를 베풀 기회를 알아차리기보다 노골적으로 이렇게 말한다. "돈 내시오." 경쟁 업체들 사이에서 오직 메르세데스 벤츠 파이낸스 서비스만이 가족들에게 의무 조항을 면제해주겠다는 조문 편지를 보낼 뿐이다.

혹은 방금 암에 걸렸다는 사실을 알게 된 환자들은 어떨까. 의사와 간호사들은 이런 참담한 순간에 환자들을 위로하고 배려해야 한다는 것을 알고 있다. 그러나 위로는 위로일 뿐이다. 신속한 '행동'이 필요하다는 측면에서 보면 어떤가? 대부분의 경우 환자들은 그들을 치료할 각 분야의 전문가들을 만나기 위해 몇 주일 또는 그 이상을 기다려야 한다. 하지만 인터마운틴 헬스케어Intermountain Healthcare는 다르다. 레너드 베리Leonard Berry와 두 연구 동료에 따르면 환자와 가족들은 암 진단을 받은 지 일주일 안에 면담을 받으라는 연락을 받는다. 환자와 가족들이 방에 앉아 기다리고 있으면 외과의, 종양전문의, 영양사, 사회복지사, 그리고 간호사까지 앞으로 환자를 치료하고 돌볼 팀들이 꼬리를 물고 들락거리며 의견을 나누고 교환한다. 그날 하루가 끝나면 환자들은 포괄적인 치료 계획과 진찰 일정을 확정하고 방에서 나올 수 있다. 환자를 위안하는 것이 별로 중요하지 않다고 말하는 것이 아니다. 당연히 중요하다. 단지 환자를 위로하는 것이 상식이라면, 신속하게 진료 일정을 짜고 모든 의료진이 함께 암 치료 계획을 세우는 것은 상식을 넘어 구덩이를 메우기 위한 의도적인 노력이라는 얘기다.

가장 놀라운 점은 이런 구덩이가 때로는 절정으로 탈바꿈하기도 한다는 것이다. 서비스 접점service encounter에 관한 한 연구에서는 응답자들로부터 최근에 항공사, 호텔, 또는 레스토랑 직원과 접했던 가장 만족스럽거나 불만족스러운 경험을 수집했다. 고객들이 꼽은 긍정적 서비스 접점 가운데 거의 25퍼센트가 서비스 지연, 주문 실수, 예약 분실,

이륙 지연 등 '서비스 실패'에 대한 직원들의 대응이었다. 하지만 직원들이 이 같은 상황을 능숙하게 다룰 때 부정적 순간은 긍정적인 순간으로 변했다. 탁월한 서비스로 유명한 회사들은 모두 서비스 '회복'의 달인들이다(한 주문주택 건설업체의 경영인이 고객 만족에 관한 놀라운 통찰력을 우리와 공유해주었는데, 그는 고객의 만족도를 최대화하기 위해 완벽해야 할 필요는 없다고 말했다. 딱 2가지를 잘못한 다음, 고객이 그것을 발견하고 지적하면 열렬히 해결하는 모습을 보여주면 된다는 것이다. 다행스럽게도 그는 직원들에게 일부러 실수를 저지르라고 지시한 적은 없지만 그런 유혹을 느낀 적은 있는 것 같았다).

고객이 불만과 취약함을 느끼는 순간을 포착하는—그런 다음 단호한 행동을 취하는—비즈니스 리더는 경쟁자들에 비해 쉽게 차별화를 이룰 수 있다. 고객들이 힘들고 어려울 때 도움의 손길을 내미는 것은 그 자체로 목적이자 보상일 뿐만 아니라 사업에 도움이 되는 이점도 얻을 수 있다.

제너럴 일렉트릭General Electric사의 산업디자이너인 더그 디츠Doug Dietz의 이야기를 들어보자. 그는 새로운 MRI 기계를 설계하는 데 2년을 쏟아 부었고, 마침내 2007년에 병원에 설치된 기계를 보러 갈 기회를 얻었다. 그는 갓 태어난 아기를 처음 만나러 가는 "자랑스러운 아빠"가 된 기분이었다고 말한다.

2012년 TED 강연에서 말하길, 그는 MRI 촬영실에 들어섰을 때 새로운 영상진단기기를 보고 "기쁨의 춤"을 추었다. 그러곤 환자가 검사를 진행할 수 있게 복도로 나가 기다렸는데 그때 검사실로 걸어오는 부부와 어린 딸을 보았다. 소녀는 눈물을 글썽거리고 있었다. MRI 촬영실 앞에서 아버지가 몸을 굽히고 소녀에게 말했다. "전에 한 얘기 기억하지? 자, 용감해져야지."

소녀는 검사실에 발을 들여놓자마자 겁에 질려 얼어붙었다. 그 순간, 디츠는 소녀의 눈에 그곳이 어떻게 비치는지 깨달았다. 한쪽 벽에는 크고 굵은 느낌표가 찍혀 있는 경고판이, 바닥에는 범죄 현장처럼 노란색과 검은색 줄무늬 테이프가 붙어 있었다. 검사실 안은 컴컴하고 형광등은 음산하게 깜박였으며, 베이지색 조명은 침침하고 무미건조했다. 공기 중에 차갑고 톡 쏘는 소독약 냄새가 맴돌았다. "내가 설계한 기계는 커다란 구멍이 뚫린 벽돌 같았습니다." 디츠의 말이다.

그는 소녀가 겪을 상황이 더욱 악화되리라는 것을 알고 있었다. 아이는 폐소공포증을 자극하는 MRI 기계의 커다란 구멍 속으로 들어가 꼼짝도 못하고 드러누운 채 30분 동안 크고 기괴한 기계음에 시달려야 할 터였다.

디츠는 소녀의 부모가 불안한 눈빛을 주고받는 것을 보았다. 그들은 어린 딸이 무사히 촬영을 끝낼 수 있을지 걱정하고 있었다. 디츠는 낙담했다. 방금까지 자부심에 부풀었던 마음이 단번에 바닥으로 추락했다. "가슴이 찢어지는 것 같았습니다."

디츠는 자신과 동료들이 오직 '기계'에만 신경을 쏟았다는 사실을 깨달았다. 어떻게 더 빨리 작동하게 할 수 있을까? 어떻게 더 매끈하게 디자인할 수 있을까? 어떻게 성능을 높일 수 있을까? 그러나 환자들은 '경험'을 중시했다. 환자들이 MRI 기계를 무서워하면 결과는 실질적인 건강 문제로 나타난다. MRI 검사를 받는 어린이 환자 중 80퍼센트가 진정제를 맞아야 했고 그때마다 위험이 동반되었다. 겁을 먹은 어린 환자를 보고 깨달음을 얻은 디츠는 디자이너로서 새로운 목표를 세웠다. 어떻게 하면 MRI 검사 경험을 '즐겁게' 만들 수 있을까?

그는 아이들의 MRI 경험을 다른 시각으로 보게 도와줄 팀을 꾸렸다. 아동박물관의 임원들과 스탠퍼드 대학의 디자인적 사고 전문가들, 어린이집 교사들, 아동전문 의료진들이었다. 그들과의 논의는 어린이의 상상력을 이용하면 상황을 변화시킬 수 있다는 깨달음으로 이어졌다.

"식탁 의자 3개와 담요로 뭘 만들 수 있을까요?" 디츠가 묻는다. 아이들에게 그것은 성城이다. 우주선이다. 트럭이다. 그렇다면 MRI 기계가 우주선이라면 어떨까? 잠수함이라면? 디츠가 이끄는 팀은 촬영기계를 크고 방대한 이야기의 일부로 만들었다. 그들 팀이 피츠버그 대학병원을 위해 처음으로 설계한 검사실 중 하나는 '정글 어드벤처'라고 불린다. 검사실로 이어지는 복도 바닥에는 군데군데 바위처럼 생긴 스티커가 붙어 있다. 그길 본 아이들은 본능적으로 바위 위를 폴짝폴짝 뛰어다닌다. 벽은 화려하고 다채로운 정글 그림으로 덮여 있고, 복도의 바위 스티커는 잉어들이 헤엄치고 있는 연못 그림으로 이어지는데, 그 한가운데 MRI 기계가 있다.

MRI 검사대는 아이들이 직접 올라갈 수 있게 높이를 조절할 수 있다. 속이 빈 카누 그림이 그려진 기계 속에서 아이들은 카누가 정글 속 냇물을 따라 흘러 내려가는 사이 뒤집히지 않도록 꼼짝 않고 얌전히 누워 있어야 한다. 아이들은 카누를 흔들리게 하면 안 된다는 도전 과제에 기꺼이 달려든다. 강연 도중 디츠는 두 팔을 옆구리에 딱 붙이고 눈동자만 데굴거리는 아이의 모습을 흉내 내기도 했다. "아이들은 정말 동상처럼 딱 굳어서, 손가락 하나도 움직이지 않습니다." 그는 말했다.

디츠의 팀이 고안한 또 다른 테마는 해적 섬이다. 아이들은 '널빤지 위를' 조심스럽게 걸어서 해적선처럼 생긴 MRI 기계에 도달한다. 검사실 벽에는 해적 두건을 쓴 원숭이가 밧줄에 매달려 있고, 의료물품용 캐비닛은 열대나무 잎으로 덮인 오두막처럼 위장되어 있다.

디츠와 동료들은 아이들이 불안을 느끼는 요소에 주목했다. 이를테면 MRI 기계 특유의 불쾌한 소음이다. 그들이 샌프란시스코의 한 병원에 설치한 케이블카 어드벤처 MRI실은 들어갈 때 케이블카 표를 받을 수 있다. 언젠가 그는 병원 직원이 어린 소년과 하는 이야기를 들은 적이 있다. "바비, 케이블카 타본 적 있니? 조금 시끄러웠던 거 기억나? 우리 케이블카도 그렇단다!"

어느 날 해적선 검사실에서 디츠는 방금 MRI 촬영을 끝낸 소녀의 어머니와 대화를 나누고 있었다. 이야기 도중 어린 소녀가 어머니의 옷자락을 잡아 당겼다. 어머니가 말했다. "얘, 왜 그러니?" 소녀가 물었다. "내일 또 와도 돼요?" 디츠는 눈물을 터트렸다. 그는 마침내 두려움을 즐거움으로 바꾸는 데 성공한 것이다.

그 뒤로 디츠가 주도한 GE의 '어드벤처 시리즈'는 수십 곳의 아동병원에 설치되었고, 결과는 놀라웠다. 초기에 디츠의 디자인을 도입한 피츠버그 아동병원은 진정제가 필요한 어린이 환자의 비율이 80퍼센트에서 27퍼센트까지 하락했다고 보고했다. MRI보다 간단한 CT 스캔의 경우에는 3퍼센트까지 떨어졌다. 아이들이 가장 큰 불안을 느끼던 순간—소독약 냄새가 나는 검사대에 누워 무시무시한 기계 안으로 빨려 들어가는—은 사라졌다. "아이들은 무서워서 어머니의 다리에 매달리는 게 아니라 모험 놀이를 할 수 있다는 데 신이 났습니다. 전에는 4분의 촬영을 하기 위해 아이들을 검사대에 눕히는 데 10분이 걸렸죠. 이제는 1분 만에 누워 4분을 견뎌냅니다."

아이들의 안정과 편안함을 위해 아동친화적인 디자인으로 수정하는 데 들어가는 추가 비용은 그리 중요하지 않았다. 검사 시간이 줄수록 더 많은 환자들을 검사할 수 있기 때문이다.

디츠의 일화는 효과적이고 공감적인 디자인에 관한 이야기다. 그러나 이는 또한 순간 중심적 사고의 사례이기도 하다. 그는 '기계'가 아니라 '경험'에 관심을 기울여야 한다는 사실을 알았고, 고통의 순간을 고양의 순간으로 전환시켰다. 구덩이를 절정으로 뒤집은 것이다.

잠재되어 있는 결정적 순간들

전환점은 표시하고, 이정표는 기념하고, 구덩이는 채워야 한다. 이것이 바로 순간 중심적인 사고의 핵심이다. 엄밀히 말하자면 모든 결정적 순간이 이 세 범주에 들어맞는 것은 아니다. 결정적 순간은 언제 어디서든 발생할 수 있다. 가령 아이스바 핫라인은 원하기만 하면 즉시 경험할 수 있는 기쁨의 순간이다. 그와 마찬가지로 '어떤' 토요일에든 깜짝 선물이라며 아이들을 동물원에 데려간다면 아이들은 불평하지 않을 것이다.

이 책에 언급된 대부분의 순간들은—고양의 순간, 교감의 순간, 긍지의 순간—언제든 기꺼운 순간이다. 많으면 많을수록 좋다. 여기서 강조하고 싶은 점은 특정 상황에서 순간을 창조하려면 집중과 주의가 필요하다는 것이다. 특히 조직이나 회사에서 그런 상황은 출근 첫날 경험처럼 주목받지 못하는 경향이 있다.

회사나 조직에서 각별한 주의와 관심을 기울여 창조해야 하는 잠재적인 결정적 순간들을 몇 가지 소개한다.

| 전환점 |

승진 승진을 한다는 것은 마땅히 기분 좋은 일이며 전형적인 긍지와 자부심의 순간이다. 그러나 어떤 관리자에게는 승진이 감당하기 힘든 전환점처럼 느껴질 수도 있다. 많은 경우 필요한 피드백을 받거나 동기를 부여받을 만한 교육이나 훈련 없이 곧장 업무 속으로 내던져지기 때문이다. 그들에게는 승진 축하와 더불어 보다 숙련된 고위 관리자를 보고 배울 수 있는 과정이 결합된 일종의 통과의례가 필요하다.

등교 첫날 샌프란시스코 루즈벨트 중학교의 교장 마이클 J. 라이머Michael J. Reimer는 초등학교에서 중학교로 진급하는 전환점에 있는 6학년생들을 돕고 싶었다. 그는 이틀간의 오리엔테이션 프로그램을 창설해 수학·과학 과목의 핵심 개념을 짚어주고, 무엇보다 전보다 복잡해진 수업시간표에 학생들이 차질 없이 맞출 수 있게 학교 건물을 구석구석 소개해주었다. 심지어 사물함 자물쇠를 빨리 푸는 (많은 학생들에게 아직 어려운 기술인) 사물함 시합도 열었다. 이틀 후에 6학년생들은 7학년과 8학년생들을 만나게 되었을 때에도 "학교가 제 세상인 양 느꼈다"고 말했다.

프로젝트 종료 대부분의 조직에서 프로젝트가 끝났다는 것은 새 프로젝트가 시작된다는 의미다. 프로젝트를 분명하게 끝맺음 짓고 넘어가는 일은 굉장히 유익하다. 스티브 잡스는 맥 OS 9의 죽음을 애도하는 장례식을 연 적이 있다. "맥 OS 9은 우리 모두의 친구였습니다. 그는 우리를 대신해 밤낮으로 일하고, 응용프로그램을 재깍재깍 돌려주었으며, 명령을 거부한 적도 없고, 가끔 자기가 누군지 잊어버려 재시작을 해야 할 때를 제외하면 불평 한마디 없이 시키는 일을 전부 해냈습니다." 우스꽝스럽지만 분명 의미 있는 시간이었다.

| 이정표 |

퇴직 긴 직장생활을 마치고 은퇴하는 순간은 인생의 전환점이자 새로운 이정표이다. 또 어떤 이들에게는 구덩이(목적 또는 충만함의 상실이라는 점에서)가 될 수도 있을 것이다. 그러나 요즘 퇴직 축하식이란 대개 고작해야 회의실에 케이크를 하나 준비해두고 동료 직원들을 황급히 불러 모으는 허식에 불과하다. 은퇴의 순간은 그 이상의 주목을 받을 가치가 충분하다. 회계감사 회사인 딜로이트^{Deloitte}는 은퇴하는 파트너가 생기면 연례행사에서 그를 거창하게 예우한다. 동료가 연단에 올라 은퇴 예정자의 삶과 직업적 성취에 대해 이야기한다. 기념사가 끝나면 모든 파트너가 은퇴자를 위해 축배를 들고, 이번에는 주인공이 회사 동료들에게 연설을 할 기회를 갖는다. 마치 결혼식 축사와 송별사를 섞어놓은 것과 비슷하다(내성적인 사람이라면 많은 사람들 앞에서 그런 짓을 하느니 차라리 화장실로 도망가서 숨어버리겠지만 말이다. 그런 경우에는 좀 더

사려 깊은 배려를 할 수 있을지도 모른다. 예를 들어 동료들이 추억을 담아 손으로 쓴 기념책자를 선물한다든가 말이다).

잘 알려지지 않은 업적 우리는 조직에서 '평생'을 보낸 직원들을 기리고 축하한다. 그렇다면 그들이 그동안 조직에서 일군 성취나 업적을 축하하는 건 어떨까? 회사 수익을 1천만 달러에 이르게 한 영업사원에게 축하행사를 열어줘야 하지 않을까? 그가 쓴 보고서 10편이 고위 경영진에까지 전달된 유능한 관리자의 경우는 어떨까?

| 구덩이 |

부정적 피드백 해결하기 당신이 속한 조직이 관리자들에게 360도 평가를 실시했다(360도 평가는 리더의 부하직원, 동료, 관리자로부터 피드백을 수집해 그에 대한 다면적인 평가를 제공하는 도구다). 이때 누군가의 평가 결과가 형편없다면 어떨까? 그들이 비참한 구덩이에서 탈출하게 도와줄 행동 계획을 짤 수 있겠는가?

사랑하는 이의 상실 사랑하는 이를 잃은 사람들에게는 주변의 도움과 지지가 필요하다. 직원들에게 그런 예기치 못한 순간이 닥칠 경우에 대비해 조직 내부에 대응안을 세워둬야 하지 않을까? 그런 일이 생기면 신속하게 대책팀이 조직돼, 휴가를 신청하고 시급한 업무를 위임하고 개인적으로 절실한 도움(식사, 어린아이 돌보기, 용무)을 준다면 좋지 않을까?

우리의 삶과 일은 투자가 필요한 순간들로 가득하다. 지금부터 우리는 그런 순간들을 계획하는 기술에 대해 배우고 익힐 것이다.

은행이 순간에
주목해야 하는 이유

우리는 클리닉 코너를 통해 앞에서 배운 아이디어들을 어떻게 현실적인 문제 해결에 활용할 수 있는지 보여주고자 한다. 이번 클리닉은 '순간 중심적 사고'를 하는 방법에 관해 다룰 것이다.

상황 많은 소매은행(일반 대중이나 중소기업을 거래처로 하는 소액 거래 은행-옮긴이)이 소비자들의 신뢰를 얻기 위해 수십억 달러를 쓰고 있다. 또 고객 경험을 개선하고자 첨단기술 및 물리적 환경 개선에도 거액을 투자 중이다. 충격적인 부분은 이들 은행들이 고객의 충성심을 얻기 위해서는 앞다투어 경쟁하면서도 고객의 삶에 있어 중요한 순간에는 아무 관심도 없어 보인다는 점이다. 거래 고객들은 은행과 긴밀한 관계를 맺고 이를 수십 년 동안 유지한다. 그 사이에 얼마나 많은 기념비적 순간들이 존재할지 생각해보라. 더구나 그중 많은 순간들이 집을 사고, 이직을 하고, 등록금을 모으고, 결혼을 하고, 은퇴를 하는 등 실질적으로 은행과 관련되어 있다.

목표 은행들이 '순간 중심적 사고'를 배울 수 있을까?

| 은행은 어떤 순간을 창조해야 하는가? |

앞에서 봤듯이, 자연발생적인 결정적 순간을 형성하는 3가지 상황은 전환점, 이정표, 구덩이다. 각각의 범주에서 고객과 은행의 관계를 살펴보자.

전환점 ①주택 구매. 큰 변화가 발생했다면 이를 기념해야 하지 않을까? 많은 부동산중개인은 고객이 집을 사면 축하 선물을 준다. 그렇다면 여섯 자리 액수의 주택대출 담보를 보유하게 된 은행은 당신에게 어떤 선물을 보내는가? 대출금 청구서다. 은행이여, 이런 기회가 아깝지도 않단 말인가? ②새 직장의 첫 급여. 이때 은행이 고객에게 축하 메시지를 보낸다면 어떨까? 출근 중에 들을 수 있는 오디오북 상품권을 보낸다면? ③생애 첫 계좌 개설. 캐나다의 한 은행에서 일어난 일이다. 소년이 돼지 저금통을 가져와 은행계좌를 만들고 싶다고 말했다. 돼지의 배를 갈라보니 (대충) 13.62달러가 나왔다. 창구직원이 말했다. "우리 은행에 고객님의 돈을 예금해주셔서 감사합니다. 감사의 의미로 저회가 액수를 반올림 해 20달러를 예치해드리는 건 어떨까요?" 소년과 부모님은 크게 감격했다. 이 순간을 만드는 데 들어간 비용은 고작 몇 달러다. 만약 창구직원에게 이런 종류의 행동을 자주 할 수 있는 권한이 부여된다면 그들 또한 자신의 일을 더 재미있고 의미 깊게 받아들이지 않을까? (챕터3에서 프레타망제 매니저의 이야기를 읽어보라.) ④ 결혼. 어떤 고객이 은행에 전화를 걸어 계좌에 배우자의 이름을 추가하고 싶다고 말했다. 그러곤 며칠 뒤에 그녀는 은행이 결혼 선물 목록에 있는 선물 중 하나를 보내왔음을 알게 되었다. 또는 은행이 이 부부에게 재무상담 기회를 무료로 선사해도 좋을 것이다.

이정표 핏빗과 포켓은 사용자들이 놓치고 지나가는 중요한 순간들을 기념하고 축하해준다(1백만 단어 달성을 축하드립니다). 그렇다면 은행도 다양한 방법으로 이와 비슷한 일을 할 수 있지 않을까. ①예금액이 1,000달러나 2만 달러처럼 기념할 만한 특정 액수에 도달했을 때나, ②'비상금 펀드'를 6개월 내지 1년 동안 그대로 유지하는 데 성공했을 때, ③이제껏 받은 은행 이자가 도합 100달러나 1,000달러에 이르렀을 때, ④주택대출금의 25퍼센트, 50퍼센트, 또는 75퍼센트를 갚았을 때 축하 메시지를 보내는 것이다. 마침내 대출금을 전부 상환했을 때 은행 직원이 직접 (이제 완전히 당신의 소유가 된) 주택소유증서를 집까지 배달해주고 당신에게 악수를 청한다면 어떤 기분이 들지 상상해보라(호주의 한 은행 관리자들은 이런 경우 직접 주택소유증서를 배달해주기는 커녕 외려 명의변경 수수료를 청구한다고 우리에게 고백했다).

구멍이 ①이혼 또는 해고. 이런 경우 고객이 재기할 수 있게 주택대출금 상환에 3개월 '유예' 기간을 준다면 어떨까? 대출금을 면제해주는 것이 아니라 3개월을 미뤄주는 것뿐이다. 새 고객에게도 이런 유예 기간을 줄 수 있다. "우리는 고객님께서 새 주택을 단장하는 데 다소 자금을 지출하게 되시리라 생각합니다. 따라서 몇 개월간 '대출금 휴가'를 드리고자 합니다!" ②사별 또는 사고를 겪은 사람들 돕기. 어려운 상황이 닥치면 대부분의 사람은 고지서 지불이나 자산 및 부채 관리에 어려움을 겪는다. 이때 은행이 상담이나 지원을 제공한다면 좋을 것이다.

최종 고찰 위에서 제시한 방안들이 너무 많은 비용이 든다거나 사생활 침해라는 생각이 들 수도 있다(어떤 이들은 자신의 취직이나 결혼 사실을 은행이 '알고 있다'는 사실 자체를 꺼려할 것이다). 요는 은행들이 순간을 창조함으로써 고객의 충성심을 얻을 수 있는 기회를 수없이 놓치고 있으며, 중요한 순간들을 포착하지 못해 고객과 면밀한 관계를 구축하는 데 실패하고 있다는 것이다. 상대의 삶에서 가장 중요하고 명백한 순간들을 알아차리지 못한다면 바람직한 관계라고 할 수 없다.

어쩌면 당신은 은행만큼 다른 이들의 삶에서 중요한 역할을 차지하고 있지 않을지도 모른다. 그렇지만 결정적 순간에 그들을 지지하거나 축하하거나 대화를 나누는 절호의 기회를 놓치고 있지는 않은가? 당신은 순간 중심적으로 사고하고 있는가?

고양
ELEVATION

•

영원히
간직하고 싶은
순간

•

•

지금까지 우리는 3가지 중요한 질문에 대답했다. 결정적 순간이란 '무엇'인가? 그것을 '왜' 창조해야 하는가? 그리고 '언제' 순간 중심적 사고를 할 준비가 되어 있어야 하는가? 하지만 가장 중요한 질문에는 아직 답하지 못했다. 결정적 순간은 '어떻게' 창조할 수 있는가?

YES 예비학교는 졸업생들에게 서명의 날이라는 결정적 순간을 창조했다. 더그 디츠의 팀은 MRI '어드벤처 시리즈'를 창조해 어린 환자들을 구덩이에서 절정으로 끌어올려주었다. 이제 우리는 결정적 순간을 의도적으로 만들어낼 수 있음을 안다. 당신은 중요한 순간을 창조하는 설계자이자 건축가가 될 수 있다.

이번에는 기억에 남는 경험을 구성하는 4가지 핵심 요소를 이용해 특별한 순간을 창조하는 실용적인 전략에 대해 알아볼 것이다. 그 4가지 핵심 요소란 바로 고양과 통찰, 긍지, 그리고 교감이다.

우리가 첫 번째로 탐구할 주제는 고양高揚이다. 고양의 순간은 평범한 일상 속에서 감정이 고조되는 경험을 할 때 발생한다. 만족스럽고 행복한 시간들. 즐겁고, 기쁘고, 소중하고, 의욕에 넘치는 순간들. 즉 절정의 순간이다.

고양의 순간은 전환점이 되는 사회적 행사나 사건일 수 있다. 예를 들면 생일파티, 퇴직축하식, 성인식이나 결혼식처럼 말이다. 또 다른 고양의 순간으로는 이른바 무대 위에 설 때 드는 느낌을 들 수 있다. 운동 경기나 프레젠테이션, 연극 공연 등이 그 대표적인 예일 것이다. 위험이 큰 대신 얻을 수 있는 대가도 크다. 우리는 그런 순간에 몰두한다.

마지막으로 자연발생적인 고양의 순간이 있다. 충동적으로 떠난 여행. 어느 화창한 봄날 아침의 기분 좋은 산책, 저도 모르게 얼굴에 떠오르는 미소. 처음으로 잡은 연인의 따스한 손.

고양의 순간을 의도적으로 창조하는 것은 가능할까? 물론이다. 우리는 이미 존재하는 절정의 순간을 극치의 단계까지 끌어올리는 방법도 배울 수 있다. 가령 기억에 더 오래 남는 생일파티나 프레젠테이션을 기획하는 것처럼 말이다. 고양의 순간을 구성하는 재료는 단순하고, 우리는 이에 대해 자세히 설명할 것이다. 그러나 구상은 쉽되 구현은 지독히도 어렵다(이 점에 있어 존 디어의 '출근 첫날 경험' 이야기에도 예상 밖의 반전이 있다). 특히 조직체에서는 절정을 무시 또는 간과하는 일이 자주 발생한다. 교회나 학교, 회사에서는 지겹도록 정형적이고 판에 박힌 일과가 절정을 외려 바닥으로 곤두박질시킨다.

앞으로 우리는 두 장에 걸쳐 고양의 순간을 발견하고 강화하는 방법을 배우고, 나아가 때때로 그런 노력이 얼마나 어렵고 힘든지에 대해서도 알게 될 것이다. 왜 우리가 그러한 순간들을 쟁취해야 하는지도 깨닫게 될 것이다. 지난 삶을 되돌아보며 고양의 순간이 더 적었길 바랄 사람은 아무도 없을 테니까.

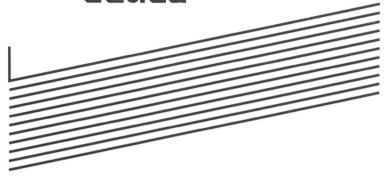

Chapter 2 절정은 만들어진다

절정은 어디에 있는가

당신은 캘리포니아주 샌마테오에 있는 힐스데일 공립 고등학교에 다니는 학생이다. 역사 수업 시간에 당신은 파시즘의 태동과 제2차 세계대전, 그리고 유대인 학살에 대해 배웠다.

한편 당신의 영어반은 윌리엄 골딩의 『파리 대왕』을 읽고 있다. 무인도에 갇힌 한 무리의 소년들이 문명사회로부터 고립되어 야만 상태로 퇴행하는 내용이다. 골딩은 소설을 쓰게 된 계기 중 일부가 제2차 세계대전 참전 당시 목격한 인간의 야만성과 잔인성 때문이라고 밝힌 바 있다. 그의 말을 빌자면 『파리 대왕』은 "사회적 결함의 근원을 인간의 본성에서 찾기 위한 시도"였다.

그러던 어느 날, 『파리 대왕』에서 소년들 사이에 처음으로 폭력 사태가 일어난 장면에 대해 토론하던 중 뜻밖의 일이 일어났다. 교사가 진짜 공식 서류처럼 보이는 고소장을 나눠준 것이다(아래 그림 참고). 해당 문서에 따르면 윌리엄 골딩은 소년들의 행동을 통해 인간 본성을

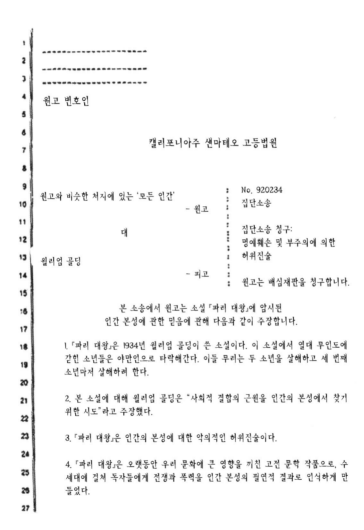

원고 변호인

캘리포니아주 샌마테오 고등법원

원고와 비슷한 처지에 있는 '모든 인간'		No. 920234
	- 원고	집단소송
대		집단소송 청구:
		명예훼손 및 부주의에 의한
윌리엄 골딩		허위진술
	- 피고	원고는 배심재판을 청구합니다.

본 소송에서 원고는 소설 『파리 대왕』에 암시된
인간 본성에 관한 믿음에 관해 다음과 같이 주장합니다.

1. 『파리 대왕』은 1934년 윌리엄 골딩이 쓴 소설이다. 이 소설에서 열대 무인도에 갇힌 소년들은 야만인으로 타락해간다. 이들 무리는 두 소년을 살해하고 세 번째 소년마저 살해하려 한다.

2. 본 소설에 대해 윌리엄 골딩은 "사회적 결합의 근원을 인간의 본성에서 찾기 위한 시도"라고 주장했다.

3. 『파리 대왕』은 인간의 본성에 대한 악의적인 허위진술이다.

4. 『파리 대왕』은 오랫동안 우리 문학에 큰 영향을 끼친 고전 문학 작품으로, 수 세대에 걸쳐 독자들에게 전쟁과 폭력을 인간 본성의 필연적 결과로 인식하게 만들었다.

부정적으로 묘사한 데 대해 명예훼손으로 고발당했다. 이제 당신과 같은 반 학생들은 골딩의 재판을 재현해야 한다. 학생들은 각자 증인이나 변호사, 판사 역할을 선택할 수 있다.

이 재판은 심각하고 도발적인 의문을 제기한다. 인간 본성에 결함이 있다는 골딩의 주장은 사실인가? 문명은 그저 인간의 폭력적 본성에 덧씌운 허식일 뿐인가?

이는 힐스데일 고등학교 2학년생이라면 반드시 거치는 연례행사로 '인간 본성 재판' 또는 '골딩 재판'이라고 불린다. 당신과 급우들에게 주어진 준비 기간은 약 두 달이다. 재판 당일이 되면 스쿨버스를 타고 시내에 있는 진짜 법원에 가서 교사와 힐스데일 졸업생들로 구성된 배심원단 앞에서 진짜 재판을 해야 한다. 방청석에는 부모님과 친구들이 앉아 지켜보고 있다.

변호인 중 하나가 되면 역사와 문학 분야에서 저명한 증인들을 소환할 수 있다. 모두 인간의 본성에 대해 심오한 견해를—좋은 쪽이든 나쁜 쪽이든—지닌 인물들이다. 히틀러, 홉스, 간디, 마더 테레사 등 누구나 쉽게 떠올릴 수 있는 증인들이 증인석에 선다. 때로는 전혀 뜻밖의 증인들이 소환되기도 한다. 제인 구달, 마크 트웨인, 다스 베이더, 심지어 래퍼인 투팍 샤커까지 등장한 적이 있다. 증인 역을 맡은 학생들은 각자 알맞은 복식을 차려입고 인간 본성에 관한 질의에 대답하기 위해 치밀한 조사는 물론 사전 연습까지 거친다.

지금껏 많은 배심원단이 골딩에게 유죄판결을 내렸다. 골딩이 무죄판결을 받은 경우도 막상막하로 많았다. 올해에 어떤 판결이 내려질지는 당신에게 달려 있다.

인간 본성 재판은 1989년에 3년 차 사회과목 교사였던 그레그 저릴스^{Greg Jouriles}와 경력 20년 차인 영어 교사 수전 베드퍼드^{Susan Bedford}의 작품이다. 학생들이 두 교사에게 찾아와 과제 마감일이 똑같다고 불평을 하기 전까지 두 사람은 잘 알지도 못하는 사이였다. 과제 마감일 문제로 이야기를 나누게 된 두 사람은 서로 공통점이 많다는 사실을 알게 되었다. 일단 두 사람 모두 교직에 환멸을 느끼고 있었고, 자신이 과연 이 일을 계속하고 싶은 건지 의문을 품고 있었다.

"나는 대다수의 영어 교사들처럼 '소설을 읽고 토론하고 시험을 본다' 같은 틀에 박힌 수업을 하고 있었죠." 베드퍼드는 말했다. "처음 교직생활을 시작했을 때처럼 열정에 다시 불을 붙일 수 있는 일이 필요했어요."

그들은 또한 학생들을 자극할 수 있는 계기를 찾고 있었고, 오랜 대화 끝에 상당히 충격적인 결론에 이르렀다. 학생들이 학창 시절에 가장 많은 시간을 보내는 곳은 교실임에도 불구하고 가장 기억에 남는 추억이나 경험은 교실에서 일어난 일이 아니라는 것이었다. 학생들은 수업이 아니라 프롬 파티(미국과 캐나다에서 고등학교 마지막 학년에 열리는 공식적인 댄스파티-옮긴이)와 풋볼 경기, 뮤지컬, 학생회 선거, 수영 대회나 장기 자랑 등을 기억했다.

저릴스와 베드퍼드는 그 뒤로 오랫동안 그들 교직 생활의 지표가 될 중요한 질문을 던지기에 이르렀다. '학업에 있어서도 프롬 파티처럼 학생들의 기억에 오래 남을 경험을 만들 수 있지 않을까?'

두 사람은 절정의 순간을 창조하길 원했다. 10대들이 집채만 한 리무진을 빌리고 밤새 서로의 얼굴에 구토를 해대는 광란의 프롬 파티만큼 오래 기억에 남는 경험을 만들고 싶었다. 얼핏 생각해도 보통 어려운 일이 아니다.

또 그들은 이왕이면 자신들이 가르치는 과목의 중요 주제와 연결된 경험을 창조하고 싶었다. 그중에는 두 사람이 공유하고 있는 가장 본질적인 의문도 있었다. 인간의 진정한 본성은 무엇인가?

그러던 어느 날, 저릴스가 우연히 아담과 이브의 아들이자 동생 아벨을 죽인 카인의 모의재판을 보게 되었을 때, 반짝 영감이 떠올랐다(성경에서 카인은 사람의 배에서 난 최초의 인간이자 최초의 살인자다. 이는 인간 본성에 대한 성경의 견해라고도 할 수 있다). 모의재판이라는 형식은 완벽해 보였다. 독특하고 드라마틱했으며, 결과를 예측하기도 힘들었다. "우리는 일부러 더 어렵게 만들려고 노력했습니다." 베드퍼드의 말이다. "아이들에게 더 도전적이고 가치 있는 일이 될 수 있도록, 이제까지 전혀 생각해보지도 못한 문제를 고민하고 능력을 최고로 발휘시킬 수 있게 말이죠."

인간 본성 재판이 개최된 첫해에 두 사람은 힐스데일 고교의 유명 인사 중에서도 교장과 풋볼팀 주장을 배심원으로 섭외하는 모험을 감행했다. 그들은 학생들이 학교에서 가장 유명하고 잘나가는 사람들 앞에서 연기한다는 것이 얼마나 어려운지 몸소 느껴보길 바랐다.

학생들의 재판 준비가 진행되는 동안, 저릴스와 베드퍼드도 부담감에 짓눌려야 했다. 이 계획이 실패할 경우, 그들은 교장이 보는 앞에서 망신을 당하게 될 것이다. "우리도 학생들과 똑같은 입장이었죠." 베드퍼드가 말했다. "난 절대로 모험을 좋아하는 사람이 아니에요."*

두 교사는 학생들이 진지하게 재판을 준비하는 모습을 지켜보며 자신감을 얻었다. "학생들은 들떠 있었지만 진지했고, 아주 열심이었습니다." 저릴스가 말했다. "누가 시킨 적도 없는데 방과 후에도 학교에 남아 재판을 준비했죠."

"무엇보다 '이건 점수가 얼마나 돼요?'라고 묻는 아이들이 아무도 없었어요." 베드퍼드가 놀랍다는 듯이 말했다. "수업에서 무슨 활동을 하든 '항상' 그것부터 물었는데, 이번에는 아무도 성적 얘기를 꺼내지 않았습니다. 그래서 '우와, 이거 정말 대단하잖아!' 하고 생각했죠."

처음 열린 모의재판은 순조로운 것과는 거리가 멀었다. 일부 증인들은 더할 나위 없이 훌륭했지만 몇몇은 끔찍하리만큼 준비가 미흡했고, 어떤 아이들은 긴장해서 말도 제대로 하지 못했다. 그러나 재판 그 자체는 장관이었다. 증인들은 진짜 고등법원의 증인석에 섰다. 학생 변호인들은 양복을 입고 청중들 앞에서 설전을 벌였다. 방청객들은 간디의 반대신문을 지켜보았다. 그것은 정말 굉장한 경험이었다. 드디어 배심원의 판결이 내려졌을 때—"피고는 무죄입니다!"—아이들은 함성을 내질렀고 박수갈채가 쏟아졌다.

인간 본성 재판이 끝난 후, 저릴스는 평소 교실에서는 시큰둥하던 한 학생이 "방금 결승골을 넣은 것처럼 방방 뛰며 복도를 달려가는 것"을 보았다. "아이가 말하더군요. '정말 재미있었어요! 이다음엔 뭐 해

---

*   저릴스와 베드퍼드가 둘 다 굉장히 겸손한 사람들이라는 점을 말해둬야겠다. 두 사람은 인간 본성 재판이 성공할 수 있었던 데 대해 힐드데일 고교와 교장의 적극적인 지원 덕분이었다고 공을 돌렸고, 그들에게 지적으로 영향을 미친 사람들의 명단을 끝없이 읊어댔다. 독자들을 위해 이 둘에게 이야기의 초점을 맞춘 것은 순전히 우리의 선택이다.

요?'"그 후로 인간 본성 재판은 힐스데일 고교의 연례행사가 되었다. 2018년 가을이면 제30회 모의재판이 열린다.

베드퍼드와 저릴스는 프롬 파티만큼이나 인상적이고 추억에 남는 학구적 행사를 확립하는 데 성공했다. 어찌 보면 인간 본성 재판은 학생들에게 프롬 파티보다도 더 강한 인상을 남겼다. 저릴스는 자부심이 가득한 목소리로 말했다. "제가 들은 모든 졸업사에서 이 인간 본성 재판에 관한 이야기는 단 한 번도 빠진 적이 없습니다. 반면에 프롬 파티 이야기는 한 번도 없었고요."

재판을 둘러싼 흥분과 열기는 들불처럼 퍼져나갔다. 힐스데일 고교의 다른 교사들은 매년 상급생들로부터 인간 본성 재판이 얼마나 재미있고 인상적인 경험이었는지 듣는 게 지겨워지기 시작했다. 심지어는 약간의 시기심마저 들었다. 그들도 학생들에게 최고의 경험을 안겨주고 싶었다. 그래서 교사들은 졸업연구 발표회를 기획했다. 학생들이 직접 자신의 연구 주제를 선택해 1년간 준비한 다음, 졸업을 앞둔 봄 학기에 최종적으로 구두 발표를 하는 것이었다. 학생들이 선택한 주제는 마술적 리얼리즘에서 거식증, 핵융합의 미래에 이르기까지 그야말로 무궁무진했다.

많은 부모들이 발표회에 참석했다. 그들의 얼굴에는 자부심이 엿보였다. "학부모들이 학생들의 학업 성과를 직접 목격할 수 있는 기회는 아주 드물죠." 졸업연구 발표회의 창설자 중 하나이자 지금은 힐스데일 고교의 교장인 제프 길버트[Jeff Gilbert]는 말했다. "물론 수영 대회에 응원을 가기도 하고 무용 공연을 보러 가긴 합니다. 하지만 아이들의 학구적 성취를 직접 목격할 수 있는 경우는 드물어요."

"학교는 좀 더 스포츠처럼 되어야 할 필요가 있습니다." 그는 이렇게 덧붙였다. "스포츠는 재미있는 게임이죠. 구경꾼도 많고요. 하지만 우리는 학교를 끝없는 연습처럼 운영합니다. 진짜 시합은 안 하고 죽어라 연습만 하는 거죠. 시합을 하지도 않는 농구팀에 들어가고 싶은 사람이 누가 있겠습니까. 자, 그렇다면 학생들에게 '게임'이란 뭘까요?"

이것이 바로 순간 중심적인 사고다. 간단히 말해 길버트는 "절정은 어디 있는가?"라고 묻고 있는 것이다. 스포츠 게임은 절정을 선사한다. 학생 운동선수들의 경험을 그래프로 표현해보자. 일주일을 기준으로 할 때, 세 번의 연습(지루한 일) 시에는 학생들의 열의가 중앙선 아래 위치하지만 시합을 하면 상승한다. 절정을 경험하기 위해서는 연습이라는 희생을 감내할 가치가 있는 것이다.

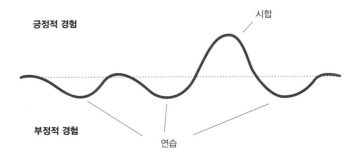

그러나 학교생활은 밋밋하고 굴곡이 없다. 학기말 시험 때 하락한다고 해도 평소의 감정 상태는 대단히 단조롭다.

긍정적 경험

부정적 경험

인간 본성 재판이나 졸업 연구 발표회는 이런 단조로운 그래프를 자극해 절정을 찍는다.

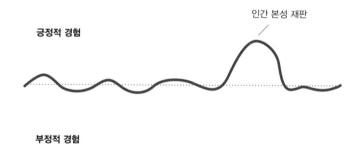

긍정적 경험

인간 본성 재판

부정적 경험

이런 경험을 창조하는 것이 공짜가 아님을 명심하라. 인간 본성 재판에 투자된 시간과 열정은 공중에서 뿅 하고 나타난 것이 아니다. 저릴스와 베드퍼드는 여가 시간을 희생해야 했고 재판에 집중하기 위해 수업에 쏟는 열의나 시간을 줄여야 했을 것이다.

그렇다면 그들이 이런 희생을 치른 보람과 가치가 있었는가? 대답은 긍정적이다. 첫 장에서 훌륭한 서비스 경험의 핵심에 대해 뭐라고 했던가. "대부분은 잊어버리기 쉽지만 가끔 아주 감동적이라는 것." '가끔 아주 감동적'이라는 필요 요건은 학교(그리고 삶)에서의 경험에도 똑같이 적용된다. '가끔 아주 감동적'인 순간들은 단순히 운에 맡긴다고 되는 것이 아니다! 그런 순간들을 창조하기 위해서는 의도적으로 계획하고 투자해야 한다. 그것들은 기획되고 설계된 절정의 순간이며, 그렇게 하지 못할 경우 우리에게 남는 것은 대체로 잊어버리기 쉬운 것들뿐이다.

　미국에는 약 35,000개의 고등학교가 있다. 이들 중 인간 본성 재판에 비할 만한 학구적 경험을 제공할 수 있는 학교가 몇 개나 될까? 저자들이 다녔던 고등학교—훌륭한 공립학교였지만—는 그렇게 하지 못했다. 당신이 다녔던 학교는 어땠는가?

모든 것이 완벽하지 않아도 된다

학교생활이나 개인적 삶에서는 대체로 잊어버리기 쉬운 경험을 실망스럽게 여기는 데 반해, 기업 사회에서는 이를 꽤 다른 관점으로 인식한다. 예를 들어 전력이나 수도, 케이블, 인터넷, 운송, 석유, 배관, 또는 치과 치료를 제공하는 회사들은 부디 당신이 대부분의 경험들을 잊어버리길 바란다. 그래야 그들이 성공할 수 있기 때문이다. 대부분의 고객 관계에서 우리가 기억하는 순간들은 최악의 구덩이다. 케이블 TV가 나오지 않는다, 화장실 변기가 막혔다, 위생사가 당신의 치아를 너무 거칠게 세척한다. 즉, 실제로 많은 비즈니스에서는 대체로 잊어버리기 쉬운 것이야말로 바람직한 것이다! 그것은 잘못된 것이 아무것도 없다는 뜻이다. 당신이 기대하던 바를 얻었음을 의미한다.

이것이 바로 성공적인 고객 경험을 구축하는 첫 번째 단계다. 먼저 구덩이를 메울 것. 그런 다음에야 두 번째 단계, 즉 '가끔 아주 감동적인' 순간을 창조하는 데 집중하라. 요약하자면 구덩이를 메운 다음에 최고의 순간을 창조하라.

여기서 놀라운 사실은 많은 비즈니스 리더들이 이 두 번째 단계에 착수하지 않는다는 것이다. 그들은 서비스 구덩이를 메운 다음 시멘트로 덮어버린다. 마치 하찮고 귀찮은 골칫거리에 불과하다는 것처럼 말이다. 그들은 훌륭한 서비스가 아니라, 그저 불평 없는 서비스를 추구하는 것처럼 보인다.

매직캐슬 호텔을 예로 들어보자. 세면대에서 뜨거운 물이 나오지 않는다면 그것은 서비스 구덩이이고, 손님들은 아무리 많은 아이스바를 공짜로 먹을 수 있다고 해도 그 구덩이가 채워지기까지는 속아 넘어가지 않을 것이다. 투숙객들을 만족시키려면 호텔은 모든 기본 요소를 충족시킬 수 있어야 한다. 적당히 신속한 체크인 절차, 적당히 잘 꾸며진 방, 적당히 편안한 침대. 그러나 누군가는 늘 불평을 하게 되어 있다. 탁상램프가 어두워요, HBO 채널이 없어요, 스낵 메뉴에 글루텐 프리 팝타르트가 없어요.

서비스업계에는 무시무시하게 많은 구덩이가 산재해 있으며, 그래서 경영인들은 문자 그대로 끝없는 고객 불만의 고리 안에 갇혀 있다. 그들은 항상 방어만 할 뿐 절대로 먼저 적극적으로 나서지 않는다.

매직캐슬은 과감히 공격을 감행했다. 그들은 모든 것을 완벽하게 만들려고 하지 않았다(매직캐슬 호텔의 로비는 자동차 정비소 대기실을 연상시키는 구석이 있다). 그저 추억으로 남을 수 있는 몇 가지 순간을 기가 막힌 솜씨로 창조해냈을 뿐이다. 매직캐슬 호텔의 총지배인인 대런 로스Darren Ross는 직원들에게 손님들이 입을 쩍 벌릴 순간들을 창조하라고 장려한다. 한번은 호텔에 묵고 있던 부부가 저녁 때 돌아와 근처 술집에서 마신 칵테일이 정말 훌륭했다고 극찬했다. 다음 날 관광을 마치고 돌아온 부부는 호텔 방에서 그들을 기다리고 있는 특별 선물을 보고 깜짝 놀랐다. 매직캐슬 직원이 전날 밤에 부부가 마신 칵테일의 제조법을 알아내 그들이 직접 만들어 마실 수 있게 필요한 재료를 모두 사다 놓았던 것이다. 이것이 바로 공격적인 서비스다(이와 관련해 책 말미의 주석에서 하나의 예외를 찾아볼 수 있다. 연구조사에 따르면 고객들이 상품이나 서비스의 미흡함에 대해 불평할 때에는 반드시 수비에 집중해야 한다. 다시 말해 그런 경우에는 그들을 기쁘게 하려 들지 말고 효율성에 집중하라).

"연구에 따르면 신뢰성과 역량, 확실성은 고객의 기대를 충족 시킵니다." 서비스 전문가이자 텍사스 A&M 대학의 교수인 레너드 베리 Leonard Berry의 말이다. "고객의 기대를 능가하고 기억에 남는 경험을 창조하려면 서비스에 행동과 인간적 관계가 가미되어야 합니다. 뜻밖의 즐거움이라는 요소가 필요한 것이죠. 그리고 그것은 대부분 인간적인 상호작용에서 비롯됩니다." 하지만 여기 또 다른 충격적인 사실이 있다. 대부분의 서비스 사업체들은 기대의 충족과 능가에 관한 연구 결과를 무시하고 있다.

유명 리서치&자문 회사인 포레스터Forrester의 고객 경험 연구팀은 매년 120,000명 이상의 고객들을 대상으로 은행, 호텔, 자동차 제조사, PC 제조업체 등 산업계 전반에 걸친 기업들과의 경험에 관해 설문조사를 실시한다. 가장 최근의 설문조사—미국 고객 경험 지수^{The IS} _{Customer Experience Index, DX Index, 2016} —에 포함된 질문 중 하나는 고객들에게 해당 경험에 관한 느낌을 1~7까지 점수로 표현하라고 요구했다. 1은 아주 나쁨, 7은 아주 좋음을 의미했다.

1	2	3	4	5	6	7
아주 나쁨			아무 느낌 없음			아주 좋음

자, 당신이 서비스업에 종사하고 있다면 이 설문조사를 어떻게 활용하겠는가? 아마 7에는 별로 눈길도 주지 않을 것이다. 이들은 어차피 당신을 좋아하고 불만도 없으니까 말이다. 그러나 1부터 6까지 점수를 준 고객들의 불만에는 개선의 여지가 있다는 점을 감안하면, 그중 어떤 집단에게 각별한 관심을 쏟아야 할까? 1이라고 대답한—당신때문에 비참한 경험을 한—사람들의 문제를 해결해주는 게 좋을까? 아니면 6이라고 대답한 집단이 7이라고 말할 수 있게 조금만 더 분발하는 게 좋을까? 이상적인 세상에서라면 바람직한 계획을 전부 실천해 모든 고객들이 7이라고 대답할 수 있게 할 수도 있을 것이다. 하지만 우리가 사는 현실 세상에서 목표를 달성하려면 엄청난 시간과 관심이 필요하다. 당신이라면 어떤 고객에게 집중하겠는가?

좀 더 결정을 쉽게 할 수 있게 문제를 단순하게 도식화해보자. 당신은 다음 2가지 플랜 중에 하나를 선택해야 한다. 첫 번째 플랜 A는 불만족스러운 고객들(1, 2, 3)을 단번에 4로 도약시킬 수 있다.

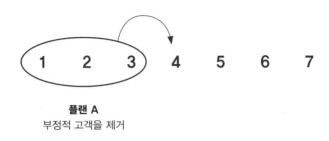

플랜 A
부정적 고객을 제거

그리고 플랜 B는 중립 또는 긍정적 태도를 지닌 고객들을 7로 승격시킬 수 있다.

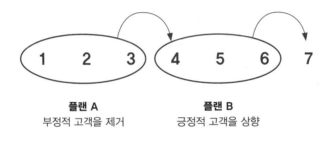

플랜 A
부정적 고객을 제거

플랜 B
긍정적 고객을 상향

당신이라면 어느 쪽을 선택하겠는가?

우리는 포르셰와 디즈니, 뱅가드, 사우스웨스트 항공사, 인튜이트 등 고객 경험을 중시하는 기업들의 경영인 십수 명에게 위의 시나리오를 제시한 다음, 그들 회사가 둘 중 어떤 계획과 더 비슷한 방식으로 시간과 자원을 투자하는지 물었다. 그들은 대체로 회사 자원의 80퍼센트를 지극히 불만족한 고객들의 경험을 개선하는 데 투자한다고 답했다.

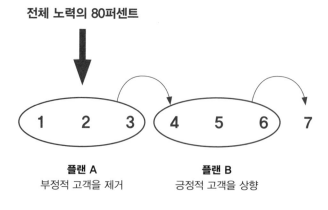

전체 노력의 80퍼센트

1 **2** **3** **4** **5** **6** 7

플랜 A
부정적 고객을 제거

플랜 B
긍정적 고객을 상향

얼핏 보기에는 최악의 고객이 지닌 문제를 해결하는 것이 더 합리적인 판단처럼 느껴진다. 그러나 전략적 투자의 관점에서 보자면 그것은 미친 짓이다. 이유를 알고 싶은가? 포레스터의 연구진은 고객의 경제적 가치를 수치화한 바 있다. 이들은 설문조사를 통해 위와 같은 질문에 7이라고 대답한 항공사 고객들(매우 긍정적인 고객)이 이듬해에 비행기 여행에 약 2,200달러를 소비한다는 사실을 발견했다. 반면에 4라고 대답한 고객들의 소비액은 800달러였다. 운송업계의 경우 전자와 후자에 해당하는 고객들의 예상 소비액은 각각 57달러와 24달러다.

간단히 말해 어떤 분야에서든 만족도가 가장 높은 고객들이 더 많은 돈을 소비하는 경향이 있다는 뜻이다. 그러므로 4에 속하는 고객들을 7로 끌어올리는 편이 1이라고 답한 고객들을 4로 상향시키는 것보다 더 많은 수익을 창출할 수 있다. 뿐만 아니라 부정적인 1~3 영역보다 긍정적인 4~6 구간에 위치한 고객들의 수가 훨씬 더 많다. 그러므로 플랜 B를 활용하면 1인당 더 많은 가치를 창출할 수 있을 뿐만 아니라 동시에 더 많은 고객에게 접근할 수 있다.

즉 플랜 A와 플랜 B 중 하나를 선택하는 것은 결코 어려운 고민이 아니다. 포레스터의 연구 결과는 충격적이다. 긍정적인 고객을 상향시킨다면(플랜 B) 부정적인 고객을 제거할(플랜 A) 때보다 매출을 약 9배 상승시킬 수 있다(정확히 말하면 8.8배다). 그럼에도 불구하고 대부분의 기업 경영진은 플랜 A를 시행하는 데에만 혈안이 되어 있다(본 연구의 방법론과 경영진의 예측 가능한 변명에 대해서는 각주를 참고하라).*

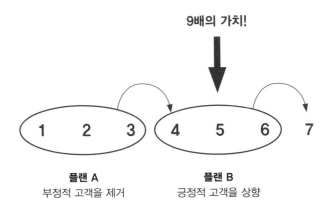

9배의 가치!

플랜 A
부정적 고객을 제거

플랜 B
긍정적 고객을 상향

* ①연구방법론: 본 데이터는 다음 16개 산업 분야를 분석한 결과 도출되었다: 항공, 자동차 제조, 자동차 보험 및 주택보험, 소매은행, 인터넷 은행, 차량대여, 신용카드, 건강보험, 호텔, PC 제조, 택배 및 운송, 전통 소매, 온라인 판매, 인터넷 서비스, TV 방송 서비스, 무선통신. 각 업계 간에 차이는 있으나 우리가 인용한 기본적 양상은 유사하다. ②예측 가능한 변명: 아마 당신은 속으로 이렇게 생각하고 있을 것이다. '하지만 불만 많은 고객들한테 시간을 투자하지 않아서 그들이 부정적인 입소문을 내면 어떻게 하지?' 포레스터는 불만 고객들의 영향력을 측정한 결과, 다른 사람들에게 해당 브랜드를 불매하라고 설득하는 고객은 실제로 대단히 드물다는 사실을 밝혀냈다. 부정적인 입소문은 실질적으로 효력이 너무 미미하여 모델에서 제외되었다.

이처럼 재정 수익이 달린 시급한 문제인데도 조직은 어째서 우선 순위를 제대로 설정하지 못하는가? 왜냐하면 그들은 부정적인 고객들에게 공감하기 때문이다. 우리는 삶의 다른 모든 분야에서도 똑같은 실수를 저지른다. 수많은 연구들이 우리가 부정적 문제와 정보에 집착한다는 사실을 보여준다. 스포츠 팬은 이긴 경기보다 패한 경기에 대해 더 자주 생각한다. 일기장에는 행복한 일보다 나쁜 일에 대한 기록이나 생각이 더 많다. 우리는 부정적인 피드백을 긍정적인 피드백보다 더 중요하고 심각하게 다루며, 10번의 격려보다 1번의 부정적 지적에 더 신경을 곤두세운다. 펜실베이니아 대학교 연구진은 긍정적 정보와 부정적 정보를 비교하는 수십 개의 연구 내용을 요약 정리했는데, 그들의 결론은 곧 논문 제목이 되었다. "나쁜 것은 좋은 것보다 강하다."

그러므로 서비스 업계에서 나쁜 것이 좋은 것보다 더 강력하다고 생각하는 것은 별로 놀라운 일이 아니다. 그들은 자연스럽게 나쁜 경험을 한 고객들에게 더 깊은 주의와 관심을 쏟는다. 하지만 그런 종류의 직관에만 매달린다면 보다 큰 기회를 놓치게 될 것이다. 크고 심각한 문제를 해결하고자 하는 노력을 그만두라는 얘기가 아니다. 그보다 관심을 쏟을 대상을 바꾸라는 뜻이다. 부정적인 고객을 없애는 것보다 이미 긍정적인 고객을 한 단계 더 끌어올리는 편이 9배는 더 이득이다.

나아가 고객들을 고양—7로 상승시키는 것—하는 과정은 구덩이를 메우거나 구멍을 덮어 보이지 않게 하는 것과는 다르다. 열광적인 팬을 만들고 싶다면 탁월하고 뛰어난 서비스를 제공해야 하며, 거기에는 절정이 필요하다. 그리고 절정은 저절로 생겨나지 않는다. 그것은 만들어진다.*

고양의 3요소

절정은 어떻게 창조할 수 있는가? 고양과 통찰, 긍지, 교감이라는 4가지 요소를 사용하면 긍정적 순간을 창조할 수 있다. 후자의 3가지에 대해서는 나중에 살펴보도록 하고 지금은 고양에 초점을 맞춰보자. 고양의 순간을 이룩하려면 3가지 재료가 필요하다. 첫 번째는 감각적 매력을 증폭하는 것, 둘째는 위험보상을 높이는 것, 그리고 세 번째는 각본을 깨트리는 것이다(각본을 깬다는 것은 특정 경험에 대한 기대를 무너뜨린다는 의미다. 이 개념에 대해서는 다음 장에서 자세히 설명하기로 하자). 고양의 순간을 창출하려면 이 3가지 요소가 전부 필요하지는 않아도 최소한 2가지는 포함되어야 한다.

감각적 매력을 증폭한다는 것은 현실이 발산하는 '음량을 높인다'는 뜻이다. 무언가를 더 좋게 보이거나, 더 맛있게 하거나, 더 근사하게 들리게 하거나, 더 기분 좋게 느끼게 만들어라. 결혼식에는 아름다운 꽃과 맛있는 음식, 즐거운 음악과 춤이 곁들여진다(비용이 비싼 게 중요한 게 아니다. 각주를 읽어보라).** 아이스바 핫라인에 주문을 하면 흰 장갑을 낀 웨이터가 은쟁반에 시원하고 달콤한 아이스바를 받쳐 들고 당신 눈앞에 대령한다. 인간 본성 재판은 진짜 법정에서 진행된다.

---

* 여기서 우리가 포레스터 연구진과 유사한 관점을 공유하고 있으며, 이어서 컨설팅 파트너십을 맺고 기업들이 더 나은 고객 경험을 창조할 수 있게 도울 방법에 대해 논의하고 있음을 덧붙여야겠다. 현 시점에서는 아직 공식적인 관계를 맺지는 않았으나 고객들이 절정을 창조할 수 있게 도울 가능성이 있다는 생각에 우리는 매우 솔깃한 상태다.

절정의 순간이 될 수 있는 행사에 얼마나 다양한 복장이 동반되는지 알면 놀랄 것이다. 검은색 졸업가운과 새하얀 웨딩드레스, 응원하는 스포츠팀의 상징 색. 힐스데일 고등학교의 인간 본성 재판에서 변호사는 양복을 입고 증인들은 각자의 특성에 걸맞는 복장을 갖춰 입는다. 절정은 특별한 일이 일어난다는 의미이며, 따라서 평소와는 다르게 보여야 하기 때문이다.

위험보상을 높인다는 것은 생산적이고 건설적인 압력이 가해진다는 의미다. 콘테스트, 스포츠 시합, 업무성과 평가, 마감, 공개 발표 등등, 농구 시합 직전 배 속이 간질거리는 느낌이나 졸업생 서명의 날 연단 위에 올라서기 전에 땀에 젖어 축축해진 손바닥, 힐스데일 고교생들이 졸업 연구 발표회를 앞두고 느끼는 부담감을 생각해보라. 베드퍼드와 저릴스는 처음 인간 본성 재판을 기획했을 때, 학생들에게 의도적으로 부담감을 주려고 노력했다. 학생들은 교장선생님과 학내 최고의 인기인인 쿼터백이 포함된 배심원단 앞에서 인간 본성 재판을 해야 했다. 그것이 바로 진짜 압력이다.

** 감각적 매력을 높이기 위해 지나친 사치나 호사가 필요하지는 않다. 굳이 돈을 쓸 필요조차 없다. 에머리 대학교 연구진이 3,000명의 응답자를 대상으로 결혼식에 대해 조사한 바에 따르면 결혼식 지출 비용과 이혼율 사이에는 비례적 상관관계가 존재한다. 인과관계가 있다는 얘기는 아니니 안심하도록. 결혼식 때 장식용 꽃에 돈을 물 쓰듯 썼다고 해서 추후 결혼생활에 문제가 생길 거라는 뜻은 아니니 걱정하지 않아도 된다. 다만 이 연구는 금전보다 의미에 중점을 두는 것이 좋다고 조언한다. 예를 들어 결혼식에 각각 1,000달러와 3만 달러를 지출한 경우, 일반적으로 어느 쪽이 두 사람에게 중요하고 뜻 깊은 의미를 지닌 장소에서 치러지고 어느 쪽이 예쁘지만 평범한 기성 예식장에서 이뤄지겠는가? 어느 쪽이 더 '대량 생산'이 아닌 '특별한' 결혼식으로 느껴지겠는가?

당신이 평범한 것 이상의 무언가를 만드는 데 성공했는지를 판단하는 가장 단순한 기준은 사람들이 사진기를 꺼내고 싶어 하느냐이다. 사람들이 사진을 찍는다면 그것은 특별한 순간이다. 우리의 본능은 특별한 순간을 영원으로 남기고 싶어 한다. '지금 이 순간을 영원히 간직하고 싶어.' 이것이 바로 고양의 순간이다.

한편 우리의 반대쪽 본능은 어떤 순간을 축소하거나 보잘것없게 만들고 싶어 한다. 감각적 매력을 박탈해버리거나 판돈을 낮추는 것이다. 진부하고 머리가 굳은 상사가 이렇게 말한다고 상상해보라.

- 그래, 손님들에게 아이스바를 공짜로 나눠주는 건 아주 멋진 아이디어야. 하지만 직원들이 하루 종일 핫라인에 대기하고 있어야 한다니, 효율성이 너무 떨어지지 않나? 얼음통 옆에 냉동고를 설치해두고 손님들이 알아서 가져다 먹으라고 하면 안 돼?
- 인간 본성 재판에서 판결이 왜 필요해? 학생들이 모두 열심히 노력했으니 양쪽 다 이기게 해주면 안 돼?
- 서명의 날은 정말 훌륭한 전통이지만 졸업생들이 전부 발표를 하다니 너무 많잖아? 행사 프로그램에다 미리 누가 어떤 대학에 가는지 인쇄해놓은 다음에 유명 연사를 초청해서 그 사람 연설을 들으면 되지 않을까?

사람들의 열정과 활력을 좀먹는 '적당히'를 조심하라. '적당히'의 위험성을 경계하지 않으면 절정의 순간이 송두리째 산산조각 날 수 있다. 과속방지턱은 적당하다. 에베레스트산은 적당하지 않다.

이쯤 되면 당신도 삶이나 직장에서 더 많은 절정의 순간을 경험하고 싶지 않은가? 오, 원하기만 한다면 당연히 가능하다. 그러나 실제로 절정의 순간을 만든다는 것이 얼마나 어려운지에 대해서는 과소평가하고 있을지도 모르겠다. 개념이야 단순할지 몰라도 실천은 늘 어려우니 말이다.

절정을 창조하는 것이 어려운 이유 중 하나는 그것이 반드시 해야할 일이나 의무가 아니기 때문이다. 베드퍼드와 저릴스는 영어와 역사를 가르칠 의무를 지닌 교사였다. 그들은 학생들의 시험지와 작문을 채점하고 성적을 매겨야 했다. 그러나 인간 본성 재판은 순수하게 그들의 선택이었고, 이를 실현하기 위해 그들은 힘들고 귀찮고 정치적이고 논리적인 장애물을 무수히 넘어야 했다(스쿨버스 여러 대를 동원해 학생들을 법원에 데려가는 것만으로도 골치가 아프다. 특히 한 학기 예산에 그런 현장학습 항목이 없을 때 말이다). 그런 상황에서는 언제든 '적당히'가 스리슬쩍 침투하기 쉽다.

또 다른 예를 들어볼까. 존 디어의 출근 첫날 경험이 기억나는가? 그 프로그램은 별로 복잡하거나 어렵지도 않았고, 그러니 당신은 그게 금세 전 세계 존 디어 지사로 확산되었다고 짐작했을 것이다. 천만의 말씀이시다. 실제 존 디어의 출근 첫날 프로그램은 국지적으로 시행되는 데 그쳤다. 출근 첫날 경험을 창조한 라니 로렌츠 프라이와 그녀의 팀은 내부 브랜딩 소속이었기 때문에 프로그램을 기획할 수는 있어도 실천 부문까지 통제하지는 못했다. 해당 계획의 실행 여부는 전적으로 존 디어의 각 아시아 지부에 달려 있었다. 인도와 베이징 같은 일부 지역에서는 열광적으로 그 프로그램을 흡수한 반면, 다른 지사에서는 통째로 무시했다. 왜냐고? 왜냐하면 출근 첫날 경험 프로그램을 실행하는 것은 의무 사항이 아니었고, 귀찮고 번거로운 일이 늘어난 것에 불과했으며, 일터에는 항상 그보다 훨씬 긴요한 일이 넘쳐났기 때문이다.

우리가 개인적 삶에 절정의 순간을 창조하기 어려운 이유도 이 때문이다. 당신과 단짝 친구는 늘 오로라를 직접 보고 싶었다. 죽기 전에 꼭 해보고 싶은 절실한 평생 소원이었다. 심지어 당신과 친구는 오로라를 본다면 반드시 캐나다 유콘 지역이어야 한다고 정확한 장소까지 미리 정해두었다. 유콘이라면 오로라를 감상하기에 완벽할 터였다. 자, 지금 당신이 친구에게 전화를 걸어 유콘으로 오로라를 보러 가자고 한다면 친구는 뭐라고 할까?

대충은 짐작이 갈 것이다. 먼저 한 3주일 동안 통화가 이어진다. 그러다 처음 뜨겁게 끓어올랐던 열정에("당연히 가야지!") 일상의 삶이 침투하기 시작한다. 직장에 휴가를 내야 하는데, 괜찮을까? 친구와 일정을 맞추기는 더더욱 어렵다. 그동안 애들 학교 행사는 어떻게 하지? 여행비는? 각자 배우자를 두고 둘이서만 여행을 간다는 죄책감도 따라붙는다. 그렇다면 두 사람과 같이 가면 안 될까? 그거 좋지! 이제 다시 4명의 일정을 맞추고 아이들을 돌볼 사람을 구해야 한다는 문제가 추가로 발생한다. 결국에는 "내년에 가면 안 될까?"라는 결론이 나오게 될 것이다.

당신을 초장부터 낙담시키고 싶은 게 아니다. 반대로 우리는 당신의 결심과 의지를 단단히 다져주고 싶다. 절정을 구축하는 것은 생각보다 훨씬 어렵지만, 일단 결과가 나오고 나면 그동안 투자한 모든 노력에 그만한 가치가 있었음을 느끼게 될 것이다. 당신은 당신 자신의 결정적 순간을 창조하게 될 것이다.

완벽한 순간을 미루지 말 것

유진 오켈리Eugene O'Kelly의 회고록 『인생이 내게 준 선물Chasing Daylight』은 몹시 인상적인 문장으로 시작된다. "나는 축복받은 사람이다. 앞으로 살 날이 3개월 남았다는 선고를 들었다."

2005년 5월의 마지막 주, 오켈리는 다형성 교모세포종이라는 희귀암에 걸렸다는 선고를 받았다. 골프공만 한 악성종양 3개가 그의 뇌에서 자라고 있었고, 치료법은 없었다. 암 선고를 받았을 당시 오켈리는 53세로, 40억 달러 매출에 2만 명의 직원이 근무하는 회계법인 KPMG의 CEO로 일하고 있었다. 아내 코린과 두 딸과 단란한 생활을 하고 있었으며 14세의 막내딸 지나는 여름방학을 기다리고 있었다. 방학이 끝나고 지나가 다시 학교에 돌아갈 무렵이면 아이의 아버지는 이 세상에 없을 터였다.

"코린과 함께 설계했던 미래에 대한 모든 계획이 쓸모없게 되었다." 그는 이렇게 썼다. "존재하지도 않을 미래에 대한 계획은 빨리 지워버릴수록 좋았다. 나는 새로운 목표를 세워야 했다. 그것도 아주 서둘러서." 뇌종양 진단을 받고 2주일이 지난 뒤인 6월 8일, 그는 KPMG의 CEO직에서 물러났다. 그런 다음 마땅히 해야 할 일에 착수했다. 계획을 세우는 것이었다. "어쩌겠는가? 나는 뼛속까지 회계사 기질을 가진 사람이라⋯⋯ 계획을 세우지 않으면 아무것도 할 수가 없었다. 심지어 죽음까지도 말이다."

어느 날 저녁, 오켈리는 자기 집 식탁에 앉아 동심원 5개를 그렸다. 그의 인간관계를 의미하는 지도였다. 제일 중심에 위치한 원은 그의 가족을 가리켰고, 원이 바깥쪽에 위치할수록 더 멀리 떨어진 관계—예를 들면 사업 동업자—를 뜻했다. 그는 지금까지 알고 지냈던 모든 사람들과의 관계를 마무리 짓기—아름답게 청산하기—로 결심했다. 그의 계획은 바깥쪽 원에서부터 시작해 점차 안쪽 원으로 이동하는 것이었다. 오켈리는 병세가 악화될수록 소중하고 가까운 사람들, 특히 가족들과 더 많은 시간을 함께 보내고 싶었다.

첫 번째 원에 해당하는 사람들과의 작별인사는 꽤 간단했다. 오켈리는 그들에게 전화를 걸거나 이메일을 보내 그들이 공유하는 지난날의 추억이나 행복한 기억들에 대해 이야기했다. 그는 대화가 너무 슬프거나 우울해지지 않도록 조심스럽게 말을 골랐다. 그는 그들과의 마지막 대화가 특별하길 바랐다.

세 번째와 네 번째 원은 그보다 가까운 친구나 동료들이었기 때문에 직접 얼굴을 맞대고 만났다. 오켈리는 그들과의 만남이 "기쁨으로 가득"하길 소망했다. 같이 근사한 식사를 하기도 하고, 때로는 호숫가 공원 벤치에 앉아 이야기를 나누거나 센트럴파크를 거니는 등 아름다운 장소에서 함께 시간을 보냈다(위험보상이 올라간 분위기에서 감각적 매력 증폭하기). 작별 의식을 거치며 오켈리와 친구들은 추억을 나누고 인생에 관한 생각을 주고받았고, 그는 그들이 이제껏 나눠준 우정에 감사했다. 오켈리는 이런 절정들을 완벽한 순간이라고 칭했다. 그가 할 일은 남은 생에 이런 완벽한 순간들을 최대한 많이 만드는 것이었다.

여름 내내 그는 가까운 친지들과 많은 시간을 보냈다. 이제 남은 것은 가장 중심에 있는 원이었다. 그는 두 누이인 로즈와 린다에게 작별인사를 했다. 8월에는 코린과 지나와 함께 네바다주 타호 호수에 있는 별장에서 시간을 보냈다. 그즈음 오켈리는 종양을 줄이는 방사선 치료를 받으며 마지막 몇 주일의 시간을 벌고 있었다. 치료 때문인지 몸이 몹시 약해졌다.

8월 느지막이 오켈리의 어머니와 남동생이 주말에 타호 호수로 날아왔다. 이는 그들과의 마지막 작별 의식이 될 터였다. 날씨가 화창한 일요일, 그들은 호수에 보트를 타러 갔다. 오켈리는 이렇게 쓰고 있다. "한동안 호수 위에 떠 있었을 때, 나는 어머니의 손을 잡고 뱃머리로 모시고 나가 둘이서만 대화를 나눴다. 나는 어머니에게 지금 아주 편안하다고 말했다. 천국에서 다시 뵙자고도 했다. 신앙심이 깊은 어머니는 그 말에 안도하셨다. 완벽한 날이었다. 모든 것을 다 이룬 것 같았다. 몸은 힘들었지만, 더 바랄 것이 없었다."

어머니와 동생이 떠나고 그날 저녁, 코린은 그를 껴안고 소파에 누워 있었다. 남편의 기운이 점차 빠지는 것을 느끼며 그녀는 그의 부재에 대해 말했다. 오켈리가 대답했다. "이제부터는 당신이 맡아요. 내가 할 수 있는 일은 전부 끝냈으니까."

그로부터 2주일 후인 2005년 9월 10일, 유진 오켈리는 폐색전으로 사망했다. 오켈리가 생의 마지막 날에 깨달은 것은 바로 순간의 힘이었다. 그는 이렇게 썼다.

나는 2주일 동안 지난 5년간, 혹은 암에 걸리지 않고 예전처럼 살았더라면 앞으로 5년 동안 겪었을 것보다 훨씬 많은 완벽한 순간들과 완벽한 나날들을 경험했다. 당신의 달력을 한번 들여다보라. 완벽한 나날들이 보이는가? 아니면 깊숙한 곳에 숨어 있어 발굴해야 하는가? 당신에게 완벽한 30일을 만들어보라고 말한다면 할 수 있겠는가? 그렇게 하는 데 얼마나 오래 걸릴까? 30일? 6개월? 10년? 아니면 평생이 걸려도 불가능할까? 나는 하루에 일주일을, 한 주에 한 달을, 한 달에 1년을 산 기분이다.

이제 오켈리가 쓴 첫 대목을, 특히 마지막 문장을 다시 보자. "나는 축복받은 사람이다. 앞으로 살 날이 3개월 남았다는 선고를 들었다."

그는 '살 날'이 남아 있다는 이유로 자신이 축복받았다고 말한다. 중요한 순간을 향유하고자 하는 그의 열정을 우리도 공유해야 하지 않을까? 단순히 우리에게 그보다 살 날이 더 많이 남아 있다는 것이 순간을 만끽하는 경험을 뒤로 미룰 이유가 될 수 있을까?

이것이 바로 우리의 삶에 있는 크고 깊은 함정이다. 하루하루가 지나고 매해가 지나는데 항상 하고 싶었던 말은 못하고 시간만 무심히 흘러가는 것이다. 학생들을 위해 절정의 순간을 창조하지도 못했고, 오로라를 보러 가지도 못했다. 우리가 지금 걷고 있는 이 평탄한 대지가 실은 하늘 높이 솟은 봉우리와 뾰죽한 절정으로 가득한 곳이 될 수도 있었다. 납작하고 지루한 생활에서 벗어나기란 이렇게 어려운 일이다. 유진 오켈리는 불치병에 걸린 후에야 거기서 벗어날 수 있었다.

그렇다면 완벽한 순간을 창조하도록 자극하는 동기에는 어떤 것들이 있을까?

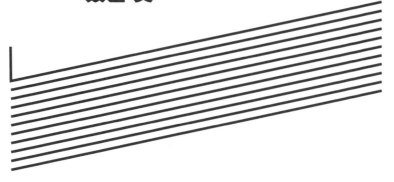

Chapter 3 각본은 깨트리라고 있는 것

휴가를 떠난 기린 인형 조시

크리스 헌^{Chris Hurn}의 아들은 잠을 자려 하지 않았다. 생전 처음 집을 떠나 플로리다주 아멜리아섬에 휴가를 갔다 돌아왔는데, 그만 사랑하는 기린 인형 조시를 호텔에 두고 와버렸던 것이다. 아들은 조시가 없으면 잠을 자지 않는다. 그러나 조시는 지금 플로리다에 있다. 크리스는 곤경에 빠졌다.

크리스는 아이들이 잠들지 않아 절망한 부모들의 역사적 전통에 충실하여 그가 선택할 수 있는 여러 가지 방안들을 곰곰이 따져본 다음, 거짓말을 하는 게 가장 나을 거라는 결론을 내렸다. 그는 아들에게 말했다. "조시는 괜찮아. 우리보다 더 긴 휴가를 즐기고 있을 뿐이란

Chris Hurn

다." 그의 거짓말이 효과가 있었는지 아들은 결국 가물가물 잠에 빠져들었다.

천만다행으로 그날 밤 늦게 그들이 묵었던 리츠칼튼 호텔의 직원이 조시를 찾았다는 연락을 해왔다. 크리스는 직원에게 부탁을 하나 했다. 그는 아들을 어떻게 안심시켰는지 설명하면서 조시가 수영장 긴 의자에 앉아 있는 사진을 찍어 보내줄 수 있겠느냐고 부탁했다. 아들에게 조시가 호텔에서 휴가를 즐기는 중이라는 것을 보여주고 안심시킬 요량이었다.

며칠 후 조시가 우편으로 집에 도착했다. 두꺼운 사진첩이 동봉되어 있었다. 사진 속에서 조시는 수영장의 긴 의자에 누워 있었고, 다른 사진에서는 골프 카트를 몰고 있었다. 호텔에 있는 앵무새와 장난치는 사진도 있었고, 스파에서 마사지를 받는 사진도 있었다(눈에는 오이 조각이 놓여 있었다). 심지어 호텔 보안실에서 감시카메라 화면을 보고 있는 사진도 있었다. 크리스와 그의 아내는 기뻤다. 아들은 흥분해서 어쩔 줄을 몰랐다. 크리스는 블로그에 글을 올렸고, 글은 이내 인터넷 전체로 퍼져나갔다.

사람들은 왜 조시의 이야기에 열광할까? 왜냐하면 우리의 기대를 박살냈기 때문이다. 어린 소년이 호텔에 인형을 놓고 왔을 때, 우리는 무슨 일이 일어나리라 기대하는가? 우선은 인형을 찾을 수 있길 바랄 것이다. 아주아주 운이 좋다면 말이다(그리고 운이 좋아 인형을 받게 된다고 해도 운송료를 줄인다고 작은 상자 안에 욱여 넣어져 있겠지). 하지만 그렇게 하는 대신 리츠칼튼의 직원들은 체크아웃을 하고 떠난 손님의 마음을 기쁘게 하기 위해 인형과 함께 호텔 구석구석을 돌아다니며 재미있고 귀여운 사진을 찍었다("누가 눈 위에 오이 좀 올려봐요!"). 이 얼마나 특이하고도 마법 같은 일이란 말인가.

그들은 각본을 깨트렸다. 이런 맥락에서 사용되는 '각본'이라는 단어의 유래는 1970년대까지 거슬러 올라가는데, 바로 모두가 흔히 예상하는 진부하고 정형화된 경험을 가리킨다. 이를테면 '레스토랑 각본'은 이런 식으로 진행된다. 레스토랑 안으로 들어간다. 누군가 우리를 맞이하고 테이블로 안내한 다음, 메뉴판을 건네준다. 그러곤 또 다른 사람이 나타나 테이블 위에 물컵을 내려놓는다. 웨이터가 주문을 받으러 다가온다. 우리가 아는 레스토랑에서의 경험은 대개가 이렇다.

심리학자 로저 생크Roger Schank와 로버트 아벨슨Robert Abelson은 이러한 각본의 개념을 사용해 인간의 뇌가 지식을 저장하고 끄집어내는 방식을 설명한다. 예를 들어 다음의 간단한 시나리오를 보자.

존이 햄버거를 주문했다.

차가운 햄버거가 나왔다.

존은 아주 적은 액수의 팁을 남긴다.

누구든 쉽게 이 장면을 머릿속에 떠올릴 수 있을 것이다. 하지만 이상하지 않은가? 위 각본에는 웨이터도 접시도 테이블도, 심지어 그 레스토랑이 어떻게 생겼는지조차도 언급되어 있지 않은데 말이다. 그 이유는 이야기의 뼈대를 구성하고 있는 소위 레스토랑 각본이 여기 담겨 있지 않은 세부사항을 은연중에 제공해주고 있기 때문이다. 이번에는 또 다른 각본을 생각해보자.

해리엇이 잭의 생일파티에 갔다.

케이크가 맛이 없었다.

해리엇은 잭의 어머니에게 아주 적은 액수의 팁을 남긴다.

잠깐, 뭐라고? 우리 모두는 '생일파티 각본'이 어떻게 진행되는지 정확히 알고 있다. 부모들이 생일선물을 준다. 아이들은 케이크를 먹고, 동물 인형을 막대기로 두드려 터트리면 사탕이 쏟아진다는 것을 알고 있다. 하지만 우리는 잭의 어머니에게 팁을 주지 않는다. 절대로, 절대로 말이다. 이 이야기는 정해진 각본을 깨트리고 있다.

앞 장에서 우리는 감각적 매력을 증폭하고 위험보상을 높여 고양의 순간을 창조할 수 있음을 배웠다. 각본을 깨트리는 것—경험에 대한 기대를 깨는 것—은 고양의 순간을 창출하는 세 번째 요소다.

말만 거창할 뿐 사람을 놀래키는 거랑 뭐가 다르냐고? 오, 그렇다. 뜻밖의 놀라움은 순간을 기억에 새기게 만든다. 하지만 '각본 깨트리기'는 '사람을 놀래켜라!'처럼 간단한 문제가 아니다. 전력회사가 '화요일은 전기 없는 날!'이라는 캠페인을 하는 것도 똑같이 놀라운 일이겠지만(특히 이게 '전자 모기채로 벌레 잡는 토요일'을 대비해 전력을 아낄 목적이라면) 그런 종류의 뜻밖의 요소로는 아무것도 성취하지 못한다.

각본 깨트리기는 단순히 사람들을 놀라게 하는 것이 아니라 전략적으로 뜻밖의 놀라움을 선사하는 것이다. 리츠칼튼 호텔이 조시의 사진첩을 만든 이유는 그들의 탁월한 서비스가 입소문을 타길 바랐기 때문이다. 순수한 마음으로 친절을 베푼 것이 아니란 얘기다.

'각본 깨트리기'와 '단순한 놀라움'의 차이는 전자가 우리에게 '각본'에 대해 생각해보게 한다는 것이다. 우리의 삶은 온갖 다양한 각본들로 채워져 있다. 가족들과 보내는 일요일 각본, 팀원들과의 회의 각본, 호텔 체크인 각본 등등. 각본을 깨트리기 위해 우리가 할 일은 각본을 이해하는 것이다.

맥도널드에서 끼니 때우기 각본은 우리 모두에게 너무 익숙해 거의 몸에 배어 있을 정도다. 전 세계 어딜 가나 무엇을 기대해야 할지 정확히 알고 있다는 것은 안심이 되는 일이지만, 하나의 문제점이 있다. 익숙함과 인상적인 사건이 일치하는 경우는 드물다는 것이다. 지난번에 맥도널드에서 햄버거를 먹은 일을 소중한 기억으로 간직하는 사람이 누가 있겠는가? 고객들을 위해 기억에 남는 순간을 창조하고 싶다면 반드시 각본을 깨트려야 한다.

트립 어드바이저 호텔 리뷰에 관한 한 연구에 의하면, '뜻밖의 즐거움'을 경험한 고객의 94퍼센트가 해당 호텔을 무조건석으로 추천할 용의가 있다고 말한 반면, '매우 만족스러운' 고객의 경우에는 추천 의사가 60퍼센트에 불과했다고 한다. 심지어 '매우 만족스러움'은 굉장히 긍정적인 기준인데도 말이다. '뜻밖'의 요소는 그만큼 중요하다. 그렇다면 어떻게 '뜻밖의 즐거움'을 여러 번 반복해서 구현할 수 있을 것인가?

어떤 점에서 매직캐슬 호텔은 이를 비교적 손쉽게 해낼 수 있었다. 호텔 손님들은 그곳에 평생 한두 번밖에 묵지 않기 때문이다. 아이스바 핫라인은 절대 지겨워질 수가 없다. 하지만 만일 손님들이 매주, 혹은 심지어는 매일 들른다면? 아, 이렇게 되면 난감하다.

예를 들어 한 카페 주인이 매주 금요일에 손님들에게 쿠키를 무료로 하나씩 주기로 결정했다고 치자. 첫 번째 금요일에 쿠키를 받은 손님들은 뜻밖의 즐거움을 느꼈을 것이다. 하지만 한 달이 지나면 공짜 쿠키는 당연한 '기대'로 변한다. 그리고 공짜 선물을 못 받게 되면 손님들은 불평을 하기 시작할 것이다(이런 배은망덕한 작자들 같으니!).

인간성과 즉흥성을 더한 시스템의 효과

자, 그렇다면 어떻게 각본을 지속적이되 고객들이 익숙해지지는 않을 만큼 의미심장한 방식으로 깨트릴 수 있을 것인가. 하나의 해결책은 약간의 무작위성을 가미하는 것이다. 카페 체인점인 프레타망제^{Pret A Manger}는 가끔 단골손님들에게 무료 서비스를 제공한다. 한 서비스 전문가는 프레타망제에서 무료 커피를 받은 일에 대해 이렇게 쓴 적이 있다. "이런 일이 지난 몇 년간 몇 차례 일어났는데, 우연이라고 하기에는 너무 잦았다. 그런데도 꽤 드문 경험이었기 때문에 늘 뜻밖의 놀라움을 주었다. 그때마다 나는 소중한 고객으로 대접받는 느낌을 받았고, 얼굴에 미소를 띠며 다음에도 또 와야겠다고 결심하곤 했다."

이런 '예기치 못한' 선물은 사실 완전한 우연의 일치는 아니다. 프레타망제 직원들은 매주 음식이나 음료를 정해진 횟수만큼 손님에게 무료로 제공할 수 있는 재량권을 갖고 있다. 프레타망제의 CEO 클라이브 슐리^{Clive Schlee}는 이렇게 말했다. "직원들은 '저 자전거 탄 손님이 마음에 드는데'나 '저 넥타이 근사하다' 또는 '저 예쁜 여자, 잘생긴 남자가 좋아' 같은 이유로 무료 서비스를 제공할 수 있습니다. 그건 약 28퍼센트의 손님들이 뭔가를 공짜로 받은 적이 있다는 뜻이죠."

거의 3분의 1에 달하는 고객이 최소한 한 번쯤 무료 서비스를 받은 경험이 있다고 생각해보라(당신한테 매력적인 보조개가 있다면 한 번 이상 공짜 커피를 받았을지도 모른다).

다른 체인점도 고객카드가 있으면 할인을 해주거나 덤을 주기도 하지만, 슐리는 《스탠더드》지에 자신은 그런 방식을 좋아하지 않는다고 말했다. "우리도 고객카드를 사용하는 방식을 고려해봤지만, 복잡한 회원제 시스템을 분석하는 데 돈을 쓰고 싶지 않았습니다."

참으로 기발한 발상이다. 프레타망제는 고객카드가 체계화해버린 고객 특전에 뜻밖의 요소와 인간성을 회복시켰다. 이런 무료 서비스 방식은 고객은 물론 직원들까지도 흡족하게 만들었다. 직원의 일거수 일투족을 통제하는 규칙을 휘두르는 서비스 업계에서 직원이 얼마간의 재량권을 행사할 수 있다는 것은 꽤나 위안이 되는 일이다. '그렇습니다, 여러분. 매주 여러분 마음에 드는 손님들에게 약간의 공짜 선물을 줘도 된답니다!' 그것은 직원들에게도 각본을 깨트리는 일이다. 서비스 업계에서 뜻밖의 즐거움은 고객들뿐만 아니라 직원들의 사기도 충만시킬 수 있어야 한다.

뜻밖의 즐거움의 또 다른 예로는 사우스웨스트 항공사를 들 수 있다. 사우스웨스트는 저렴한 가격과 친절한 서비스로 높은 평가를 받고 있는데, 특히 이 회사의 승무원들은 지루한 업무 중에도 항상 약간의 재미를 주기 위해 노력한다. 가령 기내의 안전수칙 안내방송이 그렇다. 지난 수년 사이에 사우스웨스트 항공사의 재기발랄한 안전수칙 안내방송은 아주 유명해졌다. 실제로 사우스웨스트 본사에는 최고로 재치있는 안내방송이 박제되어 있는 '명예의 전당'이 있을 정도다.

- 승객 여러분, 담배를 피우고 싶으시다면 우리 항공기의 흡연 구역은 날개 위에 있으니 언제든 나가 피우셔도 됩니다. 담뱃불을 켤 수만 있다면 말이죠.
- 산소마스크를 작동하려면 마스크를 밑으로 잡아당겨 코와 입 위에 씌웁니다. 25센트 동전 하나면 5분간 산소를 이용하실 수 있습니다. 이후에도 계속 산소마스크를 사용하고 싶으시면 5분마다 5센트를 내셔야 합니다. 거스름돈은 반환되지 않으니 주의하시기 바랍니다!
- 구명조끼를 사용할 일이 발생할 경우에는 조끼를 집에 가져가셔도 됩니다.
- 어른이 먼저 산소마스크를 쓴 다음 아이에게 씌워줍니다. 1명 이상의 아동과 동행하신 분은 더 뛰어난 재능을 가졌거나 나중에 여러분을 요양원에 집어넣을 가능성이 더 적은 아이에게 먼저 씌워주십시오.

기발하고 재미난 입담은 절정의 경험을 만든다. 평소에 흔히 접하는 지루하고 재미없는 안내방송이라는 각본을 깨트린다. 하지만 항공사가 이렇게까지 할 '가치'가 있을까? 오, 궁금하다면 경제적 가치를 따져보자. 칩은 사우스웨스트 항공사 분석팀─유익한 발견을 위해 고객 데이터를 분석하는 사람들─의 워크숍에 참가해 이렇게 물었다. "재미있는 기내 안전방송을 들은 고객들 중 얼마나 많은 수가 나중에 다시 항공사를 이용합니까?"

방 안에 정적이 흘렀다. 그들은 그때까지 그런 질문을 던져본 적이 없었다. 그러나 그들은 자신들이 그 질문에 '답할' 수 있음을 알고 있었다. 필요한 데이터를 보유하고 있었기 때문이다. 사우스웨스트는 많은 대기업들처럼 방대한 양의 고객 데이터를 보유하고 있었다. 다만 다른 점이 있다면 그들이 이미 데이터를 중대한 결정에 사용될 수 있는 형태로 보유하고 있었다는 것이다. 예를 들어 분석팀은 고객들이 짧은 연착이나 지연에 대해서는 관대하지만 지연 시간이 25분에서 30분을 초과하면 앞으로 사우스웨스트를 이용하지 않을 것임을 벌써 알고 있었다. 따라서 사우스웨스트 경영진은 현재 운항 중인 서비스에 문제가 발생할 경우 예비로 투입할 수 있는 보잉 737기 2대의 추가 구입을 검토 중이었다. 서비스 지연을 완전히 방지할 수는 없을 테지만 적어도 완화할 수는 있을 터였다. 예상 지출 비용은 항공기 1대당 약 5천만에서 7천만 달러, 총 1억 2천만 달러였다.

우리의 질문에 흥미를 느낀 프랭크 툴리, 케이티 보인턴, 마이클 오벌리가 포함된 분석팀은 그들이 갖고 있는 고객 데이터를 검토하기 시작했다. 회사의 설문조사 기록에 따르면 응답자 70명당 약 1명이 자발적으로 재미있는 안전수칙 안내방송에 대해 언급하고 있었다. 분석팀은 이 같은 설문 결과들을 활용하여 같은 비행기에 탄 승객들을 식별할 수 있었다. 한 비행기에 탄 승객들은 모두 같은 안전수칙 안내방송을 들었기 때문이다.

분석팀은 특히 1년에 1회 이상 사우스웨스트를 이용하는 고객의 소비 형태를 분석하는 데 집중했다. 그들을 '충성 고객'이라고 부르자(그 외의 승객들은 이용 빈도가 너무 적어 행동 패턴의 변화를 감지할 수가 없었다). 분석 결과 우스꽝스러운 안전수칙 안내방송을 하는 비행기에 탄 충성 고객은 그런 방송을 듣지 않은 비슷한 충성 고객에 비해 이듬해에 항공사를 1.5번 더 이용하는 것으로 밝혀졌다(당연히 평균치다. 낙하산 없이는 0.5번을 비행할 수 없으니 말이다).

0.5번의 금전적 가치는 얼마나 되는가? 분석팀은 만일 사우스웨스트가 재미있는 안전수칙 안내방송을 듣는 승객의 수를 두 배로 늘린다면 수익을 약 1억 4천만 달러나 향상시킬 수 있다는 결론을 내렸다. 737 보잉기 2대를 합친 가격을 뛰어넘는 액수다. 게다가 이는 '연간' 수익이다. 다시 말해 재기발랄한 안전수칙 안내를 매년 이 비율로 유지한다면 해마다 제트기 2대의 가격에 맞먹는 수익을 올릴 수 있다는 얘기다. 그저 직원들이 약간의 우스갯소리를 했을 뿐인데! 재정적인 투자를 전혀 하지 않고도 이런 어마어마한 금전적 효과를 누릴 수 있다니 굉장할 따름이다(승무원들을 따로 교육시킬 필요도 없다. 특정 원고를 배포하거나 녹음파일을 재생하기만 해도 된다). 프레타망제의 예시에서도 봤듯이, 뜻밖의 즐거움은 엄청난 가치를 지닌다.

유명한 전문창업가인 스콧 벡Scott Beck은 긍정적인 뜻밖의 요소야말로 소매사업의 기본 원칙이라고 믿는다. 3개의 대형 소매체인―블록버스터 비디오Blockbuster Video, 보스턴 치킨Boston Chicken, 아인슈타인 브로스Einstein Bros―의 최고경영자인 벡은 사업의 비결에 대해 "부정적 격차를 줄이고 긍정적 격차를 높이는 것"이라고 말한 바 있다. 부정적 격차를 줄인다는 것은 여러 지점들의 각자 다른 운영 방식이 고객 경험에 해가 되지 않게 하는 것이다. 예를 들어 한 아인슈타인 브로스 지점에서는 베이글을 항상 완벽하게 굽는 반면 다른 지점에서는 자주 빵을 태운다면 그것이 부정적 격차다. 이런 문제를 해결하려면 베이글을 항상 완벽하게 구울 수 있는 시스템을 마련해야 한다.

그러나 벡은 고객을 다루는 방식에 있어 그런 '격차'를 완전히 제거하는 것 또한 실수라고 여긴다. 물론 가장 기본적인 서비스는 당연히 갖춰야 한다. 직원들은 늘 친절하고 손님과 시선을 맞춰야 한다. 하지만 고객의 니즈는 늘 독특하고 다양하다. 어떤 손님은 여유롭게 잡담을 나누고 싶어 하고 어떤 사람들은 빠른 서비스를 원한다. 늘 명랑쾌활한 손님이 있는가 하면 어떤 이들은 눈물 자국을 달고 나타난다. 긍정적 격차를 늘리기 위해서는 시스템에 인간미와 즉흥성을 가미해야 한다. 다시 말해 직원들에게 각본을 깨트릴 자유를 줘야 한다는 얘기다.

이런 통찰은 직원뿐만 아니라 자녀를 둔 부모들에게도 똑같이 적용된다. 우리는 가정생활에서 '부정적 격차를 최소화'하기 위해 고전한다. 아이들이 학교에 지각하지 않게 아침 일찍 깨우고, 산더미 같은 집안일을 해치우고, 형제자매들 간에 불화가 생기면 중재하고 화해를 시켜야 한다. 하지만 우리는 긍정적 격차를 늘리는 데에도 그만한 열정과 에너지를 쏟고 있는가?

이 책을 집필하기 위한 조사 과정에서 우리는 주기적으로 모임을 열어 이 책에 포함시킬 아이디어가 얼마나 실용적인지 실제 연습해보는 시간을 가졌다. 그중에서 가장 인기가 좋았던 연습 활동은 이른바 '토요일 깜짝 선물'이었다. 실천 방법은 아주 간단했다. 평범한 토요일 각본을 깨트리는 것이었다.

사람들은 이 활동을 정말 좋아했다. 빈털터리 룸메이트 2명은 돈을 모아 콜로라도의 유명한 레드록 원형극장에 갔다. 한 남편은 토요일 밤에 아내와 함께 샌안토니오 리버워크 산책로에서 낭만적인 한때를 즐겼다. 딸에게 토요일 계획표를 부탁했던 어떤 여성은 딸이 1시간 단위로 꼼꼼하게 짜온 일정표를 보고 깜짝 놀랐다(그녀는 이렇게 말했다. "난 엔

지니어예요. 그래서 그걸 보자마자 좋아 죽었지 뭐예요!").

토요일 깜짝 선물 활동은 자그마한 결정적 순간을 창조했다. 우리는 겨우 일상에서 벗어나는 것만으로도 절정을 만들 수 있다.

프레젠테이션으로 바꿀 수 없는 것

절정은 우리의 경험에 흥취를 더한다. 고등학교 교육을 풍부하게 하고(인간 본성 재판), 여행에 재미를 더하고(사우스웨스트 항공), 아이들을 즐겁게 만든다(조시의 휴가). 그런 점에서 절정은 불후의 존재다. 언제 어디서든 가능할 뿐만 아니라 우리를 고양시킬 수 있는 힘을 지니고 있다. 그러나 절정이 전환점이 될 수 있다는 사실 또한 잊지 말자(결혼식과 졸업식 등). 조직에 변화를 추구하고 싶다면 기존의 관행이 새로운 모습으로 변화하는 절정의 순간을 의도적으로 창조해야 한다. 그리고 그러한 변화의 핵심은 결국 각본을 깨트리는 데서 온다.

2008년, VF 코퍼레이션^{VF Corporation}의 CEO가 전략부서 책임자인 스티븐 덜^{Stephen Dull}에게 회사를 보다 혁신적으로 만들 방안을 제시하도록 지시했다. 혁신 프로젝트를 이끌게 된 덜과 그의 동료 순 유^{Soon Yu}는 예리하고 통찰력이 넘치며 데이터로 무장한 프레젠테이션을 준비했다. 이 2명의 전직 컨설턴트는 계속해서 기획안을 치밀하게 보완해 나갔고 마침내 120장의 슬라이드로 구성된 최종 PPT 프레젠테이션이 완성되었다.

그들이 개발한 전사적^{全社的} 계획을 제시하기 두 달 전, 덜은 기존의 접근법에 회의를 느끼고 모든 것을 백지로 되돌렸다. 계획을 성공시키려면 각본을 깨트려야 한다는 사실을 깨달았던 것이다.

당시 VF의 상황은 복잡했다. 혹시 이 회사를 모르는 독자들을 위해 설명하자면 VF는 랭글러와 리진, 밴스, 노티카, 잔스포츠, 팀버랜드, 노스페이스를 포함해 다수의 유명 패션 브랜드를 보유하고 있다. 이 자회사 브랜드들은 모회사인 VF 코퍼레이션으로부터 재정 및 물류 지원을 받는 한편 각자 독립적으로 운영된다. 그러나 2008년 경제 위기가 닥치면서 회사는 벽에 부딪쳤고, 고위운영진은 VF를 느슨한 연방체제처럼 운영하는 전략에 대해 재고하기 시작했다.

가령 노스페이스와 잔스포츠는 많은 공통점을 지니고 있었다. 두 회사 모두 아웃도어 제품에 중심을 두고 있고 배낭처럼 비슷한 제품들을 판매했다. 심지어 캘리포니아주 샌리앤드로에서는 두 회사가 높은 큐비클 벽을 사이에 두고 사무실을 공유했다. 유는 이렇게 말했다. "그 벽은 한국의 DMZ와 비슷했습니다. 두 팀은 대화를 나누지도 않고 정보를 공유하지도 않았지만 같은 도매업체와 거래하고, 실질적으로 거의 동일한 상품을 제조했죠. 그러나 아이디어는 공유하지 않았습니다."

VF의 각 브랜드는 독립적인 것을 넘어 서로 고립되어 있었다. 그리하여 그들은 고객 취향을 예측하는 패션 비즈니스계의 이른바 '상인들'의 변덕에 지나치게 의존했다. 유는 말했다. "그들은 말하자면 이런 식입니다. '소비자들은 3년 후에 자기들이 뭘 원할지 자기들도 몰라. 그러니까 내가 대신 알려줘야지.'"

이런 상인들을 너무 신뢰하다 보면 브랜드의 학습 본능이 둔화된다. 소비자에게 접근하려는 노력을 그만두고 경쟁 업체에게만 촉각을 곤두세우게 되며, 새 파트너를 찾는 것도 포기한다. 덜과 유는 이런 정체적停滯的 문화를 뒤흔들고 싶었다. 그들은 VF 브랜드들이 서로에게서 배우고, 나아가 문 너머에 있는 거대한 세상으로부터 배우길 원했다.

120장에 달하는 파워포인트 슬라이드를 전부 지워버린 덜과 유는 처음부터 다시 시작해야 했다. 그들은 동료들을 이해시킬 필요가 없었다. 그들이 원하는 것은 동료들이 직접 느끼는 것이었다. 그리고 그것은 2010년 9월 LA에서 개최 예정인 리더십 컨퍼런스에서 일어나야 했다.

"우리는 그 컨퍼런스를 처음부터 끝까지 전부 새롭게 바꾸기로 결심했습니다." 덜이 말했다. "보통 그런 컨퍼런스의 풍경이 어떻죠? 천장이 낮은 널따란 회의실, 둥그런 탁자 주위에 다들 똑같이 생긴 불편한 금속 의자에 앉아 있죠. 발표자들이 잇달아 들어와 지루한 이야기를 늘어놓는데 대부분은 회사 내부 인사들이고⋯⋯. 리더십 회의라는 게 그렇지 않습니까."

덜은 기존의 각본을 깨트릴 계획을 짰다. 기업 문화를 변화시키는 것은 힘겹고 시간이 많이 걸리는 일이다. 성공 가능성을 조금이라도 높이려면 참석자들에게 짜릿한 전율을 줘야 했다.

LA의 대회의장에 150명의 VF 관리자들이 들어섰을 때, 그들의 눈앞에는 둥근 탁자도 의자도 없었다. 모두가 앉을 수 있을 만큼 넉넉한 소파가 놓여 있을 뿐이었다. VF 코퍼레이션의 CEO 에릭 와이즈먼 Eric Wiseman이 일어나 컨퍼런스의 시작을 알렸다. "다들 30분짜리 개회사를 들을 각오를 하고 있었겠죠." 그러나 이번에는 달랐다. 와이즈먼은 임원들에게 앞으로 이틀간의 회의 일정 내내 "밖으로 나가 새로운 아이디어를 찾게"될 것이라고 선언했다.

5분 뒤, 참석자들은 대회의장을 빠져나와 다양한 목적지를 달고 대기 중이던 버스에 올라탔다. 한 집단은 미용학 워크숍에 참가했다. 그들은 미용 전문가들로부터 메이크업 서비스를 받고 어울리는 의상을 고른 다음 각자 멋진 포즈로 사진을 찍었다. 다른 그룹은 LA 시내에서 그래피티 아티스트들을 만나 건물에 (합법적으로) "서명을 남겼다." 말리부에서 서핑 수업을 듣거나, 즉흥 코미디 공연을 연습하거나, 볼프강 퍽Wolfgang Puck(LA에서 활약하는 유명 요리사-옮긴이)과 함께 요리를 한 이들도 있었다.

"대부분의 조직은 사람들에게 파워포인트를 보여주면 뭔가를 느끼거나 전과 다른 일을 할 것이라고 생각합니다." 유의 말이다. "하지만 솔직히 말해봅시다. 파워포인트 프레젠테이션으로는 그런 극적인 감정을 이끌어내지 못합니다. 그래서 우리는 방식을 바꾸기로 했죠. 사람들이 뭔가를 직접 해보고 열중하게 말입니다. 그러면 더 많은 감정적 반응을 생성하고 사람들이 느끼게 할 수 있습니다. 그렇게 되면 자기가 뭘 배웠는지 자발적으로 생각하게 되죠."

이틀 동안의 리더십 컨퍼런스를 통해 덜과 유는 매우 중대한 성과를 이룩했다. 간단히 말해 자사의 새로운 전략을 생생한 체험으로 전달한 것이다. '혁신은 사무실 밖 드넓은 세상으로 나가는 것에서 시작되며, 그것은 고통스러운 일이 아니라 즐거운 일이다! 혁신은 당신을 고무시키고, 사고를 확장시키고, 새로운 활기를 불어넣는다.'

짧은 휴식은 새로운 혁신적 접근법에 대한 열정을 자극했고, 집으로 돌아간 동료들은 "밖으로 나가라"는 메시지를 흡수하기 시작했다.

선도적인 배낭 메이커인 잔스포츠의 사장 스티브 문[Steve Munn]은 이렇게 말했다. "우리는 우리가 A지점에서 B지점으로 물건을 운반하는 사람들을 위한 휴대용 제품을 만드는 브랜드라고 생각했습니다." 고객들이 자사의 상품을 어떻게 사용하는지―회사원에서부터 학생들, 그리고 전문 등산가나 노숙자 같은 보다 극단적인 사용자에 이르기까지―면밀하게 관찰한 잔스포츠는 사람들이 가방을 단순히 갖고 다니는 것이 아니라 안에 든 것을 꺼내고, 카페나 버스, 도서관 같은 제3의 장소에서도 사용한다는 사실을 깨달았다. 스타벅스에만 가도 콘센트와 멀티탭이 마련되어 있는 요즘 같은 시대에 배낭을 일종의 휴대용 책상처럼 사용할 수 있다면 어떨까?

랭글러의 임원들은 구조공학자들과 만남을 가졌고 그들의 대화 주제는 캔틸레버 구조로 이어졌다. 캔틸레버는 한쪽만 고정되어 있고 다른 한쪽은 받침대 없이 공중에 떠 있는 구조물인데, 다이빙대나 발코니를 생각하면 될 것이다. 많은 교량이나 건물이 이와 비슷한 형태로 건설된다. 캔틸레버식 구조는 크고 거추장스러운 구조물을 우아한 형태로 지탱할 수 있다. '아하!' 랭글러 팀은 생각했다. '엉덩이도 그렇게 받칠 수 있으면 좋겠는데!' 그리하여 탄생한 것이 랭글러 부티업[Booty Up] 청바지다. 나중에 또 다른 VF 브랜드인 루시도 똑같은 깨달음을 얻었는데, 그것은 덜과 유가 원했던 브랜드 '상호 학습'의 훌륭한 실례라고 할 수 있다.

LA에서 리더십 회의가 열리고 6년 뒤, 70억 달러였던 VF의 수익은 130억 달러까지 증가했다. 인수합병이 아니라 순수한 사업 성장으로 도달한 수치였다. 현재 VF에는, 덜의 추산에 따르면 약 16억 달러

가치에 달하는 혁신적인 제품들이 디자인 및 테스트 과정을 거쳐 시중
에 출시되기만을 기다리고 있다. 모두 문 밖에 있는 드넓은 세상으로
나가 아이디어와 영감을 찾으라는 기업 문화가 창조하고 육성한 제품
들이다.

그리고 이런 문화적 진화를 일군 결정적인 순간은 바로 LA에서 열
린 리더십 컨퍼런스였다. 회의실에 흩어져 있던 소파에서부터 창의성
을 위한 모험에 이르기까지, VF는 뜻밖의 놀라움을 전략적으로 활용
했다.

왜 나이가 들수록 시간이 빨리 흐를까

비즈니스 리더들에게 각본을 깨트린다는 것은 곧 전략이다. 그것은 회
사 브랜드를 뒷받침하는 순간을 창조하거나, 또는 VF의 경우에서 볼
수 있듯이 전략적 변화를 강화하는 하나의 방법이다. 그러나 비즈니
스 세계 밖에서 각본 깨트리기는 보다 중요한 의미를 지닌다. 각본 깨
트리기 원칙은 우리가 왜 우리의 행동을 기억하는지를 설명해줄 뿐
만 아니라 기억에 관한 가장 흥미로운 미스터리 중 하나인 회고 절정
reminiscence bump에 얽힌 의문을 풀어준다. 도르트 번첸Dorthe Berntsen과 데이
비드 루빈David Rubin의 연구에서 응답자들은 갓난아기의 삶을 상상하고
앞으로 이 아기의 삶에서 일어날 가장 중요한 사건에 대해 답했는데,
그들이 가장 많이 꼽은 사건들은 빈도에 따라 다음과 같다. 패턴이 보
이는가?

1. 자녀의 출생

2. 결혼

3. 초등학교 입학

4. 대학 시절

5. 연애

6. 누군가의 죽음

7. 퇴직

8. 부모로부터의 독립

9. 부모의 죽음

10. 생애 첫 직업

인생에서 가장 중요한 10개의 사건 가운데 6개가 대략 15세에서 30세 사이의 비교적 협소한 시간대에서 발생한다(결혼과 자녀의 출생이 해당 시기에 발생한다고 가정했을 경우의 이야기다. 모든 이들에게 해당하지는 않아도 대부분은 그렇다).

연구에 따르면 노인들에게 지난 생애에서 가장 선명한 기억이 무엇이냐고 물었을 때에도 동일한 기간—15세에서 30세 사이—의 기억을 꼽는 경향이 있었다. 심리학자들은 이런 현상을 '회고 절정'이라고 부른다. 도대체 왜 이 15년의 짧은 세월이—인생 전체의 20퍼센트도 되지 않는—우리의 기억을 지배하는 것일까?

『어떻게 시간을 지배할 것인가Time warped』의 작가 클라우디아 해먼드 Claudia Hammond는 이렇게 말한다. "회고 절정의 열쇠는 새로움이다. 우리가 젊은 시절을 더 잘 기억하는 이유는…… 처음 경험하는 시기이기 때문이다. 첫 성관계, 첫 직장, 처음으로 부모와 떨어져 혼자 하는 여행, 처음으로 집에서 나와 사는 경험, 어떻게 시간을 보낼지 실질적으로 처음으로 혼자서 선택하는 것."

새로움은 심지어 시간에 대한 인식마저 바꿀 수 있다. 베일러 의대의 바니 파리야다스^{Vani Pariyadath}와 데이비드 이글먼^{David Eagleman}은 실험참가자들에게 일련의 이미지를 제시했다. 대부분은 똑같은 사진이었지만 간혹 새로운 사진도 있었다. 예를 들면 갈색 구두, 갈색 구두, 갈색 구두, 갈색 구두, 알람시계, 갈색 구두, 갈색 구두의 순서대로 사진이 제시되는 것이다. 모든 이미지가 정확히 동일한 시간 동안 노출되었음에도 불구하고 참가자들은 그렇게 느끼지 않았다. 그들은 알람시계—일정한 패턴을 깨트리는 그림—가 더 오랫동안 제시되었다고 느꼈는데, 그러한 현상을 가리켜 괴짜 효과^{oddball effect}라고 부른다.

신경과학자인 이글먼은 괴짜 효과가 발생하는 원인에 대해 뇌가 갈색 구두 사진에 질렸기 때문이라고 설명한다. 처음으로 사진을 봤을 때, 뇌는 그것을 자세히 분석하고 기억은 신속하게 특징을 기록한다. 그러나 같은 이미지가 반복될수록 당신은 더 적은 에너지를 쏟게 되고 일곱 번째쯤 되면 슬쩍 눈길만 줘도 이번에도 갈색 구두라는 걸 알아차린다. 그러다 갑자기 알람시계가 튀어나오면 다시 특성이 상세하게 기록되기 시작하는 것이다. 그런 기억의 밀도 차가—처음 접한 알람시계에 대한 방대한 정보와 이미 여러 차례 접한 구두에 대한 빈약한 정보—알람시계 사진이 더 오랫동안 노출되었다는 잘못된 인식을 만들어낸다.

다시 말해 놀라움 요소는 시간을 왜곡한다. 이 발견을 뒷받침하기 위해 이글먼은 다소 극단적인 실험을 한 적도 있다. 그 유명한 실험에서 지원자들은 45미터 높이에서 그물망 위로 뛰어내렸는데, 나중에 얼마나 오랫동안 하강했다고 생각하는지 물었을 때 그들의 대답은 실제보다 평균 36퍼센트나 더 많았다. 높이에 대한 두려움과 주의 집중이 추락 시간을 더 길게 인식한 것이다(자, 여기 인생을 더 길게 살고 싶은 이들에게 줄 힌트가 있다. 모든 것을 두려워하면서 살면 된다!).

이제 사람들이 왜 나이가 들수록 시간이 더 빨리 흐른다고 느끼는지 이해가 갈 것이다. 나이가 들면 들수록 삶이 지루해지고 참신함이 떨어지기 때문이다. 우리는 수많은 갈색 구두를 볼 뿐, 알람시계는 몇 개 되지 않는다. 그렇다면 우리에게 정녕 소중히 기억할 수 있는 시간들은 전부 지나가버린 걸까?

그렇다. 아마도 그럴 것이다. 하지만 도리어 바람직한 일일지도 모른다. 그렇기 때문에 삶의 후반부에 두 번째 회고 절정을 맞이하기가 쉽기 때문이다. 배우자와 이혼하고, 직장을 그만두고, 뉴질랜드로 이민을 가서 양치기가 돼라. 새로운 경험을 실컷 즐기고 끝없는 기억들을 새로 써라. 하지만 기억에 남는 것과 현명한 분별력을 혼동하지는 말도록.

과거에 비하면 더 이상 깊은 기억을 남기기 힘든 미래를 마주한 이들에게, 우리의 조언은 옛 성현의 말을 명심하라는 것이다. "다양성은 인생의 조미료다." 다시 말해 "다양성은 인생의 주요리가 아니다." 후추와 오레가노로 배를 채울 수는 없다. 약간의 참신함도 오랫동안 영향을 미칠 수 있다. 당신만의 각본을 새로 쓰는 법을 배워라. 그것을 갖고 놀고, 찔러보고, 무너뜨려봐라. 항상 그러라는 게 아니다. 그저 갈색 구두가 참신해 보일 정도면 충분하다.

각본을 깨트리면 보다 풍부한 기억을 쌓을 수 있다. 『서프라이즈 Surprise: Embrace the Unpredictable and Engineer the Unexpected』의 저자들이 말했듯이, "우리는 뭔가가 확실할 때 편안함을 느낀다. 그러나 그렇지 않을 때 살아 있음을 느낀다."

기계적인 회의 때문에
숨이 막힌다

이번 클리닉과 앞으로 보게 될 3개의 클리닉은 이 책의 핵심이자 결정적 순간을 구성하는 4가지 요소—고양, 통찰, 긍지, 교감—를 어떻게 실생활에서 활용할 수 있는지 보여주기 위한 사례들이다. 우리는 이 4개의 클리닉이 단순히 각 개념의 이해에만 국한되지 않고 이 책 전체를 아울러 포괄적으로 사고하는 데 도움이 되길 바란다.

상황 매슈 프레이Matthew Frey 목사는 텍사스주 이글파스에 있는 성공회 구세주 교회의 교구목사이다. 멕시코 국경에서 1.5킬로미터밖에 떨어지지 않은 이 작은 마을에서, 그는 매달 교구위원들과 회의를 한다. 비영리단체나 종교 조직에서 흔히 볼 수 있는 종류의 모임이다. 프레이는 교구회의에 대해 이렇게 설명했다. "지난 한 달 동안 한 일을 점검

하고, 앞으로 할 일을 살펴보고, 재무보고서를 검토하고, 그런 다음 우리한테 돈이 얼마나 없는지 논의하죠. 항상 똑같은 패턴입니다."

목표 프레이는 교구회의에 신선한 숨결을 불어넣고 싶다. 이 지루하고 틀에 박힌 회의를 단순한 행정절차가 아닌, 재미있고 참신한 아이디어가 넘치는 회의로 만들려면 어떻게 해야 할까? 특히 그는 교회를 처음 방문하는 신도들의 경험을 개선할 방법에 대해 교구위원들로부터 다양한 의견을 듣고 싶다.

| 어떻게 결정적 순간을 창조할 것인가? |

결정적 순간이란 무엇인가? ①이 사례의 경우, 대답은 간단하다. 프레이는 교구회의에서 뭔가 특별한 행동을 해야 한다. ②또 언제 중요한 전환점—기존의 교구위원이 탈퇴하고 새 교구위원이 합류한다든지—이 발생할지 늘 주변을 두리번거려야 한다. ③이번 클리닉에서는 회의에만 초점을 맞추도록 하자. 아래 제시한 새로운 원칙들에 대해서는 이 책의 뒷부분에서 상세하게 설명할 예정이다. 지금은 몇몇 용어가 낯설어 보일지도 모르지만 읽다 보면 금세 감이 잡힐 것이다.

| 고양을 더하라 |

각본 깨트리기 프레이는 각본을 깨트렸다. 교구위원들이 회의에 나타나자 그는 종이와 펜을 나눠주고 그들을 두세 집단으로 나눴다. 그러곤 교구위원들에게 특별한 과제를 부여했다. "우리 교회에 처음 온 사람이 돼서 15~20분 정도 교회 부지를 기웃거리며 돌아다녀보세요. 그러곤 새로 알게 된 사실이 있으면 말씀해주십시오." 교구위원들은 꽤 여러 가지 대답을 갖고 돌아왔다.

- 우리 교회는 예배를 2가지 언어로 보는데, 안내판은 영어밖에 없어요!
- 우리 건물에서 금주 모임이 열리고 있어요. 그렇게 참석하는 사람이 많은 지는 처음 알았네요. 일반 대중에게 우리 시설을 공개할 수 있는 다른 방법은 없을까요? 그 사람들에게 언제든 예배에 참석해도 된다는 걸 어떻게 알려주죠?
- 우리 교회가 이렇게 아름다운 곳이었나요?

위험보상 높이기 프레이는 여기서 한 단계 더 나갈 수도 있다. 교구위원들에게 그들의 관찰 결과를 바탕으로 방문객들의 경험을 개선할 방안을 제시해달라고 요청하는 것이다. 그러면 교구위원들은 약간의 압력과 책임감을 느낄지도 모른다.

감각적 매력 증폭하기 교회 부지를 돌아다닌다는 과제는 감각적 요소를 더해준다. 만약 그때 프레이가 각각의 교구위원들에게 일종의 캐릭터를 부여해 역할놀이를 한다면 어떨까? 이런 식으로 말이다. "당신은 28세의 히스패닉 싱글맘으로 두 아이를 키우고 있습니다. 얼마 전에 이 동네로 이사를 왔는데 아이들의 학교 문제로 걱정하던 차에 한 친구가 교회 부속학교를 추천해주었죠. 당신은 이 학교가 당신 아이들에게 얼마나 잘 맞을지 알고 싶습니다." 이런 배경 설정은 교회를 새로운 시각으로 볼 수 있게 도와준다.

| 통찰을 더하라 |

진실에 걸려 넘어지기 프레이의 제안은 교구위원들을 스스로 깨우치게 해주었다. 그 결과로 도출된 아이디어들은(스페인어 안내판 달기, 지역사회의 다른 집단이나 단체에게 교회 시설 이용 안내하기) '그들 자신'의 아이디어였다. 만약 그와 똑같은 발상이나 제안이 교구민들의 제안함에서 나왔다면 별로 내켜하지 않거나 심하게 반발했을지도 모른다.

자기 확장하기 프레이는 앞으로 교구회의를 이용해 교구위원들이 직접 방문객이 되어보거나 다른 교회나 지역공동체 모임에 참가하도록 독려할 것이다. 집단 내에서 혼자 신참이 된다는 것은 어떤 기분인가? 신참을 쉽게 받아들이는 이들은 어떤 사람들이며, 우리는 그들로부터 무엇을 배울 수 있을까?

| 긍지를 더하라 |

이정표 늘리기 특별한 목표를 성취한 순간들을 기념하라. 가령 어떤 사람이 교회가 주관하는 지역 행사에 참석했다가 신도가 되었다면 응당 축하를 해야 하지 않을까?

타인 인정하기 교구위원들은 새 방문객을 환영하고 친절히 대하는 교구민들을 보면 감사하거나 칭찬의 말을 할 수 있다.

| 교감을 더하라 |

위에서 말한 것처럼, 역할놀이를 활용해 서로 다른 삶을 살고 있는 교구위원들과 교구민들 사이에 공감대를 형성할 수 있다.

공유할 수 있는 의미 만들기 프레이는 교구위원들 사이에도 교감을 형성할 수 있다. 예를 들어 회의를 시작할 때 교회에 새 신도가 가장 많았던 시기나 가장 침체되었던 시절에 대해 생각해보도록 하는 것이다. 사람들은 사적인 기억을 공유할 때 자기가 하는 일의 의미를 발견하고 유대감을 느낀다.

최종 고찰 프레이는 '교회 부지 돌아다니기'가 놀라운 효과를 가져왔다고 말한다. "아직까지도 가끔 자기가 그날 뭘 봤는지 얘기하는 사람들이 있죠." 당신이 속한 조직에서 스탠딩 미팅을 한다면 참가자들을 깨우치고 활력을 불어넣을 순간을 창조할 훌륭한 기회다. 결정적 순간이 모든 회의에 필요한 것은 아니지만 5~10번 중 최소한 한 번은 각본을 깨트릴 방법을 찾아보기 바란다.

빅 모먼츠 2

통찰
INSIGHT

·

불현듯
진실을
깨닫는 순간

삶의 결정적 순간이 고양의 순간이 아니라면 어떨까? 결정적 순간이긴 순간이되 반대로 끔찍한 순간이라면?

자신의 직업 인생에 결정적 순간이 언제였느냐는 질문에 어떤 사람은 이렇게 대답했다. "첫 직장에서 나는 실적이 너무 형편없었던 나머지 동기들과 동등한 급여 인상을 받지 못했다. 그것은 즉 내가 다음 해에 입사하는 후배 직원들보다도 더 적은 돈을 받을 것이라는 의미였다. 내 인생 최초의 처참한 실패이자, 동시에 학교에서 배운 기술이 실제 업무 세계에서는 도움이 되지 않는다는 사실을 알게 된 계기였다."

아무리 곱씹어봐도 고양의 순간처럼은 들리지 않는다. 그는 즐겁지도 않고 열의도 없고 감정이 고조되지도 않았다. 그는 부정적 피드백에 타격을 입었지만 그렇다고 무조건적으로 침체되지도 않았다. 이것은 다소 우울하긴 해도 더 나은 미래로 향하는 순간이다. '맙소사, 다시는 이런 일이 일어나지 않게 해야겠어.'

통찰의 순간은 깨달음을 안겨주고 변화를 촉구한다. 어떤 깨달음은 작고 소소하지만 깊은 의미를 부여한다. 평소에 자주 가는 카페에서 남아메리카산 커피와 아프리카산 커피를 마셔보고 둘의 맛과 향이 어떻게 다른지 알게 되었다면 당신은 무역에 대한 새로운 통찰을 깨닫게 된 셈이다. 결혼식 만찬 예행연습에서 우스꽝스럽지만 신랑의 성격을 알려주는 짧은 일화를 들려주는 것은 사회적 경험에 통찰을 더하는 행위다.

이번에 우리는 심오한 통찰의 순간들을 보게 될 것이다. 전율을 선사하는 순간들.

때로는 어두운 감정의 순간일 수도 있다. '난 정말 형편없어', '이런 일은 더 이상 못 해.' 아니면 놀랍도록 긍정적인 순간이 될 수도 있다. '이 사람이 바로 내가 평생을 함께 보낼 사람이야!' 불현듯 떠오른 독창적인 발견의 순간일 수도 있다. "유레카!"

많은 통찰의 순간이 우연히 발생한다. 별안간 하늘에서 번개가 떨어지는 것처럼, 어쩌다 이런 일이 생겼는지 도무지 알 수가 없다. 원래 계시란 정해진 시간에 찾아오는 게 아니지 않은가.

그렇다고 이런 경험들에 대해 우리가 속수무책인 것도 아니다. 이번 장에서는 이런 통찰의 순간을 창조하는 2가지 전략에 대해 알아본다. 첫째, 우리는 다른 사람들이 진실에 걸려 넘어지게(챕터4) 할 수 있다. 그리고 둘째, 우리 자신을 더 잘 이해해야 할 때에는 자기를 확장하라(챕터5).

이번 장에서 보게 될 이야기들은 혐오감과 깨우침, 상심과 비통함에서 환희에 이르기까지 강렬한 감정들이 듬뿍 담겨 있다. 가장 먼저 쉽게 잊기 힘든 충격적인 깨달음에 관한 이야기로 시작해보자.

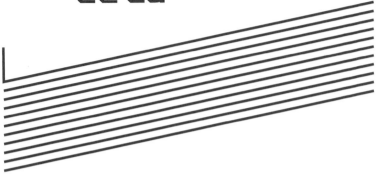

Chapter 4 진실은 재빨리 발을 건다

늘 눈앞에 있던 것을 깨닫기 위해

2007년, 《영국의학저널》이 1840년 창간 이래 발생한 의학 역사상 가장 중요한 기념비적 사건에 대해 독자 투표를 실시했다. 결과, 3위는 마취의 발명, 2위는 항생제의 발명에 돌아갔다. 최종 승자는 몹시 의외로 느껴질지도 모르겠다. 바로 하수도와 정수 처리를 포함한 '위생 혁명'이었다. 그리고 지구상의 많은 지역에서는 이 혁명이 찾아오길 아직도 기다리고 있다.

2016년 현재에도 전 세계 수십억 명이 깨끗한 물을 충분히 확보하지 못하고 있고, 10억에 달하는 인구(아마 전자와 거의 겹칠)가 적절한 화장실이 없어 야외에서 용변을 보고 있다. 그것도 많은 사람들이 오고

가는 열린 공간에서 말이다. 야외 배변은 1840년에 그랬던 것처럼 건강과 위생에 심각한 문제를 유발한다. 콜레라와 구충, 회충, 주혈흡충증 등을 포함해 질병과 전염병을 확산시키고 많은 사람들이 고통 받거나 심지어 사망에까지 이르게 한다.

야외 배변 문제를 해결하려면 어떻게 해야 할까? 해답은 간단하다. 수거식 변소를 보급하는 것이다. 이는 지난 수년간 많은 원조개발 단체들이 사용한 전략이기도 하다. 1999년에 워터에이드WaterAid는 방글라데시 북부의 여러 마을에 수거식 변소를 건설하기 위한 자금을 모금했다. 그들은 외부 전문가인 카말 카Kamal Kar 박사를 초청해 해당 프로젝트가 순조롭게 진행되고 있는지 평가해주기를 요청했다. 카 박사는 초청에 응해 방글라데시의 마을들을 방문했고, 우리의 이야기는 거기서부터 시작된다.

읽기 전에 경고! 앞으로 들을 이야기는 더럽고 역겨운 이미지로 가득하며 대변을 의미하는 단어도 자주 등장한다. 재미있으라고 그 단어를 사용하는 게 아니다. 실제로 그 단어를 사용하는 것이 이 이야기의 핵심이다. 하지만 그 단어를 보는 것만으로도 역겨워서 참을 수가 없다면 이 챕터를 건너뛰어라.

방글라데시의 화장실 프로젝트는 아무런 문제 없이 계획대로 실행되고 있었다. 수거식 변소는 튼튼했고 많은 마을 사람들이 화장실을 이용했다. 그러나 카는 또 다른 사실을 발견했다. "어떤 마을에 가든, 뒤쪽에 있는 들판으로 나가면 발밑에 똥이 밟혔습니다." 야외 배변은 사라지지 않았다. 그리고 우기가 닥치면 그 똥은 빗물을 타고 마을 전체로 흘러갈 것이다.*

간단히 말하자면 몇몇 사람들 또는 나아가 인구의 절반이 변소를 사용하더라도 그것만으로는 충분하지 않았다. 보건 문제를 해결하려면 변소 사용이 당연한 일이 되어야 했다.

그의 눈이 번쩍 뜨인 순간이었다. 국제 개발지원 기구들은 야외 배변을 설비 문제로 간주했다. 변소만 충분히 보급한다면 야외 배변 문제는 해결될 것입니다! 하지만 이 문제는 그렇게 단순하지 않다. 일부 주민들에게 수거식 변소는 그들이 요구한 적도 없는 문제에 대한 해결책이었다. 때로는 주민들이 변소를 해체해서 다른 용도로 사용하는 일도 있었다. 심지어 말라위에서는 아무도 이 번듯한 변소를 사용하지 않으려고 했다. 지역사회 개발요원인 우멜루 칠루지는 이렇게 말했다. "주민들에게 왜 변소를 사용하지 않느냐고 물으면 이렇게 대답할 겁니다. '왜 거기서 똥을 싸야 하는지 모르겠어요……. 우리 집보다 더 깨끗한데요.'"

카는 야외 배변이 설비나 시설의 문제가 아니라 행동의 문제임을 깨달았다. 주민들이 변화를 바라지 않는 한, 변소 시설은 아무 의미도 없었다. 카는 그러한 깨달음을 바탕으로 지역공동체주도 통합위생개선 프로그램Community Led Total Sanitation, CLTS을 개발했고, 현재 이 프로그램은 전 세계 60개국 이상에서 활용되고 있는 중이다. 아, 그러나 길고 딱딱한 이름에 속지 마라. 이 프로그램은 몹시 충격적이다. 이게 대개 어떤

---

*   카는 의학용어인 '대변'이나 순화된 '용가', '큰 것' 같은 단어를 사용해 의미를 희석하는 것이 큰 실수라고 생각한다. 그는 새로운 국가를 방문할 때마다 일부러 '똥'이라는 적나라한 단어를 사용한다. 직설적인 용어를 사용해 듣는 사람들에게 충격을 주기 위해서다.

식으로 진행되는지 한번 살펴보자.

CLTS 진행자가 마을을 방문해 자신을 소개한다. "저는 이 지역 마을들의 위생 상태를 조사하고 있습니다." 그가 말한다. "마을을 돌아다니며 질문을 좀 드려도 될까요?" 잡담을 좀 나누며 시간을 보내다 충분한 숫자의 사람들이 모이면 주민들을 이끌고 마을을 가로지르는 현장 답사를 나간다.

"똥은 어디다 싸죠?" 그가 묻자 주민들이 야외 배변을 하는 공용지를 가리킨다. 그들은 부끄러운 마음에 빨리 이곳에서 벗어나려 하지만 CLTS 진행자는 그 자리를 서성인다. 그가 가리킨다. "저건 누구 똥이죠? 오늘 여기서 똥을 싼 사람이 있나요?" 몇 사람이 손을 든다.

악취가 코를 찌른다. 사람들이 옷으로 코를 틀어막는다. 진행자는 계속해서 지저분한 질문을 던진다. "왜 똥 색깔이 노랗죠? 이 똥은 왜 갈색인가요?"

CLTS 진행자는 똥 무더기 사이를 날아다니는 파리 떼에 사람들의 이목을 주목시킨다. "평소에도 이렇게 파리가 많나요?" 주민들이 고개를 끄덕인다. 진행자는 똥을 쪼아 먹고 있는 닭을 발견한다. "저런 닭도 잡아먹습니까?" 사람들이 마지못해 또 고개를 끄덕인다. 진행자의 질문은 시종일관 객관적이다. 그가 받은 교육에 따르면, CLTS 진행자는 반드시 냉정하고 중립적인 질문만을 던질 뿐, 자신의 의견을 말하거나 주민들에게 충고를 해서는 안 된다.

현장 답사가 끝나면 마을 사람들과 함께 넓은 공공장소나 광장으로 돌아온다. 이 프로그램에 호기심을 느낀 군중들이 점점 더 몰려들기 시작한다. 진행자는 주민들에게 바닥에 마을 지도를 간단하게 그려달라고 부탁한다. 학교나 교회, 개울 같은 중요한 장소가 표시된 약도가 완성되면 이번에는 돌이나 나뭇잎을 사용해 각자가 살고 있는 집을 표시해달라고 한다.

지도가 다 그려지면 진행자는 그가 가져온 노란 분필이 담긴 가방을 가리키며 사람들이 어디서 똥을 싸는지 분필가루를 뿌려 표시해달라고 한다. "똥이 많은 곳일수록 가루를 많이 뿌려주세요." 약간 신경질적인 웃음이 터진다. 아이들은 야외 배변 장소에 분필가루를 뿌리며 까르륵거린다.

진행자가 묻는다. "비상사태에, 그러니까 예를 들어 비바람이 치거나 설사에 걸리면 어디서 똥을 싸나요?" 새로운 노란 자국이 생기고 더 큰 웃음소리가 터진다. 이런 비상사태에는 멀리까지 갈 수 없기 때문에 가루는 대개 가정집 주변에 몰려 있다.

이쯤 되면 마을 전체가 노란 가루 투성이라는 사실이 분명해진다. 군중들 사이에 웅성거림이 퍼져 나간다. 당혹스럽고, 역겹고, 화가 나고 창피하다. 그들은 아직 이 모든 게 무슨 뜻인지 확신할 수 없다.

CLTS 진행자가 물 한 잔을 부탁한다. 누군가 물컵을 건네자, 그는 한 여성에게 그 물을 마실 수 있겠느냐고 묻는다. 그녀가 그렇다고 대답한다. 옆 사람에게도 물어보자 똑같이 대답한다. 진행자가 자신의 머리카락을 한 가닥 뽑는다. "제 손에 뭐가 있죠?", "잘 보이시나요?" (아니, 너무 가늘어서 잘 보이지 않는다.) 그는 가까운 곳에 있는 똥 무더기로 걸어가 머리카락을 담갔다 뺀다. 그런 다음 그 머리카락을 물컵에 넣고 휘휘 젓는다.

그는 물컵을 마을 주민에게 건네주고 마셔보라고 한다. 그는 거부

한다. 옆 사람에게 차례대로 넘기지만 모두가 마시기를 거부한다. "왜 안 마시겠다는 거죠?" (똥 묻은 머리카락이 들어 있으니까!)

진행자는 의아한 표정을 짓는다. 그는 묻는다. "파리한테 다리가 몇 개나 달려 있죠?"(6개……), "그렇죠. 게다가 톱니 모양의 가시도 달려 있죠. 제 머리카락이 파리 다리보다 더 더러울까요?" (아니, 파리가 더 더럽다.)

"음식에 파리가 앉아 있는 거 보신 적 있죠?"(그렇다), "그러면 그 음식을 버리시나요?"(아니다), "그럼 여러분은 뭘 드시게 되는 거죠?"

팽팽한 긴장감이 금세라도 터질 것 같다. 카말 카가 '점화의 순간'이라고 부르는 순간이다. 이제 진실을 회피하는 것은 불가능하다. 그들은 지금껏 서로의 똥을 먹고 있었다. 그것도 수년간 말이다.

이때쯤 이르면 CLTS 진행자를 무시하고 주민들 사이에 거친 논쟁이 일기 시작한다. 그들은 불처럼 화를 내며 흥분한다. 서로에게 소리를 지른다. "계속 이렇게 살 수는 없어! 이건 미친 짓이야! 이걸 어떻게 해결해야 하지?"

종종 진행자에게 어떻게 해야 하는지 묻기도 한다. 그러나 그는 대답을 거부한다. "여기 사시는 분들이 저보다 훨씬 잘 아시잖습니까. 원하는 대로 하세요. 계속 똥을 밖에다 싸셔도 되고요." 그러나 주민들의 결심은 확고하다. 이제 그들은 지금 같은 상태로는 단 하루도 살 수 없을 것 같다.

CLTS의 창안자인 카는 이 과정이 감정적으로 대단히 힘들고 괴롭다는 것을 안다. "혐오감은 가장 효과적인 유인誘因입니다." 그는 말했다. 두 번째는 수치심이다. "우리가 이제까지 무슨 짓을 하고 있었던 거지? 우리가 인간이긴 해? 서로의 똥을 먹고 살다니!"

CLTS는 적나라하고 상스럽지만 동시에 매우 효과적이다. 프로그램 시행 결과 세계 수천 개의 지역공동체가 야외 배변 종식Open defecation free, ODF을 선언했다. CLTS를 국민보건개선운동의 토대로 삼은 방글라데시에서는 야외 배변 비율이 34퍼센트에서 1퍼센트까지 하락했다.

신기한 점은 CLTS가 주민들에게 어떤 새로운 사실도 알려주지 않는다는 것이다. 앞에서 본 사례에서 주민들은 날마다 공용지에서 용변을 봤고, 이웃들도 똑같이 하는 것을 알고 있었다. 똥 냄새가 가득한 곳에서 살았으며 그것을 밟고 걸어 다녔다. 날마다 똥을 먹는 파리와 닭을 봤다. 그렇다면 주민들은 왜 늘상 눈앞에 있던 것을 깨닫기 위해 CLTS의 도움을 받아야 했던 것일까?

카는 주민들이 그에게 이렇게 말하곤 했다고 한다. "아무도 그걸 입 밖에 내고 싶어 하지 않았습니다. 알면서도 늘 안 보이는 곳에 숨기고 싶어 했죠. 그런데 갑자기 밝은 백주대낮에 그걸 떡하니 펼쳐놓은 겁니다. 그러니 빠져나갈 방도가 없었죠. 모두의 눈앞에 진실이 까발려졌으니까요." 그들은 직접 발이 걸려 넘어지기 전에는 거기 있는 진실을 보지 못했다.

불만의 실체화

진실에 걸려 넘어지는 것은 정서적으로 강한 일격을 맞은 것처럼 강렬하게 깨우치는 것이다. 전혀 예상치 못했던 것, 그러나 내심 옳다고 알고 있었던 것을 갑작스럽게 인식했을 때, 그것이 바로 진실에 걸려 넘어지는 것이다. 그것은 세상을 보는 관점을 바꾸는 결정적 순간이다.

심리학자인 로이 바우마이스터Roy Baumeister는 그런 갑작스러운 깨달음을 연구했다. 사이비 교단에 몸을 바쳤다 떠난 사람들, 술을 끊은 알코올 중독자, 공산주의를 지지했다가 철회한 지식인들. 바우마이스터는 그 같은 상황에서 '불만의 실체화'라는 공통적인 특성이 나타난다고 지적했다. 이는 기존에는 서로 고립돼 있던 불만과 의혹이 연결되어 전체적 패턴을 형성하는 극적인 순간을 가리킨다. 가령 불같은 성미를 지닌 포악한 남편이 있다고 하자. 어느 날, 아내는 남편이 갑자기 격분해 날뛰는 것이 그녀가 이제껏 생각했던 것처럼 단순히 '오늘 기분이 안 좋은 것'이 아니라 남편의 본질이라는 사실을 깨닫는다. 그녀는 더 이상 그것을 참아 넘길 수가 없다. 이것이 바로 불만의 실체화이다.

사이비 교단에서 빠져나온 신도들은 거품이 터진 시점을—더 이상 종교 지도자를 우러러볼 수 없게 된—정확히 기억하는 경향이 있는데, 바우마이스터는 그들의 이야기가 "그동안 진실을 의심해왔으나 숨은 의구심을 확인하기를 미뤄왔고, 마침내 중요한 사건을 계기로 전체적인 패턴을 볼 수 있게 된다"는 사실을 확인시켜주었다고 말한다.

바우마이스터가 말한 실체화의 순간은 우연의 산물이다. 그런 일이 언제 또는 정말로 일어날지 말지 예상할 수 있는 사람은 아무도 없다. CLTS가 촉발하는 깨달음도 그와 비슷하다. 다만 마을 주민들은 진행자의 질문 덕분에 지금까지 줄곧 눈앞에 놓여 있었던 사실을 '보게' 된 것뿐이다. 그것은 우연에 의한 '아하!'의 순간이 아니라 교묘하게 '유도'된 순간이다. 그렇다면 평범한 상황에서는 어떻게 그런 강력한 깨달음과 통찰을 유도할 수 있을까?

2011년 스콧 거스리Scott Guthrie가 마이크로소프트에서 직면한 상황을 어떻게 헤쳐나갔는지 살펴보자. 그는 스티브 발머Steve Ballmer로부터 급속도로 성장 중인 클라우드 서비스 애주어Azure의 운영을 맡아달라는 지시를 받고 고객들을 방문했다. 애주어 서비스 경험에 대한 고객들의 피드백은 분명했다. 애주어는 기반 기술은 훌륭했지만 사용이 용이하지 않았다. 거스리는 애주어가 사용자 친화적으로 바뀌지 않으면 회사가 기대하는 것만큼 성장하기 어렵다는 것을 깨달았다. 그렇지만 어떻게 동료들에게 그들이 가야 할 길에서 멀리 벗어나 있다는 것을 이해시킬 수 있을까?

거스리는 고위급 관리자들과 소프트웨어 아키텍트들을 소집해 워크숍을 열었다. 워크숍 참가자들은 고객의 입장이 되어 애주어를 활용해 앱을 구축하라는 과제를 부여받았다. 별로 어려운 과제가 아니었음에도, 그들은 고전분투해야 했다. 일부 임원들은 특정 기술을 사용하지 못했고, 어떤 이들은 심지어 로그인 하는 방법도 알아내지 못했다. 후에 거스리는《포춘》지의 기자 앤드류 너스카에게 이렇게 말했다. "대참사였죠." 혼쭐이 난 임원진은 이 문제를 해결하기로 결심했고, 이틀간의 워크숍이 끝날 무렵 그들은 애주어를 완전히 새롭게 재구축할 계획을 세웠다.

마이크로소프트와 카말 카가 성공을 거둘 수 있었던 이유는 다음과 같다. 첫째, 리더 스스로 사람들에게 어떤 진실을 알려주고 싶은지 분명히 알고 있었다. 거스리는 동료들에게 '고객들이 우리 제품을 사용할 수 없다'는 진실을 들려주고 싶었고, 카는 마을 주민들에게 '스스로 건강을 해치고 있다'는 사실을 알려주고 싶었다. 둘째, 충격적인 깨달음이 순식간에 강타했다. 청중이 깨달음을 얻는 데에 몇 주일이나 몇 달이 아니라 고작 몇 분, 길어야 몇 시간밖에 걸리지 않았다. 진실은 재빨리 발을 건다.

마지막으로 사람들은 스스로 진실을 깨우쳤다. 그리고 그 결과 행동이 필요하다는 사실이 드러났다. 거스리는 자신이 고객들과의 만남을 통해 알게 된 사실을 동료들에게 말해주지 않았다. 그저 다른 관리자들이 그가 알아낸 것을 스스로 깨우칠 수 있는 환경을 조성해줬을 뿐이다. 그 결과 그들은 스스로 통찰을 얻을 수 있었고, 따라서 행동을 촉구하는 동기를 자발적으로 부여할 수 있었다. CLTS 진행자 역시 누구보다 명백하게 문제점을 볼 수 있었음에도 불구하고 이를 직접 지적하거나 조언하지 않았다. 그들은 마을 주민들이 스스로 문제를 깨우치게 내버려두었다. '아하!'의 순간은 반드시 청중들의 마음속에서 탄생해야 한다.

이 3가지 요인들—①명확한 통찰 ②짧은 시간 ③자발적인 발견—은 다른 사람들에게 불편한 진실을 직면하게 하고 싶을 때는 어떻게 해야 하는지 청사진을 제공해준다. CLTS 진행자가 마을 주민들에게 강연을 했다면, 또는 위생보건과 관련된 사실과 숫자와 데이터를 보여줬더라면 그들의 일은 훨씬 쉽고 간단했을 것이다. 그러나 자발적으로 발생한 내적 통찰의 위력은 그보다 훨씬 강력하다.

문제를 문제로 인식했을 때

걸려 넘어진다는 것은 발이 뭔가에 붙들려 휘청거리는 것이다. 진실에 걸려 넘어진다는 것은 생각이 뭔가에 붙들려 동요하는 것이다. 자, 여기서 당신의 생각을 붙잡은 '무언가'는 무엇일까?

당신에게 좋은 아이디어가 하나 있어 이를 널리 알리고 남들의 지지를 받고 싶다고 하자. 가장 먼저 어떤 일을 할 것인가? 아마 다른 사람을 설득하려고 할 것이다. "여러 가지를 생각해봤는데, 이게 최고인 것 같아. 성공할 수 있다는 증거도 많고, 비슷한 아이디어를 내놓은 사람들은 전부 다 엄청난 이득을 봤거든. 게다가 방법도 엄청 간단해!"

다시 말해 당신은 해결책의 장점에 초점을 맞출 것이다. 그러나 우리가 지금껏 살펴본 이야기들은 해결책에 대해 이야기하지 않는다. 카말 카는 수거식 변소의 장점에 대해 떠들지 않았다. 마이크로소프트의 스콧 거스리도 애주어의 새로운 기능이나 장점에 대해 홍보하지 않았다. 대신에 그들은 문제점을 부각시켰다. 똥을 먹고 있었어요. 소프트웨어를 사용하기가 힘들어요. 이런 문제점이 청중들의 마음에 생생하게 박히는 순간, 그들은 곧장…… 해결책을 떠올렸다.

문제점을 충분히 인식하기 전에는 해결책을 발견할 수 없다. 따라서 우리가 말하는 '진실'이란 '문제점 또는 단점에 대한 진실'을 가리킨다. 번개 같은 통찰을 야기하는 것도 바로 그것이다.

이런 원칙을 활용하려면 새로운 방식의 설득이 필요하다. 버지니아 대학교의 화학과 부교수이자 교수자원센터Teaching Resource Center 센터장인 마이클 파머Michael Palmer의 이야기를 들어보자. 그는 2009년에 강좌

설계 강습회^{Course Design Institute, CDI}라는 일주일짜리 프로그램을 창설했다.
교수들의 강의 계획을 도와주는 프로그램이었다. 교수들은 월요일 아침에 강의계획서 초안을 가져와, 엄밀한 비평과 검토를 거친 다음 금요일 오후가 되면 완전히 새롭게 개선된 계획서를 완성했다.

"고등교육의 문제는 교수들이 학생들을 가르치는 방법에 대해 제대로 배운 적이 없다는 거죠." 파머의 말이다. 교수들은 파머의 CDI에서 일주일 동안 교수법을 배웠다. 학생들에게 어떻게 학습 동기를 부여할 것인가, 각자 다양한 학습 습관을 지닌 학생들을 어떻게 효과적으로 가르치고 수업의 중요 개념을 이해하게 만들 것인가.

파머의 강의 계획 접근법은 후진통합설계^{backward-integrated design}를 핵심으로 한다. 먼저 목표를 설정한다. 둘째, 학생들의 목표 달성 여부를 판단하는 평가 기준을 마련한다. 마지막으로 학생들이 평가에서 좋은 성적을 낼 수 있게 관련 학습 활동을 기획한다.

이렇게 단순할 수가. 그러나 대학 교수의 삶이란 이런 종류의 계획을 세우는 것조차 무척 어렵게 만든다. 강의를 준비하는 교수들은 대개 이런 일을 겪는다. 우선 어떤 강좌의 교수로 배정됐는데, 학기가 시작하기 직전에야 통보를 받기가 일쑤다. 당신이 맡은 강의가 '화학I 개론'이라고 치자. 교재를 잠시 들춰보고는 깜짝 놀란다. 이렇게 많은 내용을 한 학기 동안 어떻게 다 가르치지? 눈앞이 깜깜하다.

해결할 게 너무 많으니 일단은 하나씩 차례대로 처리하기로 한다. 제일 먼저 교재 선택. 이제 대충이나마 로드맵으로 활용할 내용은 확보했다. 조금은 안심이 되는 것 같다. 이번에는 14주 동안 진도를 나갈 수업 양을 정한다. 매주 1시간 수업마다 다른 주제에 대해 가르치면 되겠다. 마지막으로 수업 시간에 가르친 내용을 바탕으로 시험에 어떤 문제를 낼지 결정한다.

꽤 합리적인 방안처럼 들리지만, 놀랍게도 이는 후진통합설계 방식과는 눈곱만큼도 비슷한 점이 없다. 목표를 세우고 그것을 향해 움직이는 게 아니라, 목표도 없이 무작정 달려 나가고 있지 않은가! 방대한 양의 정보를 그저 1시간 수업 분량에 맞춰 14조각으로 잘라낸 것에 불과하지 않느냔 말이다.

다시 파머에게 돌아가보자. 그는 교수들이 잘못된 방식으로 강의 계획에 접근한다는 것을 알았고, 그래서 해결책을 찾고 싶었다. 여기서 그가 해결책의 장점을 주장한다면 그건 일종의 세일즈맨 행세를 하는 것일 테다. 그런 경우 청중은 그의 노력에 어떻게 반응할까? 사람들은 보통 세일즈맨에게 의심과 회의로 대응한다. 애매하게 대답을 피하거나 반론을 제기하며 저항한다. 교수들을 설득하고 싶다면 그들이 진실에 넘어지게 해야 한다. 그리고 그렇게 하기 위해서는 해결책이 아니라 문제에 초점을 맞춰야 한다.

CDI 강습 첫날, 파머는 교수들에게 '포부 연습'이라는 활동을 소개한다. 그것은 L. 디 핑크^{L. Dee Fink}의 저서 『중요한 학습경험 창조하기 Creating Significant Learning Experiences』에서 읽은 내용을 차용한 것이다.

파머는 25~30명의 교수들로 구성된 청중에게 질문을 던진다. "여러분이 꿈꾸는 이상적인 학생들을 가르친다고 상상해보십시오. 이 학생들은 배움에 대한 열의도 높고, 행동거지는 나무랄 데가 없으며, 완벽한 기억력을 갖고 있습니다. 그리고 다음 문장을 완성해보세요. '지금으로부터 3~5년 후에 내 학생들은 아직도 _____를 알고 있을 것이다' 아니면 '아직도 _____의 중요성을 찾을 수 있을 것이다.'"

교수들은 약 10분 정도 시간을 들여 빈칸을 채운 다음, 대답을 공유한다. 2015년 7월에 열린 CDI에서 동물행동학을 가르치는 한 교수는 이렇게 말했다. "나는 학생들이 과학적 연구 과정을 알고 익히길 바랍니다. 어떤 동물의 흥미로운 행동을 발견했을 때, 그것을 탐구할 수 있는 과학적 연구 과정을 고안할 수 있으면 좋겠습니다."

보건학 교수는 말했다. "나는 학생들이 동료 학생들과 교류하고 함께 협동할 수 있으면 좋겠습니다. 새 연구 과정을 자신 있게 검토하고 스터디 그룹에 적극적으로 참여했으면 합니다."

수학 교수가 말했다. "나는 학생들이 수학을 재미있고 흥미로운 것으로 생각할 수 있으면 좋겠습니다. 그저 실용적인 학문이 아니라……. 수학과 관련된 이야기나 기사의 링크를 보면 그걸 클릭하게 되면 좋겠어요."

파머는 그들의 대답을 들을 때마다 강의실 앞쪽에 놓여 있는 화이트보드에 적었다. 잠시 후 참가자들은 하나의 공통적인 패턴을 발견했다. 수업 내용에 대해 말하는 사람이 거의 없었던 것이다. 이를테면 수학 교수는 학생들이 연쇄법칙을 외웠으면 좋겠다고 말하지 않았다. 그는 학생들이 진심으로 수학에 흥미를 느끼길 바랐다.

이제 파머는 교수들이 진실에 걸려 넘어지게 할 준비가 되었다. 그는 교수들에게 방금 화이트보드에 적은 것들이야말로 그들이 학생들에게 가르치고 싶은 가장 중요한 강의 목표임을 상기시켰다. 그런 다음 교수들이 가져온 강의계획표를 꺼내 들었다. "당신이 작성한 강의계획서는 그 중요한 목표를 달성하는 데 얼마나 도움이 됩니까?"

방 안에 어색한 침묵이 감돌았다. 생체공학 교수인 조지 크라이스트는 그 순간을 떠올리며 피식 웃었다. "강의계획서를 보고는 대답했죠. "전혀요." 대부분의 교수들도 마찬가지였다. 얼음물을 뒤집어쓴 것 같은 충격의 순간이었다. 환경학 교수인 데보라 로렌스는 말했다. "그 순간 내 강의계획서가 얼마나 쓸모없는지 깨달았죠. 내가 가르치고 싶은 것과는 아무 상관도 없었으니까요." 파머의 '포부 연습'은 교수들이 진실에 걸려 넘어지는 순간을 훌륭하게 창조해냈다. 교수들이 걸려 넘어진 것은 바로 그들 자신에 관한 진실이었다.

CDI를 거친 강의계획서의 전후 변신은 기가 막힐 정도다(CDI 전과 후 강의계획서의 예시를 보고 싶다면 heathbrothers.com/CDIsyllabi를 방문하라). 한 물리학 강의계획서의 경우, 처음에는 강의 전체가 대주제와 소주제로 마치 표처럼 정리되어 있었지만 CDI 이후에는 보다 고무적이고 감동적으로 변신했다. 새로 바뀐 강의계획표의 첫 번째 단락을 소개한다.

높은 건물이나 교량이 무너지지 않고 서 있을 수 있는 이유는 무엇일까? 지진이나 허리케인이 자주 발생하는 지역에서는 건물을 어떻게 건축해야 할까? 건물을 무너뜨리는 힘에는 어떤 것들이 있는가? 힘이란 무엇인가? 물리학은 우리 주변에 존재하는 모든 것을 설명할 수 있는 학문이다. 우리에게 필요한 것은 그저 그것들을 바라보는 새로운 방법을 배우는 것뿐이다! 비행기가 하늘을 날 수 있는 것은 압력과 항력 덕분이다. 충돌은 운동량에 개입한다. 무지개는 빛의 굴절과 분산을 보여주는 훌륭한 예시다. 지진은 전단력과 신축성을 보여주며, 교량을 건설할 때에는 열과 팽창을 활용한다. 연주

회장은 반사와 간섭의 상호작용을 활용해 설계되었다.

이 수업은 그 밖에도 우리를 둘러싼 세상과 관련된 수많은 흥미로운 문제들에 접근할 수 있는 도구들을 제공한다. 물리학자로서 첫발을 내디딤으로써, 여러분은 이 세상을 힘과 법칙의 복잡한 상호작용의 결과로서 보게 될 것이다. 여러분은 물리학의 기본 원리를 배우고 이해하게 될 것이다.

2008년부터 2015년까지 295명의 교수들이 CDI 강좌에 참가했다. 이 강좌는 5점 만점에 평균 4.76점의 평가를 받았고, 수업을 들은 295명 전원이—단 한 사람의 예외도 없이—다른 동료들에게 이 강좌를 추천하겠다고 대답했다.

2011년에 CDI에 참석한 한 강사는 평가서에 이렇게 썼다. "간단히 표현하자면 이것은 내 인생을 바꿔주었다. 과장처럼 들리겠지만 100퍼센트 진심이다. 처음 참석했을 때만 해도 나는 내 강의에 자신만만했지만, 얼마 지나지 않아 처음부터 계획을 다시 짜야 한다는 사실을 깨달았다. 그리고 그 결과는 훌륭했다."

알겠지만, 교수들이란 대체로 이런 격렬한 감정을 잘 표현하지 않는 사람들이다. CDI는 교수들이 강의를 보다 훌륭하게 개선하는 데 필요했던 자극적인 계기와 구체적인 방향을 제시해주었다. 때때로 우리는, 진실에 걸려 넘어지기 전까지는 자신이 어디에 있는지조차 알지 못하는 법이다.

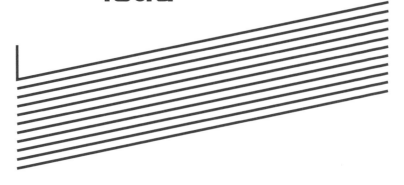

Chapter 5 스스로를 확장하라

채드웰이 18개월 만에 사업을 접어야 했던 이유

리아 채드웰^{Lea Chadwell}이 베이커리를 열고 싶다는 꿈을 갖게 된 것은 취미로 빵과 과자를 굽기 시작한 지 1년이 지났을 무렵이었다.

그녀는 동물병원에서 일했다. 언젠가 자신이 키우는 개를 치료하려 데려갔던 병원이었다. 고객으로서 병원을 몇 번 더 방문한 후에 채드웰은 깨달았다. '여기서 일하고 싶어.' 그녀는 동물병원에 제발 여기서 일하게 해달라고 졸랐고 4개월 후에 수의 테크니션이 되었다.

그러나 그로부터 9년이 지나자 채드웰은 승진이나 급여 인상이 벽에 부딪혔다는 느낌이 들었다. 젊은이들한테나 어울리는 직업을 너무 오래 붙잡고 있는 건 아닌가 하는 생각도 들었다. "예순 살이 넘어서까지 골든 리트리버를 붙들고 몸싸움을 해야 하면 어쩌지?"

채드웰은 주말마다 부엌에서 시간을 보냈다. 스웨덴 쿠키를 굽고 이국적인 향료를 넣은 패스트리나 향긋한 브리오슈를 구웠다. 가족과 친구들이 이렇게 말하기 시작했다. "넌 베이커리를 열어야 해!" (공짜 쿠키를 바라는 사람들이 해줄 법한 조언이다.)

2006년의 어느 날, 남편 샘이 라디오에서 사람들이 바라는 이상적인 직업을 시험 삼아 체험할 수 있게 도와주는 사업체에 관한 이야기를 들었다. 보케이션 베케이션Vocation Vacation은 며칠 동안 당신이 꿈꾸는 삶을 살고 있는 사람들을 따라다니며 보고 배울 수 있게 해주었다. 그것도 공짜로 말이다. 그중에는 목장과 B&B 운영, 포도주 양조장, 그리고 그렇다. '베이커리 운영'도 있었다.*

채드웰은 그 흔치 않은 기회를 덥석 물었고, 오리건주 포틀랜드로 날아가 베이커리와 초콜릿 가게 주인들과 함께 일했다. 말하자면 며칠 동안 멘토를 대여하는 것과 비슷한 경험이었다. 그녀는 마음껏 그 경험을 즐기고 언젠가 꼭 베이커리를 열겠다고 굳게 다짐하며 집으로 돌아왔다.

채드웰은 실력을 다지기 위해 밤에 제빵제과 수업을 들었고 지역 요리 프로그램에서 수료증을 받았다. 2010년이 되자 만반의 준비가 끝났다. 그녀는 '버터 1파운드A Pound of Butter'를 열었다. 낮에는 동물병원에서 일하고, 저녁과 주말에는 결혼식과 생일파티용 맞춤 케이크를 만

---

* 보케이션 베케이션은 이후 피봇 플래닛Pivot Planet으로 바뀌었다. 이제는 직접 방문보다 전화통화를 중심으로 운영한다.

들고, 지역 레스토랑에 패스트리를 공급했다. 그러다 아예 매장을 열기로 결심했다. "나라면 어떤 베이커리를 만들지 늘 상상했죠." 그녀는 말했다. "남은 평생 빵을 구우며 살 거라고 생각했어요."

채드웰의 전문 분야는 공예 케이크였다. 그녀는 대학에서 조소를 전공했고, 아이들의 생일파티를 위해 흠 잡을 데 없이 완벽한 토머스 기차 케이크와 디즈니 공주 케이크를 구웠다. 하지만 조금씩, 환상이 걷히기 시작했다. 가족들을 위해 케이크를 굽는 것은 재미있었다. 그렇지만 요구사항이 많고 까다로운 고객들을 위해 케이크를 굽는 것은 진이 빠지는 일이었다. 채드웰은 낮에는 아픈 동물들을 돌보고 밤에는 신경이 곤두선 새 신부를 상대했다. 마치 끝없는 쳇바퀴에 갇힌 것만 같았다. "베이커리를 유지하려면 주문을 더 많이 받아야 했어요. 그렇지만 빵을 굽는 것만으로는 생계를 유지할 수가 없었죠. 그래서 다른 일을 해야 했고 그러니 막상 빵을 구울 시간은 부족했어요."

어느 주말, 채드웰은 마감에 맞추기 위해 마지막으로 버터크림 웨딩케이크를 손보고 자동차에 실었다. 막 시동을 걸고 출발하려는 찰나, 그녀는 하마터면 아무도 없는 가게 문을 열어놓고 갈 뻔했다는 사실을 깨달았다. 번개에 맞은 듯이 정신이 번쩍 들었다. '난 지금 스트레스로 제정신이 아니야.' 그러곤 깨달았다. '난 더 이상 베이킹을 좋아하지 않아.' 그녀는 후에 이렇게 말했다. "어깨 위에 버터로 된 걱정거리가 들러붙어 있는 것 같았죠."

채드웰은 벌써 마흔둘이었고, 두 곳의 직장을 갖느니 하나의 일에 열중하고 싶었다. 그녀는 불현듯 깨달았다. '이 사업을 '제대로' 하려면 대출도 받고 홈페이지도 열어야 해. 하지만 그랬다가 실패하면 끝이야.

다시는 경제적으로 재기하지 못할 테니까……. 난 그만큼 이 일에 열정을 갖고 있진 않아.'

채드웰은 18개월 후에 버터 1파운드 사업을 접었다. 베이커리를 운영하고 싶다는 그녀의 꿈은 그렇게 끝났다. 그리고 그 뒤로 수년 동안 케이크를 굽지 않았다.

우리가 원하는 이야기의 끝은 이런 게 아니다. 우리는 성실근면한 창업가가 사업에 성공하길 바란다. 우리는 꿈이 실현되는 것을 보고 싶다.

리아 채드웰은 실패했는가? 어떤 면에서는 그렇다. 하지만 그렇게 단순한 문제가 아니다. 채드웰은 베이커리를 시작한 것을 후회하지 않고, 사업을 접은 것을 후회하지도 않는다. 그녀는 경험을 통해 통찰을 얻었다. 자신의 몇 가지 천성이 사업에 적합하지 않다는 사실을 깨닫고 이를 인정했다. "나는 체계적이지 못하고 비현실적이죠. 변덕도 심하고……. 친구로서는 재미있는 사람이지만 사업가가 되기엔 그리 적합하지 않아요. 그때 포기하지 않았다면 난 실패했을 거예요. 내 입으로 말하자니 좀 서럽네요. 하지만 덕분에 뼈저린 교훈을 배웠답니다. 난 다른 사람 밑에서 일하는 걸 더 잘해요. 사람들은 그런 나한테 크게 의지하고요. 하지만 나 자신을 위해 일하는 건…… 형편없죠."

심리학자들은 이것을 '자기통찰Self-insight'—자신의 욕구와 역량에 대한 성숙하고 심오한 이해 능력—이라고 부른다. 자기통찰은 바람직한 대인관계에서 삶의 사명감에 이르기까지 긍정적 결과와 상호관련성을 지닌다. 자기통찰과 심리적 안녕감은 불가분의 관계다.

채드웰의 자기성찰은 전형적인 '불만의 실체화' 순간을 통해 촉발되었다. 가게 문을 열어놓고 가려 했던 바로 그 순간 말이다. 이제껏 그녀가 품고 있던 좌절감과 불안의 파편들이 하나로 맞춰져 명확한 결론이 탄생했다. '나는 이 일에 어울리지 않아. 이건 내가 아니야.'

이번에는 채드웰과는 또 다른 순간을 겪은 사람의 이야기를 들어보자. 대학에 다니는 한 여성이 로마로 유학을 가기로 결정했다. "난 작은 시골마을 출신인 데다 대중교통을 타는 것조차 두려워할 정도였으니 다른 언어를 말하는 사람들 사이에서 지낸다는 게 얼마나 겁이 났는지 아시겠죠." 그녀가 말했다. "로마에 처음 도착했을 때 얼마나 당황했는지 몰라요……."

그로부터 4주일 뒤에 그녀는 가게 점원에게 그녀가 이탈리아인이라고 믿게 하는 데 성공했고(하지만 불행히도 이탈리아어로 '고무줄'이라는 단어를 까먹는 바람에 사실을 들켜버렸다), 그 사건 이후 완전히 변신했다. "나는 다른 사람이 되어 돌아왔어요." 그녀가 말했다. "자신감이 넘쳤고, 전보다 훨씬 과감해졌죠. 해외여행을 하거나 해외에서 사는 것도 전혀 두려워하지 않게 되었고요." 그녀는 지금 런던에 거주 중이다.

그녀의 결정적 순간—점원에게 그녀가 토박이 이탈리아인이라고 속일 수 있었던—은 채드웰의 경험을 거꾸로 뒤집은 것 같다. 그녀는 깨달았다. '난 할 수 있어. 난 이렇게 될 수 있어.'

두 여성 모두 '확장'을 통해 자기성찰의 번득임을 얻었다. 자기를 확장한다는 것은 실패의 위험이 있는 상황에 자신을 노출하는 것이다.

뜻밖으로 느껴질지도 모르지만 자기통찰은 우리의 머릿속에만 머무르는 것이 아니다. 관련 연구에 따르면 생각이나 느낌을 머릿속으로

만 숙고하거나 반추하는 것은 뭔가를 진정으로 이해하는 데 그다지 효과적인 방법은 아니다. 그보다는 자신의 행동을 연구하고 분석하는 편이 훨씬 유익하다.

"나라면 훌륭한 베이커리 주인이 될 수 있지 않을까?", "내가 이탈리아에서 잘 지낼 수 있을까?"는 중요한 질문이지만 상상만으로는 대답할 수 없는 질문이기도 하다. 조용히 앉아 공상만 하기보다는 기꺼이 위험을 감수하고, 뭔가를 시도하고, 경험을 통해 대답을 뽑아내는 편이 낫다. 통찰이 행동으로 이어지기보다 행동이 통찰로 이어지는 경우가 더 많다는 점을 명심하라.

나 자신을 알고, 내가 무엇을 원하고 무엇을 할 수 있는지를 배우는 것은 평생이 걸리는 과정이다. 많은 이들이 자기 자신을 속속들이 파악하고 이해하기 전에 나이가 차고 집과 직장과 반려자를 얻는다. 우리는 왜 지금처럼 행동하고 반응하는가? 우리는 어떤 것들을 보지 못하고 간과하는가? 우리는 왜 특정 부류의 친구나 연인에게 매력을 느끼는가?

자기이해는 원체 더딘 과정이다. 거기에 채찍질을 해 실체화의 순간을 자주 경험하는 하나의 방법은 자신을 확장하는 것이다.

나를 지탱시키는 타인의 존재

1984년 봄, 샌디에이고 해군 병원에서 일하는 정신과의사 마이클 디닌^{Michael Dinneen}은 마지막 회진을 돌고 있었다. 1982년에 의과대학을 졸업한 그는 레지던트 2년 차로 완전한 자격을 지닌 정신과의사였다.

정신병원에 입원 중인 환자들은 조현병, 양극성 장애, 우울증 등 심각한 병을 앓고 있었고 대부분 독방에 갇혀 있었다. 그중 상당수가 자해를 하거나 다른 사람을 해치려 한 전적을 갖고 있었다. 회진을 돌던 디닌은 복도에서 환자 한 사람과 마주쳤다. 다음 날 퇴원할 예정인 환자였다.

그가 디닌을 불러 세웠다. "물어보고 싶은 게 하나 있는데요." 디닌이 대답했다. "지금은 할 일이 있는데, 15분 뒤에 제가 다시 찾아뵈어도 될까요?" 환자가 고개를 끄덕였다. 디닌은 회진을 계속했다. 10분 뒤, 인터컴에서 '코드 블루'가 발령되었다. 심장이 멎어 심폐소생술을 실시해야 하는 긴급 환자가 발생했다는 의미였다. 대개 코드 블루는 직원들을 특정 병실로 호출하는데, 이번에는 건물 외부에 있는 마당으로 나갈 것을 지시했다. 디닌은 서둘러 바깥으로 달려 나갔다.

땅바닥에 그에게 말을 걸었던 환자가 누워 있었다. 3층 발코니에서 콘크리트 바닥으로 뛰어내린 것이다. 디닌과 다른 의사들이 서둘러 환자를 소생시키려 했지만 그는 반응하지 않았다. 그들은 환자를 응급실로 데려갔다. 환자는 잠시 후에 숨을 거두었다.

디닌은 휘청거리는 걸음걸이로 정신병동에 있는 그의 사무실로 향했다. 엄청난 충격과 죄책감이 그를 강타했다. '다 내 잘못이야.' 그는 생각했다. '나한테 도움을 요청하고 있다는 걸 알아차렸어야 했는데.'

디닌은 레지던트 교육을 담당하고 있는 리처드 리드너에게 연락해 상황을 보고하고, 정신병동에서 일하는 다른 직원들을 위로했다. 그러곤 감정적으로 도저히 그날 근무를 끝마칠 자신이 없어 피곤한 몸을 끌고 집에 갈 채비를 했다.

그때 리드너가 병원에 도착했다. 그는 디닌에게 사건의 전말을 상세하게 들었다. "과장님한테 보고를 드린 후에 난 당연히 징계를 받을 줄 알았습니다." 디닌이 말했다. 환자의 자살은 굉장히 드문 일이었다. 안전지대로 여겨지는 병원에서 자살하는 일은 더더구나 드문 일이었다. 앞으로 여기서 계속 근무를 할 수 있을지조차 미지수였다.

리드너가 말했다. "알겠네. 그럼 이만 다시 일하러 가지." 그는 디닌을 수술실로 데려가 깨끗한 수술복과 의사 가운으로 갈아입힌 다음, 다시 정신병동으로 향했다. 디닌의 멘토인 리드너는 그날 밤 내내 그의 곁을 지켰다.

나중에 그 사건을 떠올렸을 때, 리드너는 이렇게 말했다. "마이크가 자기 잘못이라고 느끼게 하고 싶지 않았습니다. 괜찮다고 다독여주고 싶었죠. 자네 잘못이 아니니까 걱정 말라고 말이죠. 그건 전투 중에 사람이 죽은 것과 비슷합니다. 환자가 병상에서 사망하더라도 의사는 그걸 극복하고 나아가야 합니다. 돌봐야 할 다른 환자들이 있으니까요. 그 환자는 죽었지만 다른 사람은 살릴 수 있을지도 모르니까요."

디닌은 말했다. "그날 밤이 어떻게 갔는지도 잘 기억이 안 납니다. 하지만 그날 집에 갔더라면 난 정신과의사가 되길 포기했을 겁니다."

30년이 지난 지금, 마이클 디닌은 그날 밤을 인생에서 가장 결정적인 순간 중 하나로 기억한다. 그날은 그가 처음으로 환자를 잃은 날이었다. 동시에 그 사건은 디닌 자신에 관해 새로운 사실을 가르쳐주었다. '난 극복할 수 있어.'

디닌의 삶에서 그 사건은 부정적인 절정(구덩이)이었다. 절정-대미 법칙에 관한 선구적인 연구자 중 한 사람인 바바라 프레드릭슨^{Barbara} Fredrickson은 우리가 절정을 더욱 인상 깊게 기억하는 이유는 그것이 일종의 정신적 가격표로 기능하기 때문이라고 말한다. 즉, '이것이 바로 네가 이 경험을 다시 겪게 될 때 지불해야 할 대가다'라고 말하는 것이다. 리아 채드웰 같은 사람들은 대가가 너무 크다는 것을 깨닫고 그 순간을 피해가기로 결심한다. 반면에 디닌 같은 사람들은 자신이 그런 경험을 참고 견딜 수 있음을, 긍정적 결정이 잠재적인 부정적 결정을 능가한다는 사실을 알게 된다.

채드웰과 디닌의 이야기에서 또 다른 결정적 차이점을 찾았는가? 만일 리드너가 밤새 디닌의 곁을 지키며 도움의 손길을 내밀지 않았다면 디닌은 자신이 그런 경험을 극복할 능력이 있음을 배우지 못했을 것이다. "그는 내가 다시 일어설 수 있다고 생각했습니다." 디닌은 말했다. "내가 그 일을 극복할 수 있다는 걸 알았죠. 심지어 나 자신도 몰랐는데 말입니다." 리드너의 신중하고 사려 깊은 행동은 트라우마를 성장의 순간으로 탈바꿈시켰다.

보통 우리의 확장을 격려하고 지탱해주는 것은 타인이다. 당신이 사설 트레이너를 고용하는 이유는 그가 당신을 안전지대 밖으로 떠밀 수 있다는 사실을 알기 때문이다. 우리가 멘토들을 존경하는 이유도 그 때문이다. 그들은 우리의 가장 훌륭한 장점을 발견하고 끄집어낸다. 당신은 "그래, 마틴 코치는 내가 만난 최고의 코치였어. 우리한테 아무 기대도 안 하고 하고 싶은 대로 하라고 내버려뒀거든. 정말 훌륭한 분이셨지"라고 말하는 사람을 본 적이 있는가?

멘토는 우리를 발전시키고 향상시키고자 한다. 여기서 조금 더 할 수 있겠니? 이보다 더 많은 책임을 질 수 있겠어? 그들은 생산적이고 건설적인 스트레스를 부과한다.

이 가설을 확인하기 위해, 우리는 몇 명의 리더들에게 과제를 부여했다. 당신의 멘티가 자기 자신을 확장할 수 있게 독려할 것. 루터교 목사인 짐 호니그^{Jim Honig}는 준목사에게 큰 일을 맡겼다. "부활절 일요일 전날 밤에 열리는 부활전야예배는 목회자들에게 1년 중 가장 중요한 행사 중 하나죠. 그 설교만큼은 원래 준목사에게 맡기지 않고 직접 하는데, 올해는 그 친구에게 설교를 하라고 맡겼습니다. 중요한 날이니 최선을 다해야겠지만 자네라면 할 수 있다고, 나는 자네를 믿는다고 말해주었죠."

호니그 목사는 실은 그 중대한 행사를 준목사에게 맡기는 게 그리 내키지 않았다고 털어놓았다. 그러나 준목사는 훌륭하게 해냈다. 호니그는 이제껏 준목사의 설교 중에서 최고였다고 말했다.

위의 이야기에서 결정적 순간은 언제인가? 2개의 순간을 꼽을 수 있다. 첫 번째 결정적 순간은 준목사가 부활전야예배에서 설교를 했을 때다. 그것은 고양의 순간(위험보상 높이기)이자 긍지와 통찰의 순간('난 할 수 있어')이다. 또한 호니그 목사의 독려가 있었기에 가능한 순간이기도 하다. 그러나 호니그 목사 또한 자기를 확장했다. 그는 뒷전으로 물러나 준목사를 신뢰하고 중요한 순간을 맡김으로써 실패할 위험을 감수했다. 그리고 위험을 감수함으로써 통찰을 얻었다. "교회에서 일하는 다른 사람들은 내가 부활절 설교를 얼마나 중요하게 여기는지 알고 있었습니다. 그래서 내가 다른 사람한테 설교를 맡겼다는 걸 알고는 깜짝 놀랐죠. 다들 잘 대처해줬어요. 난 이번에 배운 것들을 어떻게 더 잘 활용할 수 있을까 궁리해보게 됐고요. 요즘에 내가 고민하는 게 그건데, 결실을 보고 있죠."

가능성을 확장시키는 피드백

멘토들은 독려하고, 멘티들은 확장한다. 학생, 직원, 친척…… 만일 당신도 누군가를 지도하거나 가르치는 입장에 있다면 그들을 어떻게 건설적으로 독려할 수 있을지 궁금할 것이다. 그것을 알아보기 위한 출발점으로 심리학자 데이비드 스콧 예거David Scott Yeager 외 8명이 논문에 인용한 공식을 소개한다. 바로 '높은 기준+확신'이다.

예거는 교외 한 중학교의 7학년생 44명을 연구 대상으로·삼았다. 학생들은 자신이 영웅으로 여기는 사람에 대한 글짓기 과제를 제출해야 했는데, 교사들은 작문을 채점한 다음 평가와 피드백을 적었다.

연구진은 이 단계에서 교사들에게서 글짓기 과제를 모아 무작위로 두 집단으로 분류했다. 그런 다음 교사의 글씨체로 종이에 간단한 메모를 덧붙였다. 첫 번째 집단은 "네 작문에 대한 내 의견을 조금 덧붙인다"고 썼고, 두 번째 집단의 과제에는 연구진이 '현명한 비판'이라고 부르는 것을 붙였다. "내가 이렇게 말하는 이유는 네게 큰 기대를 하고 있기 때문이야. 선생님은 네가 할 수 있다고 믿는다"라는 내용이었다 (높은 기준+확신).

과제를 돌려받은 학생들은 다시 글을 잘 다듬어 제출하면 점수를 올려 받을 수 있었다. 평범한 메모를 받은 학생들 중 40퍼센트가 과제를 다시 제출했다. 그러나 현명한 비판을 받은 학생들은 80퍼센트가 작문을 다시 제출했고, 수정 분량도 다른 집단에 비해 두 배나 많았다.

두 번째 메모가 학생들에게 강력한 위력을 발휘할 수 있었던 이유는 학생들이 비판을 수용하는 방식을 변화시켰기 때문이다. 붉은 글씨가 가득한 과제를 받아 들었을 때 가장 자연스러운 반응은 방어적으로 굴거나 의심하는 것이다. '선생님은 나를 안 좋아하나 봐.' 그러나 현명한 비판 메모는 다른 메시지를 전달한다. '네가 열심히 노력하면 더 잘할 수 있다는 걸 알아.' 글짓기 과제의 점수는 개인적인 비판이 아니다. 학생들에게 확장을 독려하는 행위다.

나의 등을 조금 떠밀어준다면

한편 조직체에서의 지도나 독려는 보다 강하고 분명한 형태로 나타난다. 높은 기준+확신은 효과적인 공식이지만 결국은 기대감을 표현하는 것에 불과하다. 훌륭한 멘토는 거기에 두 요소를 더 추가한다. 바로 방향 제시와 지지이다. "나는 당신에게 큰 기대를 걸고 있고, 당신이 부응할 수 있다는 것을 안다. 그러니 이 새로운 일에 도전해보라. 실패한다 해도 극복할 수 있게 내가 도와주겠다." 이 세 문장에는 진정한 멘토의 가르침이 담겨 있다. 단순하지만 누군가의 인생을 바꿀 수 있을 만큼 강력하다.

2015년에 데일 펠프스Dale Phelps는 커민스 노스이스트Cummins Northeast 에서 '품질, 서비스, 서비스 운영' 부서를 이끌고 있었다. 커민스 노스이스트는 커민스 부속 유통업체다. 가령 당신이 시내버스를 제조해 보스 턴시에 제품을 공급하기로 계약을 맺은 다음, 버스에 커민스가 생산하는 디젤 엔진을 사용하기로 결정했다고 하자. 이런 경우 커민스 노스 이스트는 당신의 주문을 접수 처리하고, 엔진을 배달하고, 엔진이 고장 날 경우 AS를 제공한다. 펠프스의 업무는 더 훌륭하고 효율적인 서비스를 제공할 방안을 찾는 것이었다.

펠프스는 주로 식스시그마 원칙에 의존해 직무를 수행했다. 예를 들어 고무공을 생산한다고 할 때, 당신은 당연히 아무 결함도 없는 완벽한 제품을 만들고 싶을 것이다. '식스시그마' 절차를 거친 제품의 불량률은 1백만 개당 3.4퍼센트에 불과하다. 즉 1백만 개의 고무공을 생산할 때 찌그러지거나 비틀린 공이 3~4개밖에 발생하지 않는다는 뜻이다. 이런 수준의 높은 생산성에 도달하기 위해서는 거의 과도할 정도로 제조 공정을 감시하고 데이터를 수집해 문제점을 정확히 짚어내고, 변동성을 줄여야 한다. 이런 위업을 발휘해 공정을 개선할 수 있는 사람들이 바로 식스시그마 공인전문가였다. 그들의 마법은 제품 생산 외의 다른 다양한 상황에도 활용할 수 있는데, 가령 의료수술 시 실수를 줄인다거나 펠프스의 경우에는 엔진 수리 속도를 증진시키는 것이었다. 그리고 그중에서 가장 유능한 식스시그마 전문가들을 블랙벨트 black belt라고 불렀다. 가라데와는 아무 상관도 없고 그저 이 일에 약간의 성적 매력을 가미하려는 부질없고 헛된 노력이 반영된 명예적인 칭호라고 할 수 있다.

어쨌든 다시 본론으로 돌아와서, 펠프스는 그의 직장인 뉴욕 올버니에서 함께 일할 식스시그마 블랙벨트 자격증을 지닌 사람이 필요했고, 그래서 란자니 스리니바산$^{Ranjani\ Sreenivasan}$을 고용했다. 인도에서 자란 스리니바산은 기계공학 석사학위를 마치려 미국으로 이주한 지 3년밖에 되지 않았다.

스리니바산의 역할은 식스시그마를 이용해 동료들이 생산 공정을 향상시킬 수 있도록 돕는 것이었다. 이를테면 서비스 공방을 재정비해 자주 사용하는 도구나 연장들을 가까운 곳에 배치하는 것처럼 말이다. 하지만 그녀는 업무를 수행하는 데 어려움을 겪었다. "그녀는 다소 내성적이고, 소극적이었습니다." 펠프스의 말이다. 그는 스리니바산이 경험 많은 동료들에게 눌려 주장이나 의사를 강하게 표현하지 못할까봐 걱정이 되었다.

스리니바산의 견해는 달랐다. 그녀는 전혀 내성적인 사람이 아니었다. 친구들 사이에서 그녀의 별명은 '천둥'이었는데, 목소리가 하도 커서 누구든 그녀가 어디 있는지 알 수 있기 때문이었다. 다만 그녀는 무엇을 어떻게 해야 할지 몰라 당혹스러운 것뿐이었다. 스리니바산은 식스시그마에 있어서는 전문가였지만 디젤 엔진에 대해서는 아무것도 몰랐다. 회의에 참가할 때마다 동료들이 "그리스어나 라틴어를 말하고 있는 것"만 같았고, 그들이 사용하는 용어들을 일일이 적어두었다가 나중에 그게 무슨 뜻인지 물어보곤 했다.

식스시그마 프로젝트에 관한 첫 회의가 열렸을 때, 그녀는 회의 내내 잠자코 앉아 있다가 매우 심란한 마음으로 펠프스를 찾아갔다. "속이 몹시 상했어요. 다른 사람들 눈에는 내가 아무것도 모르는 새파란 신입으로만 보였을 테니까요."

그녀의 업무 처리 방식에 대해 직원들 사이에 불만이 일었다. 펠프스는 스리니바산이 이 직무에 적격이라는 사실을 알고 있었지만 지금 그녀는 위기에 처해 있었다. 그래서 그는 그녀의 등을 조금 떠밀어주었다. 그녀에게 직접 현장에 나가 동료들이 무슨 일을 하는지 배우라고 말했다. 그녀가 회사 내부 언어를 말할 수 있게 되기까지 동료 직원들은 그녀를 존중하지 않을 터였다.

"솔직히 좀 무서웠죠." 스리니바산은 말했다. 일선 현장을 방문한다는 것은 데이터와 스프레드시트라는 그녀의 전문 분야를 벗어난다는 것을 의미했다. 그녀는 동료들에게 자신의 지식이 부족하다는 사실이 들통날까 봐 걱정스러웠다. 게다가 스리니바산은 젊고(24세), 여성이었으며, 인도인이었다. 3가지 모두 커민스 노스이스트에서는 굉장히 보기 드문 특성이었다.

스리니바산이 처음 방문한 곳은 코네티컷주 록키힐 지점이었다. 그곳의 지점장은 회사 전체에서 몇 안 되는 여성 리더 중 한 사람으로, 그녀를 직접 데리고 돌아다니며 그들이 하는 일에 대해 설명해주었다. 록키힐에서 일주일 동안 머무른 스리니바산은 열의에 가득 차 올버니로 돌아왔다.

"그때부터 모든 게 변했죠." 그녀는 말했다. "전문 용어들이 이해되기 시작했어요. 샬린(록키힐 지점장)은 내가 젊은 나이에 이렇게 큰일을 하고 있다는 게 존경스럽다고 말해줬습니다."

펠프스는 잇달아 스리니바산의 현장 방문을 몇 개 더 기획했고 그녀는 점차 식스시그마에 관한 지식과 통찰력을 나누는 데 편안함을 느끼기 시작했다. 펠프스의 귀에 그녀가 동료들에게 얼마나 깊은 인상을 남겼는지에 관한 소문이 들려오기 시작했다. 스리니바산에 대해 볼

평을 하던 이들마저 이제는 그녀를 가장 뛰어난 성과를 내는 직원으로 꼽기 시작했다.

"내가 생각보다 더 유능하다는 사실을 배웠습니다." 스리니바산은 말했다. "난 내가 이렇게 조직에 잘 어울리는 사람일 줄은 몰랐어요. 그냥 데이터에만 능숙하다고 생각했는데 나보다 데일이 더 내 능력에 확신을 갖고 있었죠."

펠프스는 스리니바산이 근무 초기에 그런 어려움을 겪은 데 대해 자책한다. "나는 그녀를 많은 것들로부터 떼어놓으려 했습니다. 지금 생각해보면 정말 비효율적인 일이었죠. 그녀한테도 잘못했고요. 항상 구명조끼를 입고 있으면 수영을 할 수 있을지 없을지 알 수가 없지 않습니까. 때로는 조끼를 벗고—물론 옆에 언제든 도와줄 수 있는 사람이 있어야겠지만—'어디 어떻게 될지 한번 볼까'라고 말할 용기를 내야 합니다."

스리니바산의 이야기는 우리가 이제까지 탐구한 멘토십 공식의 핵심을 담고 있다.

높은 기준 + 확신

("내가 그녀가 성취할 수 있다고 믿는 것들을 구체적으로 말해주며 큰 기대를 하고 있다고 말했습니다." 펠프스는 말했다.)

+ 방향 제시 + 지지

(펠프스는 스리니바산이 일선 현장을 방문한다면 그녀의 경험에 난 구멍을 채울 수 있으리라 생각했고, 특히 여성 리더가 있는 지점을 가장 먼저 방문할 수 있게 계획했다.)

= 자기통찰 증진

(스리니바산은 말한다. "내가 생각보다 더 유능하다는 사실을 배웠습니다…… 내가 이렇게 조직에 잘 어울리는 사람일 줄은 몰랐어요.")

"이번 주는 무엇을 실패했니?"

멘토의 독려는 자기 확장으로 이어지고, 자기 확장은 자기통찰의 순간을 창조한다. 멘토십에 관한 통찰에서 고개를 약간 갸우뚱하게 만드는 것이 있다면 아마 독려일 것이다. 멘토는 멘티를 위험에 노출시켜야 한다. 왠지 이상하지 않은가? 우리는 본능적으로 아끼고 소중한 사람들을 위험으로부터 보호해야 한다고 생각한다. 위험으로부터 격리해야 한다고 생각한다.

이는 양육 방식을 둘러싼 해묵은 논쟁거리이기도 하다. 우리는 아이들에게 실수를 저지를 자유를 부여해야 하는가, 아니면 그들을 보호해야 하는가? 대부분의 부모들은 과잉보호와 방임 사이에서 발꿈치를 들고 휘청거리며 위태롭게 걷는다.

우리는 어떻게 아이들에게 자기를 확장도록 격려하되 동시에 지나치게 강요하지 않을 수 있는가? 어렸을 때부터 자기 확장을 교육받으며 자란 사라 블레이클리Sara Blakely의 이야기를 들어보자. 블레이클리는 스팽스Spanx의 창업자로, 스팽스의 첫 제품—기본적으로 편안한 거들—은 출시 즉시 대성공을 거뒀다. 그녀의 창업 신화는 거의 전설이다. 1998년의 어느 날, 블레이클리는 파티에 참석할 준비를 하고 있었다. 얼마 전에 산 몸에 딱 붙는 흰 바지를 입기로 했는데 그러고 나니 딜레마에 빠졌다. 그녀는 다리를 늘씬하게 보이기 위해 바지 안에 팬티스타킹을 입고 싶었고 동시에 맨발로 샌들도 신고 싶었다. 그렇다면 팬티스타킹을 입어야 할까 말아야 할까?

그때 기가 막힌 생각이 뇌리에 떠올랐다. 블레이클리는 팬티스타킹의 발목 아래 부분을 잘라낸 다음 그것을 입고 파티에 갔다. 이 혁신적인 물건에는 문제가 있었지만—다리를 움직일 때마다 잘라낸 부분이 조금씩 말려 올라갔다—그녀는 '어쩌면 좋은 기회가 될지도 몰라' 하고 생각했다. '이걸 약간만 개량하면 여자들이 좋아할 거야.'

그로부터 2년 후인 2000년, 블레이클리는 스팽스의 첫 고객인 니먼 마커스Neiman Marcus와 계약을 맺었다. 오프라 윈프리는 스팽스를 그녀가 "가장 좋아하는 것" 중 하나로 꼽았다. 12년 후에 《포브스》는 블레이클리를 역사상 가장 젊은 자수성가 여성 억만장자로 선정했다.

『그곳에 가는 길Getting there』에서 사라 블레이클리는 이렇게 썼다. "얼마나 많은 여성들이 나를 찾아와 이렇게 말했는지 모른다. '나도 몇 년 동안이나 팬티스타킹 끝을 잘라서 신었어요. 그런데 왜 나는 스팽스를 만들지 못했을까요?' 그 이유는 좋은 아이디어는 시작점에 불과하기 때문이다."

블레이클리가 똑같은 아이디어를 가진 다른 여성들과 달랐던 점은 악착스럽고 끈질겼다는 점이다. 스팽스를 처음 설립했을 때, 그녀는 그 아이디어가 멍청하고 시시하다는 소리를 수도 없이 들었다. 법률회사와 회의를 했을 때에는 변호사가 의심스럽다는 표정으로 주변을 끊임없이 두리번거렸는데 나중에 그는 그녀에게 이렇게 고백했다. "사라, 나는 당신을 처음 만났을 때 당신의 사업 아이디어가 너무 황당해서 혹시 '몰래카메라'를 찍는 건 아닌가 하고 생각했어요."

남자들은 그녀의 아이디어가 얼마나 천재적인지 이해하지 못했고, 불행히도 그녀가 제품을 생산하는 데 필요한 영향력을 지닌 위치에 있는 이들은 대부분 남자였다(블레이클리는 조지아주에서 특허전문 여성 변호사를 찾으려 안간힘을 썼지만 결국 성과 없이 끝났다). 섬유공장을 운영하는 사람들—당연히 전부 남자였다—은 그녀의 아이디어를 거듭 거절했다. 그러던 중 공장주 중 한 사람이 딸과 이야기를 나눈 후에야—딸은 그에게 어서 빨리 블레이클리에게 전화를 걸어 제안을 수락하라고 우겼다—첫 프로토 타입 제품을 만들 수 있었다.

블레이클리가 이 혹독한 시련을 겪고 살아남을 수 있었던 이유는 무엇일까? 원래 그녀의 직업은 팩스머신을 파는 일이었다. 처음 그 일을 시작했을 때 그녀가 받은 것은 팩스머신에 관심이 있는 잠재 고객 명단이 아니었다. 상사는 그녀에게 네 자릿수 지역 우편번호와 두꺼운 전화번호부를 건네주며 '고객 명단'이라고 말했다.

"아침에 일어나면 오전 8시부터 오후 5시까지 무작위로 현관문을 두들기며 돌아다녔다." 그녀는 이렇게 썼다. "대부분의 사람들이 내 면전에서 문을 쾅 닫아버렸다. 적어도 일주일에 한 번은 눈앞에서 명함이 찢기는 일을 경험해야 했고, 한번은 경찰의 호위를 받으며 건물에서 쫓겨난 적도 있다. '싫어'라는 대답에 면역이 되기까지는 오래 걸리지 않았고, 나중에는 내 처지가 재밌게 느껴지기까지 했다."

그것은 강력한 통찰의 순간이었다. 블레이클리는 깨달았다. '나는 실패가 두렵지 않아. 그건 더 이상 내게 방해물이 아니야.'

블레이클리는 흰 바지를 입고 파티에 간 날까지, 스팽스라는 번득이는 계시를 얻기까지 7년 동안 팩스머신을 팔았다. 스팽스를 창업하기 위한 그녀의 거침없는 행보와 완고함은 지난 7년간의 실패(대부분은)로부터 비롯된 것이었다(말해두지만, 그녀는 팩스머신 영업사원으로서도 매우 뛰어났다).

블레이클리의 이런 놀라운 투지grit는 어디서 비롯된 것일까? 물론 그녀가 영업사원 일을 하며 발전시킨 게 틀림없다. 하지만 그게 전부는 아니다. 그녀의 성장 배경에도 주목할 점이 있다. 블레이클리의 아버지는 저녁식사 테이블에서 그녀와 남동생에게 자주 이런 질문을 던지곤 했다. "이번 주에는 뭘 하는 데 실패했니?"

"우리가 대답하지 못하면 아버지는 굉장히 실망하셨습니다." 블레이클리의 말이다. "이상하게 들리겠지만, 그 방법은 매우 효과가 좋았죠. 아버지는 많은 사람들이 실패에 대한 두려움 때문에 얼어버린다는 것을 알고 계셨습니다. 대부분 자신이 일을 훌륭하게 해내지 않으면 다른 사람들이 어떻게 여길지 두려워 위험한 일에는 아예 손을 대지 않는 경향이 있죠. 아버지는 우리가 뭐든 시도하고 한계를 뛰어넘길 바랐습니다. 그분은 우리에게 실패란 바람직한 결과를 일궈내지 못하는 게 아니라 원하는 것을 시도하지 않는 것이라는 인식을 심어주셨죠."

블레이클리의 아버지가 던진 질문, 즉 "이번 주에는 뭘 하는 데 실패했니?"는 확장을 독려하는 말이다. 그것은 실패를 정상적인 것으로, 자녀들과의 평범한 저녁식사 대화로 만들었다. 자신이 실패할지도 모르는 상황을 찾아 머리를 굴리다 보면 실패에 대한 두려움은 어느 정도 희석되기 마련이다. 면역력이 강화되는 것이다. 블레이클리 씨의 딸인 사라는 저녁식사 때마다 듣던 질문을 부친이 생각했던 것보다 훨씬 더 자연스럽게 자신의 것으로 만들었다.

이것이 바로 우리가 바라 마지않는 이야기의 결말이다. 호감을 주는 창업가가 아버지의 가르침을 받아들여, 자신의 꿈을 이루고 풍부한 보상을 얻는 것. 어떤 사업가는 승리하고 어떤 이는 실패한다. 그러나 그들 모두가 공유하는 것이 있다면 바로 '실패할 수도 있는' 상황에 기꺼이 자신을 밀어 넣었다는 것이다.

서점에서 자기계발서 코너를 기웃거린 경험이 있는 사람이라면 익숙한 충고일 것이다. 넓은 세상으로 나가! 예전과 다른 일을 시도해 봐! 새 돌멩이를 뒤집어! 과감하게 위험한 일을 해봐! 아주 건전하고 올바른 조언이다. 특히 지금 있는 곳에 정체되어 있는 사람들에게는 더더욱 그렇다. 하지만 조심하라. 이런 조언은 왠지 그러면 무조건 성공할 수 있다고 속삭이는 것 같다. 위험을 무릅쓰면 성공할 수 있어! 과감하고 대담하게 굴면 새로운 너를 좋아하게 될 거야!

하지만 그것은 사실이 아니다. 위험은 위험이다. 리아 채드웰은 베이커리를 여는 위험한 시도를 감수했지만 끝은 별로 좋지 않았다. 위험을 무릅쓴다고 항상 그에 상응하는 결과를 얻을 수 있다면 세상에는 위험부담이라는 게 존재하지 않을 것이다.

자기 확장이 보장해주는 것은 성공이 아니다. 그것이 당신에게 주는 것은 배움이다. 자기통찰이다. 우리 삶에서 가장 중요하고 성가신 질문에 대한 대답이다. 우리는 무엇을 원하는가? 우리는 무엇을 할 수 있는가? 우리는 어떤 사람이 될 수 있는가? 우리는 무엇을 극복할 수 있는가?

정신과 레지던트는 자신이 트라우마를 이겨낼 힘이 있음을 깨달았다. 시골 소녀는 외국에서도 자신 있고 당당하게 살 수 있음을 배웠다. 심지어 실패를 겪은 이들조차 깨달음을 얻는다. 채드웰은 그녀가 삶에서 진정 가치 있게 여기는 것이 무엇인지 더 잘 알게 되었다.

우리는 자신을 확장하여 자기통찰의 순간을 창조하며, 그로써 정신적 건강과 안녕을 획득한다. 자기 확장을 시도하지 않는다면 자신이 어디까지 나아갈 수 있을지 결코 알 수 없을 것이다.

클리닉
3

팬더 가든 하우스의
변신

상황 앤절라 양은 노스캐롤라이나주 롤리에 위치한 상당히 전형적인 미국식 중국 음식점인 팬더 가든 하우스의 주인이다. 팬더 가든 하우스는 좌장군 치킨(미국식 대표 중화 요리-옮긴이), 완탕, 그리고 십이지 동물이 그려진 테이블매트가 있는 평범한 중식당이다. 옐프^{Yelp} 같은 맛집 앱이 등장했을 때, 앤절라는 드디어 식당을 널리 홍보할 기회가 왔다고 생각했다. 그녀는 대대적인 변화를 시작할 준비가 되어 있었다(앤절라와 그녀가 운영하는 중국 음식점은 모두 가상의 존재다).

목표 앤절라는 식당의 음식에 대해서는 꽤 자신이 있지만 고객 경험이 그다지 인상적이지 못하다는 리뷰어들의 평가에는 동의하는 편이다. 그녀는 어떻게 팬더 가든 하우스를 손님들의 기억에 남는 흥미로운 장소로 만들 수 있을까?

어떻게 결정적 순간을 창조할 것인가?

결정적 순간이란 무엇인가? 뭘 어떻게 하든 팬더 가든 하우스를 미쉐
린 고급 레스토랑으로 만들 수는 없을 것이다. 하지만 매직캐슬과 아
이스바 핫라인에서 배운 귀중한 교훈을 떠올려보도록. 훌륭한 경험이
란 대부분은 잊어버리기 쉬워도 가끔 아주 감동적인 것을 뜻한다. 앤
절라는 고객 경험을 전부 재창조할 필요가 없다. 그저 몇 개의 마법적
인 순간을 만들어내면 된다.

고양을 더하라

각본 깨트리기·감각적 매력 증폭하기 고급 레스토랑에서는 고객들에게
간단한 전체를 무료로 제공한다. 팬더 가든 하우스도 고객들에게 그들
식당에만 있는 독특한 전채 요리를 무료로 제공한다면 어떨까? (작은
돼지고기 만두라든가?) 아니면 비행기 1등석에 탔을 때처럼 단골손님들
에게 식사 전에 김이 모락모락 나고 자스민 향이 풍기는 뜨거운 물수
건을 준다면?

| 통찰을 더하라 |

자기 확장하기 손님들에게 '매운맛 저항력'을 시험할 수 있는 음식을 내놓는 방법도 있다. 이를테면 똑같은 요리지만 매운맛을 다섯 단계로 조정하는 것이다. 손님들은 자신이 중국 요리의 매운맛과 향신료를 얼마나 견딜 수 있는지 시험해볼 수 있다(이는 레벨업과 관련된 긍지의 순간까지 더하며 일석이조의 효과를 얻을 수도 있다. 챕터7을 읽어보라).

| 긍지를 더하라 |

이정표 늘리기 뉴욕시에 있는 세계 최고의 레스토랑이라는 찬사를 듣는 일레븐 매디슨 파크Eleven Madison Park는 언젠가 고객들에게 다양한 초콜릿을 맛보이고 어떤 동물의 젖(소, 염소, 양, 들소)이 사용됐는지 알아맞히게 한 적이 있다. 이 아이디어를 참고삼아 중국의 네 지역을 대표하는 요리로 구성된—또는 서로 다른 향료를 사용한—작은 샘플러를 내놓은 다음 손님에게 맞혀보라고 한다면 어떨까? 정답을 모두 맞힌 사람에게 상으로 커다란 팬더 스티커를 주는 것이다.

| 교감을 더하라 |

술을 마시는 단골손님에게 웨이터가 중국의 음주 예법을 가르쳐주는 방안도 있다. 예를 들어 다른 사람과 술잔을 부딪친 후에는 반드시 술잔을 비울 것, 나이 많은 어르신이나 상사와 함께 술을 마실 때는 존경심을 표하기 위해 건배를 할 때 술잔을 더 아래쪽에 댄다, 등등.

친밀감 다지기 팬더 가든 하우스의 '포춘 쿠키'에 '우정 쿠키'라는 이름을 붙이고 쿠키 안에 점괘 대신 좀 더 친근한 대화를 유발하는 질문들을 넣는다면? 쿠키를 쪼갰더니 "자기 자신에게, 또는 다른 사람에게 마지막으로 노래를 불러준 것은 언제인가?" 같은 질문이 나왔다고 생각해보라.

최종고찰 이런 몇 개의 작은 순간만으로도 고객 경험을 현저한 수준으로 개선할 수 있다. 위에서 제시된 의견들은 대부분 경영학 학생들이 제안한 것으로, 실제 레스토랑을 운영하는 이들이라면 더 좋은 아이디어를 떠올릴 수 있을 것이다. 이 책에서 소개하는 기본 원칙들을 활용한다면 기억에 남는 경험을 창조하기 위한 아이디어를 생각해내는 것이 별로 어렵지 않음을 말하고 싶었다.

긍지

PRIDE

내가
나이길 잘했다고
믿는 순간

고양의 순간은 우리를 평범한 일상 위로 고조시킨다. 통찰의 순간은 우리가 사는 세상과 우리 자신에 대해 새로운 깨달음을 얻게 한다. 그리고 긍지의 순간은 우리가 지닌 최선의 모습을 드러낸다. 용기를 무릅쓰고, 남들에게서 인정받고, 도전을 극복하는 것처럼 말이다.

이런 긍지의 순간은 어떻게 창조할 수 있을까? 비결은 단순해 보인다. 열심히 노력하고 시간을 투자하면 재능을 발굴해 더 많은 것을 성취할 수 있으며, 성취는 곧 긍지와 자부심으로 이어질 것이다. 그토록 단순하다.

"소매를 걷어붙이고 달려들어라!"는 충고는 분명 옳은 말이다. 그러나 잠시만 생각해보면 이런 조언이 얼마나 많은 것을 놓치고 있는지 알 수 있다. 첫째, 우리의 능력이 얼마나 뛰어나든 간에 긍지의 순간이 탄생하는 것은 대개 '다른 사람이 우리의 역량을 알아봤을 때'이다. 당신이 이제까지 경험한 긍지의 순간들을 떠올려보라. 상당수가 다른 사람들로부터 인정을 받는 순간이 아니었나? 승진을 했을 때, 상을 탔을 때, 그리고 칭찬을 받았을 때처럼 말이다. 챕터6에서 우리는 타인을 인정함으로써 그들의 결정적인 순간을 창조하는 일이 얼마나 단순하고 효과적인지 확인하게 될 것이다. 또 고작 1시간의 경험만으로 오래도록 행복감을 지속하게 해주는 순간에 대해서도 알아본다(아니, 크리스피 도넛을 말하는 게 아니다).

두 사람이 같은 목표를 추구하고 같은 노력을 투자한다고 해도 그들이 느끼는 긍지는 일하는 방식에 따라 달라질 수 있다. 우리는 긍지를 설계하는 법을 배우고, 게

임의 원칙을 사용해 목표로 향하는 길 곳곳에 결정적 순간을 심을 것이다(챕터7). 당신은 왜 많은 미국인들이 '스페인어 배우기'라는 목표를 달성하지 못하는지 이해하게 될 것이다.

마지막으로 우리는 사람들이 가장 자랑스럽게 여기는 경험들을 분석한다. 과감히 용기를 낸 순간, 신념을 위해 우뚝 선 순간. 그런 순간들은 단순한 노력의 산물 그 이상이다. 용기 있게 나설 기회는 언제 어느 때든 찾아올 수 있고, 때때로 우리는 그때 과감하게 행동하지 못한 것을 후회한다. 그러나 물리적인 기술이나 지적 기술을 갈고 닦을 수 있는 것처럼 용기 있게 나서는 도덕적 기술 역시 연습을 한다면 향상시킬 수 있다(챕터8). 나아가 폭탄을 해체하는 군인들이 어떻게 침착함을 유지하고, 거미공포증 환자들은 어떻게 두려움을 극복하는지도 알아보자.

연습과 노력은 필수적인 요소지만 열심히 노력한다고 해서 반드시 결정적 순간을 경험할 수 있는 것은 아니다. 이번에는 긍지로 충만한 삶을 살아가는 3가지 전략에 대해 배울 것이다. 그러니 책장을 넘겨 결정적 순간으로 가득했던 시절로 돌아가보자. 바로 학창시절 말이다.

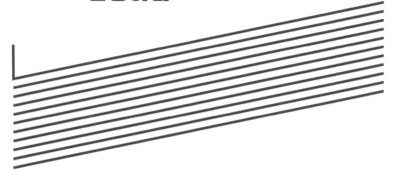

Chapter 6

타인을 인정하라

슬룹에게 찾아온 기적

키라 슬룹^{Kira Sloop}은 그때를 생애 최악의 시기로 기억한다. 1983년, 그녀가 막 6학년으로 진급한 때였다. "상상해보세요, 머리는 뻣뻣해서 사방으로 뻗쳐 있고 치열도 엉망인 데다 자존감은 바닥을 긁고 있는 소극적인 열한 살짜리 여자애 말이죠." 키라가 말했다. 그녀의 부모님은 새 학기가 시작하기 직전 여름방학에 이혼을 했다.

슬룹이 학교에서 유일하게 고대하는 시간이 있다면 바로 합창 수업이었다. 그녀는 성량이 풍부하고 극적으로 울려 퍼지는 목소리를 갖고 있었다. 친척들은 늘 그녀에게 컨트리 가수가 되라고 말하곤 했다.

그녀는 그해 학기 초반에 일어난 일을 아직도 생생히 기억하고 있다. 학생들은 긴 발판 위에 각자의 파트에 맞춰―알토, 소프라노, 테너와 바리톤―자리를 잡고 서 있었다. "벌집 같은 머리를 하고 찡그린 표정으로 얼굴이 굳어버린 듯한" 음악교사는 악보대 앞에서 지휘봉을 휘두르며 지휘하고 있었다.

슬룹은 이렇게 기억한다. 그때 "선생님이 내 쪽으로 걸어오기 시작했어요. 몸을 슬쩍 기울이고 귀를 쫑긋 세운 채요. 그러더니 갑자기 노래를 멈추라고 하더니 정확히 나를 가리키며 말했죠. '거기, 너. 네 목소리는…… 혼자 튀는구나. 다른 애들하고 전혀 어울리질 않잖아. 너는 노래를 부르지 말고 입만 벙긋거리렴.'"

교사의 말에 슬룹은 비참함을 느꼈다. "옆에서 아이들이 키득거렸어요. 차라리 지금 당장 발밑이 꺼져 땅으로 숨어버렸으면 했죠." 그녀는 합창 시간마다 노래를 부르지 못하고 입만 뻐끔거려야 했다.

"합창은 내가 학교에서 제일 좋아하는 시간이었어요." 슬룹은 말했다. "우리 집 식구들은 항상 나더러 노래를 잘 부른다고 했는데 선생님은 아니라는 거예요. 그때부터 모든 걸 의심하기 시작했죠." 그녀는 점점 삐뚤어졌다. 학교에서도 불량스러운 아이들과 어울려 다녔다. 인생의 암흑기였다.

그러다 7학년을 마친 여름방학에 슬룹은 노스캐롤라이나의 재능 있는 학생들을 위한 컬로위 익스피리언스Cullowhee Experience라는 여름캠프에 참가했다. 그러곤 놀랍게도 합창단 활동을 하겠다고 신청했다. 그녀는 연습을 하는 동안 소리를 내지 않고 버릇처럼 입만 벙긋거렸고 그것을 알게 된 담당교사는 그녀에게 수업이 끝난 뒤에 교실에 남으라고 말했다.

합창교사는 키가 작고 말랐으며 긴 머리채를 허리까지 기르고 있었다. 슬룹의 표현에 따르면 그녀는 히피족이었다. 피아노 앞 의자에 앉은 교사가 슬룹에게 옆에 앉으라고 토닥였다. 두 사람은 나란히 앉아 텅 빈 음악실에서 노래를 부르기 시작했다.

처음에는 머뭇거렸지만 슬룹은 마침내 경계심을 누그러뜨렸다. "우리는 점점 더 큰 소리로, 즉석에서 화음을 맞추면서 노래들을 계속 이어 불렀어요. 목소리가 갈라져서 안 나올 때까지요."

교사는 두 손을 들어 슬룹의 얼굴을 감싸 쥐고는, 그녀의 눈을 똑바로 들여다보며 말했다. "너는 굉장히 독특하고, 인상적이고, 아름다운 목소리를 갖고 있어. 꼭 밥 딜런과 조안 바에즈 사이에서 태어난 아이 같아."

그날 오후 슬룹은 세상에서 가장 가벼운 발걸음으로 교실에서 나왔다. "온 세상을 가진 것만 같았어요." 그녀는 말했다. 슬룹은 곧장 도서관에 가서 조안 바에즈가 누군지 찾아보았다.

"그해 여름방학은 정말 환상적이었죠." 슬룹이 말했다. 그녀는 번데기가 부화하는 듯한 탈피를 경험했다. "빛줄기를 따라 고치를 찢고 나와서 아름다운 나비로 새로 태어나는 경험이었어요." (그리고 그녀가 교사와 함께 맞이한 결정적 순간의 다음 단계에는 캠프에서 만난 다른 학생과의 결정적 순간이 기다리고 있었다.)* 슬룹은 자신의 목소리와 노래 실력에 대해 점점 더 자신감을 키워나갔다. 고등학교에서는 연극부에서 활동하며 거의 모든 뮤지컬에서 주역을 차지했다. 그녀는 관객들 앞에 서는 것이 즐거웠다. 가장 자랑스러운 순간은 카네기홀에서 합창단과 함께 노래를 불렀을 때였다. 카네기 홀! 학교 합창단에서 "입만 벙긋거려라"는 말을 들은 아이가 말이다.

인정과 칭찬

슬룹의 경험담은 감동적이고 인상적이지만, 가장 놀라운 것은 그것이 굉장히 흔한 이야기이기도 하다는 점이다. 사회학자인 개드 에어^{Gad Yair}는 1,100명을 대상으로 학업과 관련된 가장 중요하고 의미 깊은 경험에 대해 조사했는데, 그중 많은 수가 슬룹과 비슷한 경험을 했음을 발견했다. 에어가 가장 전형적인 사례로 든 이야기를 한번 보자.

나는 열두 살이었다. 모든 교사들이 '모자라는' 학생으로 취급하는 아이였고, 학교는 차갑고 소외감이 드는 곳이었다. 그러다 담임선생님이 출산휴가를

---

* 여름캠프 중에 학생들은 케네시주 개틀린버그로 현장학습을 갔다. 중간에 들른 장소 중에 '녹음 부스'가 있었는데, 녹음 부스란 안에 들어가 반주에 맞춰 노래를 부르면 노래가 독음된 카세트테이프를 받을 수 있는 장치다. 슬룹과 두 친구는 재미 삼아 비틀즈의 〈I want to hold your hand〉를 녹음한 다음 캠프로 돌아오는 버스에서 버스기사를 설득해 테이프를 틀었다. 그때 같은 버스에 타고 있던 한 소년은 그 노래가 마음에 들었다. 그는 그것이 키라에 대해 처음 알게 된 계기였다고 기억한다. 그의 이름은 로스 슬룹^{Ross Sloop}이다. 다섯 번의 여름캠프와 9년의 세월, 그리고 나중에 발생한 단 한 번의 기막힌 우연 덕분에 로스는 키라에게 청혼을 하기에 이른다. 그 기막힌 우연이 뭐냐고? 키라는 대학을 졸업한 후 비디오테이프 대여 가게에서 일하고 있었다. 어느 날 한 고객이 테이프를 반납하려 들렀는데, 그의 이름은 에드 슬로컴^{Ed Slocum}이었다. 키라는 대여된 비디오에 반납 표시를 하기 위해 고객 데이터베이스에 접속했는데, 우연히 슬로컴의 계정 정보에서 익숙한 이름을 발견했다. 로스 슬룹. 어렸을 적 캠프 친구였다. 그녀는 로스의 전화번호를 적어두었다가(심각한 개인정보 침해행위지만) 나중에 전화를 걸었고, 나머지는…… 음, 소위 역사가 되었다.

얻었다. 새로 온 임시교사는 지금까지 해온 것은 다 잊고 새 출발을 하는 것처럼 여기라고 했다. 선생님이 숙제를 내주자 나는 최선을 다해 제출했다.

다음 날 나는 동급생들 앞에서 내가 해온 과제를 큰 소리로 읽었는데…… 새로 온 선생님이 모두의 앞에서 내 과제가 훌륭하다고 칭찬해주었다. 나, 늘 '모자란' 학생, 우리 반의 미운 오리 새끼가, 갑자기 아름다운 백조로 변신한 것이다. 그녀는 내게 자신감을 심어주었고 어두운 과거를 돌아볼 필요 없이 새로운 앞날을 열어주었다.

슬룹과 이 이야기의 공통점은 분명하다. 첫째, 작성자는 소외감과 거부라는 암울한 시기를 겪었다. 그러다 새로운 교사가 칭찬과 지지를 보내주었고, 그것은 그의 변신으로 이어졌다. 미운 오리 새끼가 아름다운 백조로 다시 태어난 것이다. 이와 비슷한 이야기를 수없이 들은 예어는 그의 연구 논문에 '신데렐라와 미운 오리 새끼: 학창시절의 긍정적 전환점'이라는 제목을 붙였다.

우리가 이런 유사성을 지적하는 이유는 그 의미를 깎아내리려는 것이 아니다. 오히려 그 반대로, 이는 보다 거대한 진실을 드러내준다. 겨우 몇 분의 경험이 사람의 인생을 완전히 뒤바꿀 수도 있다. 위에서 말한 순간들은 아무 이유 없이 일어나지 않았다. 신중하고 사려 깊은 교사들이 그런 순간이 발생할 수 있게 옆에서 거들어주었다.

그러나 교사들이 피곤하거나 정신이 딴 데 팔려 있거나 학생들에 대한 관심과 우려를 어떻게 뜻깊은 대화로 옮길 수 있을지 확신하지 못해 실현되지 못한 결정적 순간들이 세상에 얼마나 많을 것인가? 만일 모든 교사들이 슬룹처럼 마음을 닫거나 상처를 입은 학생들을 대할 방법에 대해 전문적인 안내나 교육을 받을 수 있다면 어떨까? 어쩌면 이를 신규교사 교육프로그램에 포함시킬 수도 있지 않을까? '겨우 몇 분의 노력으로 아이의 인생에 영구적인 영향을 끼칠 수 있는 방법을 알려드립니다.'

타인을 위해 긍지의 순간을 창조하는 여러 방법들 중에서 가장 간단한 것은 그들을 인정하고 칭찬하는 것이다. 이 장에서 우리는 남들을 인정하고 칭찬하는 것이 어째서 중요하고, 그런 순간들을 어떻게 가장 효과적으로 다룰 수 있는지, 그리고 남들에게서 인정받은 사람들이 느낀 행복감이 어떻게 그것을 베푼 이들에게 다시 돌아갈 수 있는지 알아볼 것이다.

사람들이 직장을 그만두는 가장 큰 이유

루스벨트 대학의 캐롤린 와일리Carolyn Wiley는 직원 동기부여에 관해 각각 1946년, 1980년, 1986년, 그리고 1992년에 수행된 4개의 유사한 연구들을 검토했다. 각각의 연구에서 응답자들은 자신에게 동기를 부여하는 요인들을 중요한 순서대로 나열했다. 가장 많은 지지를 얻은 요인은 '흥미로운 업무', '직업 안정성', '높은 급여' 그리고 '뭔가에 열중하는 느낌'이었다. 46년에 걸친 4개의 연구에서 가장 높은 점수를 얻은 2개의 동기 요인에 공통적으로 포함된 것은 바로 '직무 완수에 대한 합당한 인정'이었다.

직원들에 대한 인정과 칭찬의 중요성에 대해서는 논란의 여지가 없다. 하지만 문제가 하나 있다면, 그것은 바로 타인의 인정이 보편적인 기대 요소인데 비해 보편적인 실행 요소는 아니라는 점이다.

와일리는 자신의 연구 내용을 이렇게 요약한다. "관리자 중 80퍼센트 이상이 부하직원이 직무를 완수한 것을 인정하고 이를 자주 표현했다고 주장하는 반면, 관리자가 '가끔' 이상으로 자주 감사를 표현했다고 응답한 직원은 20퍼센트 이하에 불과했다." 이러한 현상을 인식 격차라고 부른다.

이 같은 격차는 결국 결과로 드러난다. 한 설문조사에 따르면 사람들이 직장을 그만두는 가장 큰 이유는 합당한 인정과 칭찬이 부족하기 때문이다. 기업 리더들은 이 같은 사실을 인식하고 있으면서도 기껏해야 대응책으로 공로 인정 프로그램을 고안하는 데 그친다. 이를테면 '이달의 우수사원'이나 '최우수사원 선정 기념축하' 같은 것처럼 말이다. 그러나 이런 프로그램은 2가지 이유로 비효과적이다. 첫째, 기준이 잘못되었다. 직원들의 뛰어난 능력과 성과를 칭찬할 때 한 달에 1명의 직원을 추켜세우는 것은 아무 의미도 없다. 직원들을 칭찬하는 올바른 기준은 1년이나 한 달이 아니라 매주, 또는 나아가 매일이 되어야 한다.

둘째, 딱딱한 형식주의는 직원들의 냉소를 야기할 수 있다. 가령 인류 역사상 존재했던 모든 이달의 우수사원 프로그램은 늘 유사한 사회적 역학 때문에 변질되었다. 직원들을 정말로 공정하게 평가한다면 매달 가장 유능한 직원이 변함없이 선정될 것이다. 하지만 항상 제니에게만 상을 주는 것은 사회적으로 불공평하게 느껴지고, 따라서 우리는 모든 직원들에게 상을 나눠줄 갖가지 이유들을 짜내기 시작한다.

그래서 한 1, 2년 정도 어떻게든 되도록 많은 직원들에게 골고루 상을 주다 보면 스튜어트가 단 한 번도 명예를 얻지 못한 유일한 직원이 되고, 이는 '문제'가 된다. 그러다 11월 즈음에 그에게도 뼈다귀를 하나 던져주면("이번 달에는 평소보다 많이 발전했어!") 다음에 당신이 '이달의 우수사원' 같은 소리를 꺼낼 때마다 직원들은 웃긴다는 듯이 눈알을 굴릴 것이다. 제발 자신이 선정되지 않기를 빌면서 말이다.*

"자네가 한 일 봤네. 아주 잘했어"

많은 인정 전문가들이 이런 함정을 탈출할 방법에 대해 조언한 바 있다. 공로 인정 프로그램의 경우, 그들은 직원들의 냉소주의에 대항해 영업 실적 등의 객관적 판단 기준을 사용할 것을 권고한다. 스튜어트가 영업 목표를 달성하지 못했다면 보상을 받지 못하는 것이다.

그보다 더 중요한 것은 직원들을 치하할 때 단순히 프로그램에 입각하는 것이 아니라 인간적이고 개인적인 특성을 가미해야 한다는 것

---

* TV 애니메이션 〈심슨 가족〉에 끝내주는 장면이 나온다. 호머는 스프링필드 원자력 발전소에서 유일하게 '이주의 우수사원' 표창을 받은 적이 없는 직원이다. 발전소 사장인 번즈 씨는 이번 주 우수직원을 발표하기 위해 전 직원이 모인 자리에서 이렇게 말한다. "우리가 이주의 우수사원을 그토록 오랫동안 간과했다는 사실을 믿을 수가 없습니다." 나란히 줄지어 서 있는 사람들 사이에서 호머가 쑥스러운 미소를 지으며 꼼지락거린다. 번즈 씨가 말을 잇는다. "그의 지칠 줄 모르는 근면성실한 노력이 없었다면 우리 발전소는 문자 그대로 돌아가지 않았을 것입니다. 자, 박수로 맞이해주십시오, 여러분. 무생물 탄소봉입니다!" 전 직원이 환호하는 가운데(물론 호머는 제외하고) 무생물 탄소봉이 기념 메달을 받는다.

이다. 우리의 연구에서도 직업적 삶에서 가장 결정적 순간에 대해 물었을 때 얼마나 많은 응답자들이 개인적이고 소소한 사건을 들었는지 모른다. 예를 들면, 다음 사례처럼.

> 매니저는 내가 재고 확인을 위해 창고에 있는 자전거를 전부 닦고 정리해놓은 것을 크게 칭찬했다. 누군가 내 노고를 알아보고 인정해줬다는 데 큰 보람을 느꼈다.

또 다른 사례를 보라.

> 몇 년 전, 사무실에 있는데 우리와 함께 일하는 새 고객이 들어왔다. 동료와 얘기하는 모습을 보건대, 기분이 별로 안 좋은 것 같았다. 뒤쪽에 가서 내가 할 수 있는 일이 없는지 둘러보았다. 그러다 고객은 아직 눈치채지 못했지만 동료가 저지른 실수를 발견하고 재빨리 문제를 바로잡았다. 나중에 고객은 깊은 인상을 받았는지 상관에게 내 칭찬을 늘어놓았다. 아주 사소한 일이었지만 자신감이 충만해질 정도로 기분 좋은 경험이었다. 나는 그때야말로 상사가 내가 얼마나 열심히 일하고 있는지 처음으로 깨달은 순간이었다고 믿는다.

두 이야기의 유사점을 발견했는가? 인정의 순간은 계획된 피드백 시간이 아니라 예기치 못한 때 다가오고, 특별한 행동을 계기로 발생한다. 인정에 관한 프레드 루선스Fred Luthans와 알렉산더 D. 스타이코빅 Alexander D. Stajkovic의 저명한 논문은 효과적인 인정은 직원들에게 그들이

한 일이 '주목받았다'는 느낌을 준다고 강조한다. 상사가 "자네가 한 일 봤네. 아주 잘했어"라고 말하는 순간 말이다.

일라이 릴리[Eli Lilly] 리더십 개발 부문에서 일하는 키스 라이싱어[Keith Risinger]는 인정과 치하를 그의 직원 관리 스타일의 트레이드마크로 만들었다. 경력 초반에 그는 정신과 의사들을 방문해 일라이 릴리 제품을 사용하게 권유하는 영업판매팀을 관리했다.

라이싱어가 그가 관리하는 영업팀을 방문했을 때의 일이다. 많은 직원들이 자신의 능력을 뽐내기 위해 그에게 최고 고객들과의 만남을 주선했다. 그러나 밥 휴스[Bob Hughes]는 달랐다. 그는 라이싱어에게 가장 골치를 썩고 있는 까다로운 고객을 어떻게 다뤄야 할지 도와달라고 요청했다. 그 의사를 싱 박사라고 부르자. 휴스는 싱 박사와 아직 아무 거래도 성사시키지 못해 고민하고 있었다. 그는 휴스가 찾아오면 일라이 릴리 제품에 큰 관심을 보이면서도 막상 그 약을 환자에게 처방하지는 않았다.

휴스와 함께 싱 박사를 찾아간 라이싱어는 심각한 문제점을 발견했다. 휴스는 약품을 판매하는 데에는 몹시 뛰어났지만 의사의 말에 전혀 귀를 기울이지 않았다. 방문을 마친 후, 라이싱어는 휴스에게 싱 박사에 대해 아주 기본적인 질문을 던졌다. '그는 어떤 기준으로 처방약을 선택하는가? 한 환자를 얼마나 자주 진료하는가? 그가 환자의 병세가 호전되었다고 판단하는 기준은 무엇인가?'

휴스는 전혀 대답하지 못했다. 라이싱어는 그에게 고객들에게 관심을 기울이라고 충고했다. 제품 홍보는 일단 뒤로 하고 싱 박사가 무슨 생각을 하는지 알아보라고 말했다. 그 뒤로 휴스는 싱 박사를 여러 차례 방문하면서 어째서 그가 처방약을 바꾸기를 주저하고 있는지 알게 되었다.

예를 들어 일라이 릴리 제품 중 하나인 조젠즈(지어낸 이름이다)는 ADHD 환자들을 위한 약이었다. 싱 박사는 많은 ADHD 환자를 진료했지만 조젠즈가 아니라 다른 약을 처방했다. 휴스는 그 점이 무척 의아했다. 그가 생각하기에 ADHD 치료에는 효과적이지만 다른 약품들과는 달리 흥분제가 아닌 조젠즈는 싱 박사의 환자들에게 거의 완벽했기 때문이다. 싱 박사 자신도 약품의 성분을 칭찬하지 않았던가. 그렇다면 그는 왜 환자들에게 조젠즈를 처방하지 않는 것일까?

휴스는 싱 박사의 이야기에 귀를 기울였고, 그가 진료하는 ADHD 환자들의 다수가 위기에 처한 10대들임을 알게 되었다. 문제 행동 때문에 약간의 실수만으로도 언제든 정학이나 낙제를 당할 수 있는 학생들이었다. 이들은 최대한 빠른 도움을 필요로 하는 반면 조젠즈는 효과가 더디게 나타나는 약품이었다. 다른 흥분성 약물과 달리 조젠즈의 긍정적 효과에 발동이 걸리기까지는 한 달 이상이 필요했다.

그래서 휴스는 싱 박사에게 대안을 제시했다. "결과가 즉각적으로 나타나지 않아도 되는 여름방학 때 환자들에게 조젠즈를 처방하는 건 어떨까요?" 또 휴스는 흥분성 약물에 불편함을 느끼는 성인 ADHD 환자들에게 조젠즈 처방을 권했다. 그의 제안에 감명을 받은 싱 박사는 환자들에게 조젠즈를 처방하기 시작했고, 직접 효과를 경험하게 되자 점차 조젠즈를 선호하게 되었다.

라이싱어는 휴스의 변화를 보고 몹시 감동했다. 그것이야말로 그가 영업팀에 불어넣고자 하는 종류의 탐구심이었던 것이다. 그로부터 약 한 달 뒤 라이싱어는 영업팀을 모아 휴스와 싱 박사의 이야기를 꺼냈다. 그는 질문을 던지고 진심으로 대답을 경청하는 것의 중요성에 대해 강조했다. 그리고 휴스에게 뛰어난 경청 능력을 의미하는 선물을 주었다. 바로 보스 헤드폰이었다.

"자랑스러운 순간이죠." 휴스가 말했다. "제약산업계에서 일하는 사람들은 다들 똑똑하고 경쟁심이 강합니다. 동료들 앞에서 이런 상을 받는 건 보너스를 받는 것보다도 더 의미가 깊어요."

라이싱어는 이런 맞춤화 보상전략을 자주 사용하기 시작했다. 개인 고객을 위한 맞춤형 솔루션을 내놓은 영업직원에게는 큐리그 커피 머신(사용자의 특별한 취향에 맞춰 커피를 뽑을 수 있는 기계)을 선물했다. 고객들에게 극도의 관심과 탐구심을 발휘한 직원에게는 "멈추지 않는 탐험정신"이라는 슬로건이 적힌 노스페이스 옷을 선물했다.

제약사 영업사원은 꽤 높은 보수를 받는다. 헤드폰이나 커피머신 정도는 스스로 마련할 수 있다. 이것들은 상징이다. 라이싱어는 약간 우스꽝스럽기조차 한 선물들을 활용해 팀원들에게 긍지의 순간을 창조해준 것이다.

당신의 관리 방식은 그와 다를지도 모른다. 이런 재치 있는 선물들은 당신에게는 별 효과가 없을 수도 있다. 그러나 남을 인정하고 치하하는 방식은 무수히 다양하다. 어떤 것들은 즉흥적이고 때로는 이해가 안 갈 수도 있다. 위의 사례에서 언급된 매니저는 직원이 자전거를 닦고 정리했다고 극찬했다. 친절하고 배려심 가득한 말을 해주는 사람도 있다. 키라 슬룹의 눈을 똑바로 바라보며 말한 여교사처럼 말이다. "너는 정말 아름다운 목소리를 갖고 있어."

방식은 중요하지 않다. 정말로 중요한 것은 진실성이다. 프로그램에 의존하지 말고 인간성을 가미하라. 칭찬 빈도는 잦을수록 좋다. 1년이 아니라 일주일에 한 번씩 사람들을 치하하라. 그리고 물론, 가장 중요한 것은 그 안에 담긴 메시지다. "자네가 한 일 봤네. 아주 잘했어."

서로의 존재를 확인시켜주는 감사편지

거대한 규모 때문에 형식에 치우칠 수밖에 없을 때에는 직원들을 어떻게 인간적으로 치하할 수 있을까? 가령 수천 명의 기부자가 있는 자선단체를 생각해보자. 모든 기부자들은 응당 개인적이고 사려 깊은 관심을 받아 당연하지만 이는 현실적으로 불가능에 가깝다. 그러나 한 자선단체인 도너스추즈DonorsChoose는 규모를 확장하면서도 친절과 배려를 발휘할 수 있는 방법을 발견했다. 타인을 인정하는 조직적인 시스템을 구축한 것이다.

도너스추즈 웹사이트에서는 교사들이 학교 프로젝트를 위해 크라우드펀딩을 조직할 수 있다. 예를 들어 초등학교 교사가 학생들이 쓸 새 교재를 위해 250달러를 모금하거나 고등학교 과학교사가 새 실험 도구를 마련하기 위해 600달러를 모으는 식이다. 요즘처럼 학교 예산이 크게 축소된 시대에 외부 도움의 손길은 무척 소중하다.

도너스추즈 기부자들에게 가장 중요한 순간은 한두 달 뒤, 대부분 크라우드펀딩에 참여했다는 것조차 깜박 잊어버렸을 즈음에 찾아온다. 그들이 도와준 학생들이 기부자의 이름 앞으로 손수 쓴 감사편지로 가득한 꾸러미가 날아오는 것이다.

라비아 아마드^{Rabia Ahmad}와 그녀의 남편은 한 초등학교가 간단한 기본 물품을 구입할 수 있게 약간의 돈을 기부했다. 여기 그들이 받은 편지 중 한 통을 소개한다.

> 이만 아줌마 아저씨에게
>
> 연필이랑 폴더랑 색연필이랑 마커랑 종이랑 많이 주셔서 감사합니다. 저도 좋고 반 애들도 다 좋아하고 선생님이랑 학교도 아주아주 좋아하고 이런 거 갖게 돼서 진짜진짜 좋아요. 고맙다고 막 소리 지르고 싶어요.
>
> 치내하는
> 지온

"눈물이 났어요." 아마드가 말했다. "이 애들은…… 세상에, 내가 연필 몇 개를 줬다고 진심으로 고마워하더라고요." 아마드는 원래 감사편지라는 발상 자체를 좋아하지 않았다(도너스추즈 사이트는 50달러 이상을 기부하면 거부 의사를 따로 밝히지 않는 한 자동적으로 감사편지를 받게 되어 있었다. 그리고 실제로 많은 사람들이 이를 사양했다). "어린애들은 이런 걸 감사히 여기면 안 돼." 그녀는 생각했다. "우리 애들은 '당연하게' 받는 거잖아."

그러나 도너스추즈 직원과 대화를 나눈 후에 그녀는 감사편지가 학생들에게도 많은 도움이 된다는 것을 알게 되었다. "그건 단순히 물질적 도움을 받는 게 아니라 사람들의 존재를 인정하는 거였어요. 자기가 성공하길 바라는 사람들이 있다는 걸 깨닫는 거였죠."

초등학교 교사인 메리 진 페이스Mary Jean Pace는 도너스추즈를 이용해 학교에 재활용 쓰레기통을 마련할 돈을 모금했다. 학생들의 가족과 친척들이 많이 참여하긴 했지만 프로젝트를 성사시키는 데 결정적인 역할을 한 것은 버지니아주 알링턴에 거주하는 한 여성이었다. 그녀는 학교와 아무 관계도 없는 낯선 사람이었다. 페이스는 학생들에게 말했다. "애들아, 알링턴은 여기서 아주 멀리 떨어져 있고, 우리는 그분이 누군지도 몰라. 그런데 그분은 우리가 하는 일이 아주 중요하다고 생각했단다." 학생들은 깊은 감동을 받았다. 그들은 알링턴에 사는 그 여성에게 빨리 편지를 보내고 싶어 했다.

도너스추즈가 감사편지를 특별한 경험으로 만든 것은 단체가 설립된 2000년부터다. 초기에 이들은 매년 수백 통의 편지를 보냈는데, 2016년에는 그 숫자가 거의 백만까지 늘었다!

이런 활동을 유지하려면 많은 이들의 노고가 필요한데, 그중에는 12명의 직원과 편지를 발송하기 전 검토를 맡은 120명의 자원봉사자 팀도 포함되어 있다. 어떤 이들은 편지를 스캔해서 이메일로 보내면 훨씬 효율적일 것이라고 충고하지만(열정과 활기를 좀먹는 '적당히'가 기억나는가?), 도너스추즈의 부대표이자 감사편지 프로젝트를 관장하고 있는 줄리아 프리토Julia Prieto는 "이처럼 감사의 마음을 자극하는 행동들은 규모를 확장해야 한다는 의견과는 늘 충돌하죠"라고 말했다. "하지만 사람들의 기억에 남는 것은 이런 행동이랍니다."

2014년 데이터 분석 결과, 도너스추즈는 감사편지를 받은 기부자들이 이듬해에 더 많은 액수를 기부한다는 사실을 발견했다. 감사편지는 헌신과 책임감을 이끌어냈다. 그러나 이런 사실은 도너스추즈에서 별로 중요한 게 아니다.

"우리는 마케팅을 하는 기업이 아닙니다." 프리토는 말한다. "우리는 돈을 모금하려고 이러는 게 아니에요. 감사편지야말로 우리 조직의 핵심이죠. 우리는 늘 이 방향이 옳다고 생각해왔습니다." 도너스추즈는 기부자들에게 결정적 순간을 창조해준다.

도너스추즈의 기부자인 라비아 아마드에게는 자녀들의 성적표처럼 개인적으로 소중한 물건들을 모아두는 책상 서랍이 있다. 도너스추즈에서 받은 감사편지들도 그 안에 모셔져 있다.

2016년 5월 9일

기부자님께,

제가 자전거에서 떨어져 다쳤을 때 딱지가 많이 생겼어요. 사실은 아직도 몇 개 붙어 있어요. 그런데 그 딱지를 현미경으로 관찰할 수 있어서 좋았어요. 털도 많이 나 있고 구멍도 송송 뚫려 있었어요. 왜 그런지 궁금해요. 궁금한 게 많아졌어요. 제 생각엔 그게 과학인 거 같아요.

현미경을 살 수 있게 돈을 기부해주셔서 감사합니다. 정말 친절한 분이세요.

감사드리며,
브랜든

Mrs. Loveland, Thank you for the money you gave for the novels. I will like to listen to them. You are so nice! Love, Averi

러브랜드 부인.
소설책을 살 수 있게 돈을 기부해주셔서 감사합니다.
즐겁게 들을게요. 정말 고맙습니다!

사랑을 담아,
에이버리

오래, 깊이 유지되는 행복의 순간

감사를 표현하는 것은 칭찬 받는 사람을 기쁘게 하는 동시에 감사를
표하는 사람들의 기분마저 고양시키는 부메랑 효과를 지니고 있다. 긍
정심리학자들은 이른바 '감사 방문'이 높은 효력을 지니고 있음을 발
견했다. 긍정심리학의 대부라고 불리는 마틴 셀리그먼Matin Seligman은 다
음과 같은 연습 활동을 해볼 것을 제안한다.

눈을 감는다. 아직 생존해 있고, 몇 년 전 말이나 행동으로 당신의 삶을 더 낫게 만들어준 사람의 얼굴을 떠올린다. 당신이 얼마나 감사하고 있는지 말하지 못한 사람, 다음 주에 직접 만날 수 있는 사람이어야 한다. 자, 그 사람의 얼굴이 보이는가?

당신이 할 일은 그 사람에게 감사편지를 쓴 다음 손수 전달하는 것이다. 편지 내용은 반드시 구체적이고 300단어 이상이어야 한다. 그가 당신을 위해 무엇을 해주었는지, 그리고 그것이 당신의 삶에 어떤 영향을 끼쳤는지 자세히 써라. 당신이 지금 무슨 일을 하고 있는지 알려주고 그가 당신에게 해준 일을 얼마나 자주 상기하는지 언급하라.

다음은 몬태나 대학교 학생인 폴 글래스먼^{Paul Glassman}이 어머니 앞으로 쓰고 낭독한 편지이다.

> 어머니, 제가 세상에 태어난 이래 어머니는 날마다 제 인생에 어마어마한 영향을 주고 계십니다.
> 고등학교 때에는 제가 참가하는 모든 스포츠 행사에 참관하셨죠. 버스를 타기 위해 직장을 조퇴하는 한이 있더라도 말이죠. 어머니는 항상 제 곁에 계셨어요. 제가 플레이오프 때 메이플 밸리에서 시합을 했을 때도 몸에 담요를 두르고 관중석에 앉아 계셨죠. 10월 중순에 억수 같은 비가 내렸을 때는 레인코트를 입고 시합에 오셨어요.
> 어머니는 제가 학교에서 좋은 성적을 낼 수 있게 격려하고 또 독려하셨죠. 제가 대학에 가길 바라셨으니까요. 몬태나 대학에서 합격통지서

가 날아왔을 때가 기억나요. 우리는 그 기쁨의 순간을 함께 나누었죠. 어머니가 아니었다면 전 대학에 가지 못했을 거예요. 정말 감사합니다. 가장 힘들었던 때에도, 그리고 가장 행복했던 때에도 어머니는 항상 제 옆에서 응원해주셨고, 그게 제게 어떤 의미였는지 말로 표현할 수도 없습니다. 제가 할 수 있는 말은 어머니를 진심으로 사랑한다는 거예요. 어머니는 인간적으로 훌륭한 분이고, 어머니로서는 그보다도 더 훌륭한 분입니다. 지금의 저를 만들기 위해 베풀어주신 사랑과 정성에 진심으로 감사드립니다. 그리고 사랑합니다.

이 편지가 왜 글래스먼의 어머니에게 절정의 순간이 되었는지는 누구나 이해할 수 있을 것이다. 편지는 결정적 순간을 구성하는 4가지 요소를 전부 갖추고 있다. 각본을 깨트리는 '고양', 아들이 그녀를 어떻게 보고 있는지를 보여주는 '통찰', 아들의 성취를 듣는 '긍지', 그리고 감성적인 메시지 안에 흐르는 '교감'(글래스먼과 모친은 편지를 읽는 사이 둘 다 눈물을 터트렸다).

뿐만 아니라 이 감사 방문은 글래스먼에게도 결정적 순간이었다. 실제로 그는 이 편지를 어머니 앞에서 읽었던 때를 대학 시절 통틀어 세 번째로 기억에 남는 경험으로 꼽았다(첫 번째는 졸업식, 두 번째는 풋볼 전국 결승전에 참가한 일이었다).

연구자들은 감사 방문을 한 사람들이 강력한 행복감을 느낀다는 사실을 발견했다. 사실 이는 모든 긍정적 심리 개입에서 찾아볼 수 있는 뚜렷한 특성이다. 글래스먼은 이를 경험했다. "날아갈 것 같은 기분이었습니다." 그는 말했다. "거의 무적이 된 것 같았어요."

연구진에 따르면, 그보다 더욱 좋은 점은 그 감정이 오래 유지된다는 것이다. 감사 방문을 한 이들은 심지어 한 달 후까지도 통제집단 사람들보다 더 큰 행복감을 느꼈다.

엄청난 발견이 아닌가? 세상에는 1시간 동안 지극한 행복을 경험하게 할 수 있는 무수한 것들이 존재하지만—갓 나온 따끈따끈한 도넛이라든가—한 달 후까지도 깊은 여운을 남길 수 있는 것은 드물다.

이처럼 명백한 선언—작은 투자로도 커다란 보상을 가져올 수 있는—은 인정과 치하의 결정적인 특성이다. 음악교사가 문제 학생의 노래를 칭찬한다. 영업팀 관리자가 헤드폰을 포상으로 선물한다. 상사가 창고를 정리한 직원을 치하한다. 모두 칭찬을 들은 사람들이 오래도록 기억하고 소중히 회상할 수 있는 인정의 순간이다.

당신이 누군가의 인생에 긍정적 변화를 만들 수 있다는 것을 안다면, 오랫동안 지속될 행복한 기억을 만들어줄 수 있다는 것을 안다면, 그리고 그렇게 하는 데 고작 몇 분밖에 걸리지 않는다는 것을 안다면, 당신은 그렇게 할 것인가?

자, 이제 당신은 알고 있다. 그렇다면 실천할 것인가?

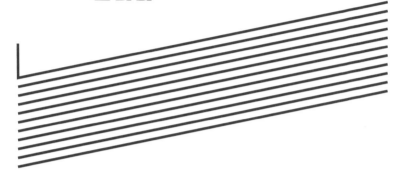

Chapter 7 이정표를 늘려라

결정적 순간을 위한 목표 설정 방식

1996년, 25세의 조시 클라크^{Josh Clark}는 여자친구와 헤어졌다. 크게 상심한 그는 한동안 우울감에서 빠져나오지 못했다. 그래서 조깅을 시작했다. 클라크는 원래 조깅을 싫어했다. 한 번도 좋아해본 적이 없었다. 하지만 이번에는 다를지도 모른다는 생각이 들었다.

잘못된 생각이었다. 언제나 그랬듯이 달리기는 지겹고 따분하고 힘들기까지 했다. 그러나 이번만큼은 그도 쉽게 포기하지 않았고, 마침내 그의 말에 따르면 "선을 넘는 데" 성공했다. 달리기가 다르게 느껴지기 시작했다. 편안하고, 마음이 차분해졌다. 거의 믿을 수가 없을 정도였다. 클라크는 자신이 조깅을 좋아하는 사람이 될 거라고는 평생 상상도 해본 적이 없었다.

그는 "개종자의 열정"을 느꼈다고 표현했다. 다른 사람들에게도 조깅의 즐거움을 알려주고 싶었다. 다른 사람들이 그가 겪은 고통스러운 시기를 거치지 않고도 '선을 넘어갈' 수 있게 도울 방법은 없을까? '어떻게 사람들이 승리를 쉽게 쟁취할 수 있게 할 수 있을까?'

클라크는 사람들이 조깅에 빠지게 할 계획을 끄적여보기 시작했다. 사람들에게는 목표가 필요하다. 뭔가 동경해야 할 목표. 그는 5킬로미터 마라톤 완주 정도면 꽤 괜찮은 목표가 될 것이라고 생각했다. 거리는 짧지만 공식 마라톤이고, 사회적이고 경쟁적이며 재미도 있다(다시 말해 절정이다). 그리고 결정적으로, 5킬로미터 마라톤은 실현 가능한 도전 과제를 의미했다. 웬만큼 건강한 사람이라면 대부분 5킬로미터 정도는 걸어서도 완주할 수 있기 때문이다.

클라크는 이 계획에 '소파에서 5K로'라는 이름을 붙였다. 9주일간 매주 3번의 조깅으로 구성된 이 계획안은 소파에서 뒹굴거리는 게으름뱅이들이 5킬로미터 마라톤을 완주할 수 있게 변화시킬 터였다. 첫 번째 단계는 간단했다. 총 20분에 걸쳐 60초 동안 뛰고 90초 동안 걷는 운동을 반복하는 것이었다. 그런 다음 9주일에 걸쳐 운동 강도가 점진적으로 증가한다.

계획을 시험할 베타테스터가 필요했던 클라크는 어머니에게 전화를 걸었다. 어머니는 그의 제안을 별로 내켜 하지 않았다. "그 애는 나도 조깅에 끌어들이려고 했어요. 시도는 가상했죠." 그녀는 말했다. 그러나 모성애가 발동한 그녀는 결국 한번 해보기로 결심했다. 클라크의 계획은 효과가 있었다. 그녀는 "어마어마한 노력이나 정신력 없이도

할 수 있다는 데서 꽤 놀라움"을 느꼈다.

자신감을 얻은 클라크는 조깅 애호가들을 위한 자신의 웹사이트
에 운동 계획을 올렸다. 때는 1997년, 웹사이트가 막 창궐하기 시작하
던 인터넷 초창기였다. "놀라운 건, 사람들이 그 계획을 발견하고 의견
을 나누기 시작했다는 겁니다. '나는 3주 차 2일째야, 내가 어떻게 하고
있는지 알려줄게' 하고 말이죠." 클라크의 말이다.

시간이 지나자 '소파에서 5K로'에 대한 관심이 증대되고 일부 계
획은 거의 신화적 수준에 이르렀다. 프로그램의 5주째는 아예 전문용
어가 되었다. W5D3(5주 차 3일째)는 조깅 초보자가 운동 강도를 현저
하게 높여야 하는 시점이다. 그전까지는 8분 길이 달리기 2번과 1번의
걷기를 했다면 W5D3가 되면 20분 연속 달리기를 해야 한다. 그때까
지 연습하던 것에 비하면 한 번에 엄청나게 오래 달려야 하는 것이다.
초보자들에게는 상당히 겁이 나는 일이 아닐 수 없다. 한 조깅 애호가
는 '지독한 W5D3'라는 블로그 포스트에서 이렇게 썼다. "열 번도 넘게
달리기를 멈추고 걷고 싶었다. 하지만 나는 버텼다. 가끔은 속도를 아
주 늦춰서 호흡을 가다듬어야 했지만, 그래도 계속해서 뛰었다. 그리고
나는 해냈다! 이야아아아아아아앗호!"

2000년이 되자 클라크의 웹사이트에 광고가 붙기 시작했다. 그는
사이트를 쿨러닝스Cool Runnings라는 회사에 팔기로 결정했다. 소프트웨어
인터페이스 디자이너로 계속 일하는 동안 그의 발명품은 기하급수적
으로 성장해나갔다. 수백만 명의 사람들이 그의 발명품(이제 C25K라고
불리는)을 알았고 수십만 명이 거기 참가하고 있었다.

클라크는 '소파에서 5K로'가 인생을 바꿨다는 사람들로부터 수많

은 감동적인 메시지를 받았다. 그가 원한 것은 사람들에게 달리기의 즐거움을 알려주는 것이었지만, 그 과정에서 그는 자신도 모르게 결정적 순간을 창조했던 것이다.

오늘날 수십억 달러가 사람들에게 운동을 장려하는 데 소요되고 있고 그중 대부분이 낭비된다. 그러나 이 프로그램은 수천 명이 5킬로미터 마라톤을 뛸 수 있게 만들어주었다. 어떻게 그럴 수 있었을까?

'좋은 몸매 가꾸기'라는 평범한 목표는 너무 모호해서 동기를 부여하기가 힘들다. 뚜렷한 목적지도 없이 아무렇게나 길 위에 올려놓은 꼴에, 중간에 기념할 만한 특별한 순간도 없다. 한편 '소파에서 5K로'는 순간의 힘을 중요하게 여기는 구조를 갖고 있다. 첫째, 프로그램에 참여하는 것부터가 하나의 결단이다. 그것은 개인의 결심을 공개적으로 공언하는 하나의 이정표다. 지독한 W5D3를 극복하고 살아남는 것은 두 번째 이정표다("그리고 나는 해냈다! 이야아아아아아앗호!" 이것이 바로 자부심을 느끼는 자의 목소리다). 5킬로미터 완주는 고양과 교감, 그리고 긍지의 요소가 모두 포함된 절정이다. '3개월 전에는 10미터만 뛰어도 헐떡였지만 이제는 5킬로미터 마라톤에 나갈 수 있어!'

C25K 프로그램은 사람들이 도달할 수 있는 이정표를 늘려주고 그렇게 함으로써 긍지와 자부심을 높여준다. 우리의 삶과 직업에도 똑같은 전략을 적용할 수 있다. 더 많은 결정적 순간을 경험하고 싶다면 목표 설정 방식에 대해 다시 생각해봐야 할 것이다.

캄의 레벨업 전략

스티브 캄Steve Kamb은 비디오게임광이다. 거의 중독자에 가깝다. 게임의 현실도피적인 재미에 빠져 실제 삶에서 너무 많은 걸 놓치고 있지는 않은지 본인 스스로 걱정스러울 정도다. 하지만 그러다 문득 자신의 게임 중독성을 활용할 수 있을지도 모른다는 생각이 들었다. 그가 어째서 이토록 게임을 사랑하는지 이해할 수 있다면 똑같은 원리를 활용해 현실에서 "도피하기보다 현실의 모험적 특성을 중심으로" 삶을 재구성할 수 있지 않을까?

캄의 저서 『인생을 레벨업 하라Level up Your Life』는 사람들이 게임의 어떤 구조에서 즐거움을 느끼는지 설명한다. 게임이 재밌는 이유는 레벨업 시스템 때문이다. "레벨 1에서는 거미를 죽이다 거미를 충분히 많이 해치우면 다음 레벨로 올라가 쥐를 죽일 수 있다. 그리고 높은 레벨에 도달하면 **끝장나는 드래곤**(당연히 크고 굵은 글씨로 표시해야겠지)을 죽일 수 있다."

차근차근 레벨을 올려나가는 것은 기분 좋은 일이다. 어찌나 기분 좋은 일인지 심지어 게임에 엔딩이 없어도 계속할 수 있다. 앵그리 버드나 캔디 크러시 혹은 (그 점에서) 동키 콩 게임의 엔딩을 본 사람이 몇명이나 있겠는가? 그래도 사람들은 이런 게임들을 즐긴다.

캄은 우리가 최종 목표만을 공표할 뿐, 중간 목적지에 대해서는 생각하지 않는다는 사실을 발견했다. 생각해보라. 우리는 '기타를 배운다'고 선언한다. 레슨을 몇 번 받고, 싸구려 중고 기타를 사고, 간단한 코드를 몇 주일 연습한다. 그러다 사는 게 바쁘다 보니 이래저래 흐지

부지 시간이 지나고, 한 7년쯤 뒤에 다락방에서 먼지투성이 기타를 발견하고는 '다시 기타를 배워야겠어'라고 중얼거리는 것이다. 여기에는 레벨이 없다.

아일랜드 음악을 좋아하는 캄은 바이올린을 배우고 싶었다. 그래서 그는 게임에서 흔히 볼 수 있는 전략을 차용해 목표를 향해 '레벨업' 하는 방법을 떠올렸다.

레벨 1   매주 바이올린 레슨을 받고 매일 15분 동안 6개월 연습하기

레벨 2   악보 읽는 법을 배우고 크레이그 던컨의 악보책 『켈트 바이올린 음악』 떼기

레벨 3   영화 〈반지의 제왕: 반지원정대〉에 나오는 바이올린 곡 〈호빗에 관해〉 배우기

레벨 4   다른 연주자 없이 혼자서 30분간 바이올린 연주하기

레벨 5   영화 〈모히칸족의 최후〉에 나오는 곡 〈절벽〉 배우기

보스 배틀   아일랜드 술집에서 30분간 바이올린 연주하기

정말 기발한 발상이 아닌가? 그는 애매모호한 목표—바이올린 배우기—를 선택해 매력적인 목적지를 설정했다. 아일랜드 술집에서 바이올린 연주하기. 그보다 더 칭찬할 만한 점은 목적지에 이르는 길 중간에 특별히 기념할 만한 5개의 이정표를 세웠다는 것이다. 설사 레벨 3 이후에 바이올린 배우기를 그만둔다고 해도 그는 여전히 기억에 남는 긍지의 순간을 몇 개 간직할 수 있다. 캔디 크러시를 30레벨에서 중단하더라도 거기까지 가는 동안은 재미있었던 것처럼 말이다.

이 전략을 당신의 목표에도 적용할 수 있을까? 이를테면 많은 미국인이 외국어를 배우고 싶어 하지만 '스페인어 배우기'는 우리를 망설이게 하는 추상적 목표 중 하나다. 종착점도 없고, 중간 레벨도 없다. 하지만 캄이 개발한 법칙을 사용하면 훨씬 즐겁고 재미난 여정을 즐길 수 있을 것이다. 우리는 '레벨업'을 할 수 있다.

레벨 1   스페인어로 식사 주문하기

레벨 2   스페인어를 하는 택시 운전사와 간단한 대화 나누기

레벨 3   스페인어 신문을 보고 하나 이상의 제목 이해하기

레벨 4   스페인어 만화 보기

레벨 5   스페인어 유아용 책 읽기

목적지   회계부서에서 일하는 페르난도와 스페인어로 평범한 대화 나누기

   ("잘 지냈어요?" 같은 단순한 인사가 아니라 진짜 대화)

위 계획을 우리가 보통 생각하는 목표 달성 방식과 비교해보자.

레벨 1   짬 내서 스페인어 수업 듣기

레벨 2   짬 내서 스페인어 수업 듣기

레벨 3   짬 내서 스페인어 수업 듣기

레벨 4   짬 내서 스페인어 수업 듣기

레벨 5   짬 내서 스페인어 수업 듣기

목적지   언젠가, 결국에는 스페인어 '알기'

두 계획 중에서 어느 쪽이 더 재미있을 것 같은가? 만일 중간에 중단하게 됐을 때 어느 쪽이 더 다시 시작하기 쉬울까? 어느 쪽이 더 끝까지 하기 쉬울 것 같은가?

기록하지 않았으면 놓쳤을 긍지의 순간들

캄의 레벨업 전략을 이용하면 목표에 이르는 과정 중에 동기부여를 위한 중간 이정표를 무수히 늘릴 수 있다. 이는 미래지향적인 전략이다. 우리는 우리 앞길에 긍지의 순간들이 늘어서 있길 바란다. 하지만 어쩌면 그 반대의 일이 일어날 수도 있다. 우리가 진작 마주하고도 알아보지 못한 이정표들이 모습을 드러내는 것이다. 앞에서 우리는 핏빗이 사용자들의 의미 깊은 순간들을 축하한다고 말한 바 있다. 예를 들어 인도 배지는 인도 대륙의 길이인 통산 3,213킬로미터를 걸은 것을 기념하는 이정표다(3,000킬로미터여도 나쁘지 않았을 테지만 3,213킬로미터 달성이 훨씬 재미있고 기억에 남는다). 만일 핏빗이 이를 말해주지 않았다면 사용자들은 자신이 어떤 위업을 달성했는지 전혀 알지 못했을 것이다.

　하지만 이처럼 기념할 만한 성과를 알아차리고 기념하는 본능은 우리 삶의 많은 부분에서 결여되어 있다. 청소년 스포츠리그를 예로 들어보자. 시즌 내내 청소년 리그에는 자연발생한 긍지의 순간들이 산재해 있다. 학생들은 점수를 내고, 승리를 거머쥔다. 하지만 아이들의 실력 향상이라는 점에 있어서는 어떤가?

　아이들우 자신이 여러 번의 경기를 거치며 성장했다는 사실을 본능적으로 알고 있을 것이다. 하지만 그런 개인적인 발전은 점진적으로 이뤄지고 눈에 잘 띄지도 않는다. 드리블 실력이 얼마나 늘었는지 확인하려 6개월 전의 기억을 되살릴 수도 없다.

하지만 비디오 영상은 뒤로 감을 수 있다. 만약에 모든 농구 선수들이 자신의 플레이가 얼마나 발전했는지 비교할 수 있게 시즌 전-후 시합을 녹화한 비디오를 받을 수 있다면 어떨까? 아이들이 얼마나 성장했는지 누구든 직접 눈으로 확인할 수 있을 것이다. "저거 봐. 저때만 해도 난 왼손으로 드리블을 거의 못했잖아! 하하", "난 프리드로우도 못했어." 얼마나 멋진 긍지의 순간인가. "내가 이렇게 발전했다니!" 하지만 우리는 선수들에게 일생일대의 긍지의 순간을 심어줄 수 있는 본능을 지닌 코치를 1명도 보지 못했다.

서로 사랑하는 한 쌍이 커플이 기념일을 축하하는 경우는 어떨까. 기념일을 맞은 연인들은 여행을 가거나 근사한 레스토랑에서 식사를 하거나 선물을 교환한다. 고양과 교감의 순간들이다. 하지만 긍지의 순간을 만드는 건 어떤가? 연인이 이제껏 함께 성취한 것을 서로 인정하고 축하하는 것도 좋지 않을까?

우리가 아는 한 부부는 결혼하고 10년 동안 일기를 썼다. 그들은 매년 자신들이 이룬 일들을 기록했다. 침실을 다시 장식하고, 추수감사절에 친척들을 초청해 저녁식사를 대접하고. 또 그들은 부부가 함께 한 모든 여행을 기록했고, 자주 만나는 친구들에 대해 쓰고, 무엇보다 말다툼이나 싸움에 대해서도 낱낱이 기록했다.

남편은 말했다. "작년에 배우자와 크게 싸운 일을 곱씹어보는 건 겁쟁이라면 절대 할 수 없는 일이죠. 그러다 보면 다시 울화통이 터지

거든요." 그러나 지난 인생을 기록한 것은 몹시 유용한 일이었다. 부부가 이제까지 어떻게 지금처럼 깊고 긴밀한 관계를 꾸려왔는지 확인할 수 있는 증거가 되었기 때문이다. 결혼한 첫해에 두 사람은 거의 모든 것을 두고 다퉜다. 그 뒤로 3년 동안 말다툼은 서서히 줄어들었고, 5년째가 되자 간혹 사소한 티격태격 정도만 남았다. 진짜 심각한 싸움이나 충돌은 한 번도 없었다. 그들은 양념통을 두고 싸운 일을 떠올리며 웃음을 터트렸다.

그 웃음은 긍지의 순간을 의미한다. '우리가 이렇게 발전했다니!' 그리고 그 순간은, 그들이 일기를 쓰지 않았다면 발생하지 않았을 것이다.

애매한 지시보다 의미 있는 이정표를

앞에서 살펴본 사례들에서 분명한 점은 우리가 긍지의 순간을 창조할 기회를 계속해서 놓치고 있다는 것이다. '도대체' 왜 그러는 걸까?

우리의 이론은 이렇다. 그것은 우리가 일터에서 흔히 보는 목표라는 것에 세뇌당해 있기 때문이다! 사 측이 내세우는 목표란 대개 이런 식이다. "2020년까지 수익을 200억 달러까지 증진시킬 것!"(이건 심지어 현실에 존재하는 목표다. 저자들이 겪은 고위 임원진들과의 경험을 생각해볼 때, 아마 지금 이 순간에도 전 세계 수백만에 달하는 사람들이 그저 숫자가 귀에 쏙 들어와 박힌다는 이유로 선택된 이런 목표를 향해 일하고 있을 것이다.)

자, 그러면 이제 조직의 하부에도 유사한 목표들이 흘러내려간다.

"2020년까지 200억"이라는 목표를 지닌 조직 내 부서들은 이를 뒷받침하는 하위 목표를 세운다. "2018년까지 남아메리카 대륙 시장 점유율 23퍼센트 늘리기." 목표를 설정한 다음에는 또다시 실천을 위한 수많은 계획들을 짜내야 한다.

무수한 목표, 그리고 이를 실천하기 위한 계획들. 우리에게 남는 것은 무엇인가? 아무 동기도 부여하지 않고 뜻깊은 이정표도 없는 멀고 막연한 목적지다. 그 결과 "2020년까지 200억"이라는 목표는 얻을 수 있는 긍지도 보람도 없이 무지막지한 노고만을 요구하게 된다.

다소 옹호하자면, 이 같은 방식의 목표 설정 및 계획은 조직을 올바른 방향으로 이끌 수도 있다. 그러나 이런 도구들의 가치는 자기가 하는 일에 책임을 지게 하는 데 있을 뿐, 내적 동기를 부여하거나 책임자들의 경험을 개선하지 않는다.

우리는 조직의 이런 목표 설정 방식이 개인이 완전한 통제권을 지닌 일상생활에까지 스며들지 않도록 경계해야 한다. 가령 "두 달 내에 5킬로그램을 뺄 거야"는 전형적인 조직형 목표다. 독단적이고, 숫자 중심적이고, 중간 이정표가 부족하기 때문이다. 지금껏 이 책을 읽은 사람이라면 이 문제를 어떻게 해결해야 할지 알 것이다. 이정표를 세워라. 차근차근 레벨을 쌓아라. '일주일간 엘리베이터를 타지 않는다. 일주일 내내 술을 참는 대신 토요일에는 좋아하는 수제 맥주집에 가서 실컷 마신다. 조깅할 때 음악을 세 곡 연속 듣는 동안 속도를 늦추거나 걷지 않아야 새로운 세 곡을 다운받을 수 있다' 등등.

당신의 궁극적인 목표가 '5킬로그램 감량하기'가 되어서도 안 된다. 그보다는 감정적인 동기를 자극할 수 있는 목표를 선택하라. 이를

테면 '지난번에 산 섹시한 검은 바지가 배를 꼭 죄지 않고 몸에 잘 맞을 때까지' 같은 목표는 어떨까. 그러면 왠지 살을 뺀다는 목표가 유쾌해지고 날마다 목욕탕에서 몸무게를 확인하기보다 중간중간 자잘한 승리감을 느낄 수 있을 것이다.

조직 내에도 이런 활기를 불어넣어 목표와 계획이라는 명령 및 통제 문화를 상쇄시킬 방법은 없을까? 현명한 리더라면 커다란 목표를 향해 전진하는 길에 이정표를 세울 방법을 찾을 것이다. 가령 당신 팀이 삼사분기 내에 고객 만족도를 20퍼센트 상승시킨다는 목표를 갖고 있다고 하자. 설사 당신이 해당 목표나 달성 방법에 대한 통제권은 갖고 있지 않을지라도 팀원들을 위한 중간 이정표를 여러 개로 늘릴 수는 있지 않을까? (아래 예시의 경우 반드시 순차적일 필요는 없다.)

이정표 1 서비스에 만족한 고객으로부터 따스한 감사 인사 받기

이정표 2 7점 만점 고객 만족도 조사에서 일주일간 1점짜리가 하나도 없기

이정표 3 지난달 만족도 조사에서 접수된 가장 심각한 고객 불만 해결하기

이정표 4 드디어 목표의 절반 지점에 도착. 고객만족도 10퍼센트 상승시키기

어떤 이정표를 세워야 할지 알고 싶다면 이런 질문들을 던져보라. 내적 동기를 자극하는 것은 무엇인가?(따스한 감사 인사 받기) 몇 주 또는 몇 달이라는 짧은 기간 동안 달성 가능한 것 중 기념할 가치가 있는 것은 무엇일까?(가장 심각한 고객 불만 해결하기) 평소에는 눈에 잘 띄지 않지만 발굴하여 축하할 만한 성과는 무엇일까?(일주일간 고객 만족도 조사에서 1점 받지 않기)

리더십 증진하기처럼 눈으로 확인하기 힘든 성과와 관련된 이정표에도 같은 논리를 적용할 수 있다. 대부분의 조직에서 리더십 직위로 레벨업 하는 가장 분명한 길은 승진이다. 그러나 승진에 5년이 걸리거나 혹은 승진에 관심이 없거나 승진 대상이 아니라면 어떻게 해야할까? 어떻게 긍지의 순간을 제공하는 중간 이정표를 세울 수 있을까?

대규모 조직들은 역량이라는 단어를 좋아한다. 즉 특정 직무를 훌륭하게 해내려면 비전 설계, 비즈니스 감각, 데이터 분석 같은 분야에서 역량을 계발해야 한다는 얘기다(그렇다, 명칭을 보면 알겠지만 전부 지루한 일들이다). 하지만 직원들에게 비즈니스 감각을 계발하라는 애매한 지시를 내리기보다 그들이 성취할 수 있는 의미 있는 이정표를 제시한다면 어떨까? (다시 말하지만 이번에도 굳이 순차적일 필요는 없다.)

- 궁지에 빠진 제품·서비스 회생시키기
- 관리자급 임원에게 직접 보고하기
- 다른 기능부서 또는 팀과 협력해 비즈니스 문제 해결하기
- 회의나 워크숍을 주최해 뛰어난 성과를 냈다는 칭찬 받기
- 마감 시한 내에 주어진 예산 안에서 중요 프로젝트 달성하기
- 제시한 아이디어가 채택되어 회사 전체에 적용되기

위와 같은 항목들은 발전 내용을 확인하는 일반적인 체크리스트가 아니다. 왜냐하면 모든 사람과 상황에 적용할 수 있는 이정표 목록을 만들어내는 것은 불가능하기 때문이다. 그보다 위에서 언급한 이정표들은 당신이 성취할 수 있는 각각의 영역을 가리킨다. '여기 당신이 가진

기술을 활용해 조직 내에 당신의 가치를 증명할 수 있는 방법들이 있다. 이를 성공시킨다면 우리는 기꺼이 당신에게 찬사를 보낼 것이다.'

긍지의 가시화

이정표에 도달하면 자부심이 솟는다. 기쁨이 솟구치고, 고양의 순간이 창조된다(이정표와 전환점, 구덩이는 각별한 관심이 필요한 자연발생적인 결정적 순간이다). 이정표는 절정이 될 수 있다.

보이스카우트는 이러한 개념을 가장 잘 이해하는 단체 중 하나다. 지난 100년간 유지되어온 스카우트 메리트 배지^{Merit Badges} 프로그램은 다양한 이정표를 제시하고 그에 도달한 것을 축하하는 좋은 예시다. 단원들은 스카우트 진급식^{Court of Honor}에 모인 모든 동료들 앞에서 업적을 인정받고 메리트 배지를 수여받는다. 그것은 절정의 순간이다. 가라데를 배우는 사람들도 초보자를 뜻하는 흰 띠에서 전문가를 의미하는 검은 띠에 이르기까지 승단을 하게 되면 여러 사람들 앞에서 띠를 수여받는 의식을 치른다.

평생 뭔가에 열정을 바친 이들은 의식적이든 그렇지 않든 대개 이와 비슷한 의식을 치른다. 2013년에 한 리서치 회사의 임원이자 세 자녀의 아버지인 스콧 에틀^{Scott Ettle}은 친구가 추천해준 아론 버^{Aaron Burr}에 관한 책을 읽게 되었다. 버는 미국의 3대 부통령으로 결투 중에 알렉산더 해밀턴을 죽인 것으로 유명한데, 그 책에서는 버를 미국의 영웅으로 그리고 있었다. 그러다 몇 주일 뒤에 에틀은 데이비드 맥컬러프^{David}

McCulough가 쓴 유명한 존 애덤스^{John Adams} 평전을 읽었는데, 여기서는 버의 부정적 측면이 조명되어 있었다.

에틀은 곧이어 조지 워싱턴^{George Washington}의 평전을 읽었고, 당연하지만 이 책은 맥컬로프의 책과는 또 다른 시선으로 존 애덤스를 묘사하고 있었다. 세 번째로 동시대 동일 인물에 관한 책을 읽다 보니(워싱턴과 애덤스, 버는 모두 동시대 인물이다), 에틀은 이제 학교에서 배운 것과는 전혀 다른 관점으로 역사를 바라보게 되었다. 역사적 인물에 대한 묘사와 분석이 평면적 또는 모순적으로 느껴지기보다 입체적으로 이해되기 시작한 것이다.

그는 여기에 매료되었다. 언제나 역사를 좋아하긴 했지만 여러 시점의 평전들은 그의 열정에 일종의 질서를 가져다주었다. 어느 날 에틀은 가족들에게 모든 미국 대통령의 평전을 취임 순서대로 독파하겠다고 선언했다. "그건 단순히 역사를 좋아하는 것을 넘어 하나의 임무가 되었습니다." 그는 말했다. 그리고 그의 앞날에는 45개의 이정표가 놓여 있었다.

에틀은 첫해에 8~9권의 평전을 독파했다. 밀러드 필모어^{Millard Fillmore}(미국의 13대 대통령-옮긴이)의 평전에서 조금 주춤했다면 러더퍼드 B. 헤이스^{Rutherford B. Hayes}(미국의 19대 대통령-옮긴이)에서는 거의 제자리걸음을 면치 못했다. "당신이 상상할 수 있는 최악의 책이죠." 에틀이 그 책을 읽는 데 거의 1년이 걸렸다.

시간이 지나면서 그의 여정도 진화하기 시작했다. 에틀은 평전 1권을 완독할 때마다 미국 조폐국에서 발행한 해당 대통령의 기념주화를 구입했다. 그것은 그의 진척 상황을 가시적으로 보여주는 상징이었는데, 얼마 후에는 친척들이 대통령의 서명을 구입해 선물로 주기 시작했다.

프롤로그에서 언급한 오래된 상장과 반쪽 티켓 조각과 일기장으로 채워진 보물상자가 기억나는가? 에틀의 보물상자는 여러 권의 하드커버 책과 기념주화, 그리고 오래된 서명들로 채워졌다. 그것은 그가 미국 역사를 따라 행군한 흔적이었고, 그런 기념품에 기록된 긍지의 순간은 기분 좋은 것이었다.

여권을 꺼내보라. 페이지를 넘기며 다양한 국가의 입국 스탬프를 보고 있노라면 왠지 흐뭇해지지 않는가? 오래된 잉크 자국에 불과하건만 그때의 행복했던 기분이 밀려오는 것 같지 않은가? (그런 느낌을 유지할 수 있게 비행기표를 보물상자용 아이템으로 디자인한다면 좋을 것 같다. 샌프란시스코행 비행기표에 금문교를 넣는다거나 하는 것처럼 말이다. 하지만 그러기는커녕 우리는 구식 도트형 프린터로 찍은 것 같은 보기 흉한 항공권이나 받고 있다.)

에틀은 현직 대통령에 이르려면 한 2~3년은 더 걸릴 것으로 예상하고 있다. "내가 죽지 않는 한 반드시 끝까지 해낼 겁니다." 그는 다짐했다.

현직 대통령의 평전을 끝내고 나면 그는 가족들과 함께 전국에 흩어져 있는 미국 대통령들의 기념 도서관 및 박물관을 도는 여행을 할 예정이다. 하나의 여정이 끝나면 또다시 새로운 여정이 시작되는 것이다! (비록 그 아이디어는 에틀의 자녀들의 솜씨인 것 같지만.)

오기를 이끌어내는 이정표 효과

다음 그래프는 시카고 대학의 조지 우 George Wu가 정리한 것이다. 시카고 마라톤에서 베를린 마라톤에 이르기까지 마라톤 주자 9백만 명의 완주 시간을 요약 정리한 것으로, 대부분의 완주 시간은 3.5시간에서 5시간 사이이다.

그래프의 형태를 자세히 살펴보라. 수직선으로 표시된 부분은 임계점이다. 4:00, 4:30, 5:00. 많은 주자들이 임계점 직후가 아니라 직전에 결승점을 통과했음을 알 수 있다(특히 이는 4시간 지점에서 가장 두드러진다).

이것을 '이정표 효과 milestone effect'라고 한다. 주자가 힘들고 지친 상태에서도 4시간 기록을 초과하는 것을 참을 수 없어 마지막 500미터에

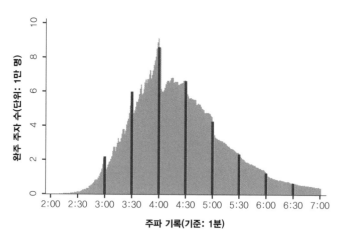

주파 기록(기준: 1분)

참고: 검은 선은 30분 단위로 구분된
각 임계점 직전의 밀집 상태를 나타낸 것이다.

전력을 쏟아붓는 것이다. 이정표는 철저하게 자의적 기준으로 결정된다. 3시간 59분 59초와 4시간은 실질적으로 그리 큰 차이가 없다. 하지만 이 책을 읽는 사람이라면 누구나 이 둘의 차이를 알 것이며, 우리 저자들도 마찬가지다(저자 중 하나는 때때로 만보기의 만 걸음을 채우기 위해 한밤중에 침대 주위를 걸어 다닌다. 그게 무슨 짓이냐고 생각하겠지만, 사실이다).

우리는 모두 이정표를 사랑한다. 이정표는 우리가 결승점에 도달하게 한다. 이정표에 도달하고자 하는 욕망은 우리에게 마지막 한 걸음을 내딛는 오기를 이끌어낸다. 마라톤 코스를 4시간 내에 완주하기 위해 마지막 500미터 구간에서 전력 질주를 하고, 하루 만 걸음을 채우기 위해 강박적으로 방 안을 걸어 다닌다.

컴퓨터과학 교수이자 저자인 칼 뉴포트Cal Newport는 수년에 걸쳐 성공한 사람들의 습관을 연구했다. "내 경험에 따르면 사회적으로 성공한 사람들에게서 거의 예외 없이 발견되는 공통점은 목표를 완수해야 한다는 강박이다. 어떤 프로젝트가 있을 때, 이들은 거의 강박적으로 그것을 완수해야 한다는 생각에 시달린다."

성공은 결승점에 도달하기 위한 노력에서 비롯된다. 이정표는 우리가 최후의 채찍질을 할 수 있게 강요한다. 왜냐하면 ①손만 뻗으면 잡을 수 있고, ②애초에 우리가 그것을 선택한 것도 그럴 만한 값어치가 있기 때문이다. 이정표는 실현 가능하고 노력할 가치가 있는 결정적 순간을 가리킨다.

보이스카우트 단원은 하루 이상 활쏘기 연습을 하고 시험을 통과하면 양궁 배지를 받을 수 있다. 스콧 에틀이 밀러드 필모어의 평전을 지겨워히면서도 끝까지 읽은 이유는 그다음에 링컨이 기다리고 있음을 알고 있기 때문이었다. 그들은 결승점을 향해 나아간다.

그러나 진짜 중요한 점은 따로 있다. 결승점은 하나가 아니다. 우리는 중간 이정표를 늘림으로써 길고 무료한 경주를 수많은 중간 결승점이 있는 과정으로 바꿀 수 있다. 각각의 중간 결승점을 통과할 때마다 우리는 긍지와 자부심을 느끼고 새로운 에너지를 충전해 다음 결승점을 향해 나아가는 것이다.

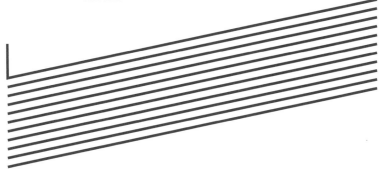

Chapter 8 용기 내는 연습

두려움을 삼키는 연습

1960년 2월 13일, 존 루이스John Lewis와 앤절라 버틀러Angela Butler, 다이앤 내시Diane Nash가 이끄는 일군의 흑인 학생들이 내슈빌 시내에 있는 몇몇 간이식당에 몰려가 백인 전용석을 차지하고 앉았다. 그렇게 흑백분리 정책에 항의하는 내슈빌 연좌시위가 시작되었다.

"학생들은 교회에 갈 때처럼 좋은 옷을 차려입었습니다." 현재 조지아주 하원의원으로 재직 중인 존 루이스는 PBS 인권운동 프로그램인 '목표를 향해Eyes on the Prize'에서 이렇게 말했다. "우리는 거기 앉아 공부를 하거나 과제를 했습니다. 우리한테선 주문을 받지 않았으니까요. 매니저는 아예 식당을 닫아버리라고 지시했죠."

"처음에 연좌시위를 했을 때는 아주 재미있었죠. 웨이트리스들은 당황해서 어쩔 바를 몰랐고요. 그날 하루에 떨어뜨린 접시만 2,000달러어치는 됐을 거예요." 다이앤 내시의 말이다. "무슨 만화영화 같았다니까요. 놀라서 접시를 줍다가 떨어뜨리고, 그걸 주우려다 또 하나 떨어뜨리고……."

연좌시위에 참여한 학생들은 전원 침착하고 예의바르게 행동했고 아무런 사고도 없이 집으로 돌아갔다. 다음 주에 열린 두 번째 시위도 마찬가지였다. 그러나 세 번째인 2월 27일, 드디어 위협 수위가 높아지기 시작했다. 흑인 학생들은 가게에 모인 백인 청년들로부터 야유를 받거나 괴롭힘을 당했다. 몇몇은 과감하게 학생들이 앉아 있는 의자를 잡아 빼며 공격을 감행하기도 했다. 폭력사태를 진정하기 위해 투입된 경찰은 흑인 학생 77명을 배회 및 치안문란 행위로 체포했다. 반면에 흑인 학생들을 공격한 백인은 아무도 체포되지 않았다.

체포된 학생들은 치안문란 죄목으로 유죄판결을 받았고, 존 루이스는 50달러 벌금을 거부하고 한 달간 감옥에 수감되었다. 그동안 자식들의 체포로 충격을 받은 부모들이 또 다른 참신한 아이디어로 흑인 사회를 결집시켰다. 흑백분리를 시행하는 상점에 불매운동을 하는 것이었다. "우리가 바꾸고자 하는 시스템을 지지하는 것을 중단해야 합니다." 학생운동가인 레오 릴라드Leo Lillard가 말했다. "내슈빌 시내 상점에 손님들이 줄면 위기감을 느낀 가게 주인들이 시장에게, 내슈빌의 정치적 구조에, 법제와 규정을 수정하라는 압력을 가할 것입니다."

그러다 4월 19일 이른 아침, 흑인 학생들의 변호를 맡은 알렉산더 루비Alexander Looby의 집에 누군가 폭탄을 던졌다. 거대한 폭발이 일어났다. 길 건너편에 있던 대학교 기숙사 건물의 창문 147장이 모조리 산산조각 날 정도였다. 다행히도 루비와 그의 아내는 집 뒤쪽에 있는 침실에서 자고 있어 무사할 수 있었다.

암살 시도는 흑인 사회의 공분을 일으켰다. 흑인 리더들이 이끄는 시위대가 시청으로 몰려갔다. "사람들이 모이기 시작하고, 우리는 행진을 시작했습니다. 식당에서, 학교에서 학생들이 뛰쳐나와 행렬에 합류했지요." C. T. 비비안^{C. T. Vivian} 목사의 말이다. "제퍼슨로^路가 사람들로 가득 메워졌습니다. 중간에 점심을 먹고 나온 노동자들을 지나쳤는데, 다들 백인이었죠. 그들한텐 생전 처음 보는 광경이었을 겁니다. 흑인들 4,000명이 대로를 가득 메우고 행진하고 있었으니까요. 사방은 고요했고, 들리는 건 우리의 발소리뿐이었죠. 백인 노동자들은 당황해서 뒷걸음질치며 벽에 붙어서는 멍하니 우리를 바라봤습니다. 그들의 얼굴에는 두려움이, 경외감이 떠올랐죠. 정말 놀라서 어쩔 줄을 모르더군요. 하지만 그들도 우리를 멈출 수 없다는 건 알고 있었죠. 농담으로 웃어넘길 일이 아니라는 것도 알았고요."

시청 건물로 오르는 계단 위에서, 비비안 목사와 다이앤 내시는 내슈빌의 시장 벤 웨스트^{Ben West}와 대면했다. 뒤에서는 시위대가 점점 더 불어나고 있었다. 내시가 말했다. "웨스트 시장님, 인종이나 피부색으로 사람들을 차별하는 것이 잘못된 일이라고 생각하십니까?" 웨스트는 그렇다고 시인했다. 내시가 말을 이었다. "그렇다면 간이식당의 분리정책은 폐지되어야 하는 게 아닐까요?" "그렇습니다." 웨스트 시장이 대답했다.

시장의 대답에 많은 백인들이 울분을 토해냈지만, 그럼에도 그로부터 3주일 후 내슈빌의 간이식당들은 흑백분리정책을 폐지했다. 이제 흑인 고객들은 생전 처음으로 백인들과 나란히 앉아 식사를 할 수 있었다. 내슈빌의 흑백분리정책 폐지는 미국 흑인인권운동 사상 최초의 거대한 승리 중 하나였다.

이 승리의 기저에는 용기가 있었다. 비난과 치욕, 폭력을 감수하고 차별적인 취급에 저항하다 투옥되더라도 이를 기꺼이 수용할 의지를 지닌 학생들의 용기 말이다. 백인 전용석에 버티고 앉아 있던 것은 그들의 인생에서 가장 결정적 순간 중 하나였다. 그리고 흑인 학생들의 그러한 노력은 미국이라는 국가의 결정적 순간이 되었다.

사람들이 잘 모르는 사실은 연좌시위 참가자들이 단순히 용기를 발휘한 것이 아니라 그것을 미리 '연습'했다는 것이다. 그들은 사전에 훈련을 했다. 여기서 우리는 시민권 운동의 또 다른 유명인사인 제임스 로슨James Lawson을 소환해야 한다.

감리교 목사인 로슨은 마하트마 간디의 비폭력저항운동을 배우러 인도를 방문했다. 그러고는 내슈빌에 정착해 루이스와 내시를 포함해 후에 흑인 인권운동에 앞장설 이들을 훈련시키기 시작했다. 로슨은 저항운동에 앞서 미리 준비를 단단히 해야 한다고 믿었다. "각자 원하는 게 다른 사람들을 데리고 시위를 할 수는 없습니다. 어떤 목표가 있고 그걸 이루고자 한다면 참가자는 모두 똑같은 규율을 따라야 합니다. 제가 보기엔 그게 가장 핵심입니다. 비폭력적인 시위자들과 일할 때 가장 어려운 점은 그들이 엄격한 훈련과 규율이 얼마나 중요한지 모른다는 겁니다."

내슈빌에서 로슨은 시위 참가자들을 훈련하는 워크숍을 열었다.

"그는 사람들에게 다양한 돌발 상황에서 어떻게 행동해야 하는지를 가르쳤다. 어떻게 배회금지법을 피할 수 있는지, 간이식당을 어떻게 질서 정연하게 들락거리고 화장실에 가고 싶을 때는 어떻게 대타를 세워야 하는지, 심지어 어떤 옷을 입어야 하는지까지도 가르쳤다. 여성들은 스타킹과 굽 높은 구두를 신었고 남자들은 코트를 입고 넥타이를 맸다." 역사가 테일러 브랜치Taylor Branch는 이렇게 썼다.

그러나 로슨은 말로만 학생들을 가르친 게 아니다. 그는 학생들에게 직접 역할극을 해봐야 한다고 강조했다. 로슨은 시내에 실재하는 간이식당을 따와 무대를 설치하고 학생들을 의자에 앉혔다. 그러면 로슨의 동료인 백인들이 옆에서 학생들의 사적 공간을 침해했다. 그들은 학생들에게 인종차별적인 모욕을 퍼부었다. 몸을 기울여 얼굴을 바짝 들이대고 욕설을 내뱉었다. 어떤 이들은 흑인 학생들의 머리카락에 담뱃재를 털기도 했고, 의자에 앉아 있는 학생들을 바닥으로 밀치고 손으로 떠밀거나 옷을 잡아당기기도 했다.

모의 연습은 잔인했지만 반드시 필요한 절차이기도 했다. 로슨은 학생들이 싸우고 대항하고 싶은 본능을 참을 수 있길 바랐다. 자신들을 괴롭히는 백인들과 맞서 다투거나 도망치고 싶은 충동을 억누를 수 있길 바랐다. 존 루이스와 그의 동료들이 내슈빌 시내에 있는 간이식당에 몰려갔을 때, 그들은 이미 만반의 준비가 되어 있는 상태였다. 그들은 뛰어난 자제력과 훌륭한 예의범절을 갖추고 있었고, 그러면서도 결코 물러서지 않았다. 내심 겁이 나는 것은 어쩔 수 없지만 두려움을 삼키는 법을 배웠다. 마크 트웨인의 말처럼 "용기란 두려움을 느끼지 않는 것이 아니라 두려움에 저항하고 그것을 정복하는 것이다."

용기를 내야하는 순간과 마주했을 때

인생에서 가장 자랑스러웠던 순간에 관해 말할 때, 사람들은 사랑하는 이들로 운을 떼는 경향이 있다. '내가 결혼한 날. 내 아이가 태어난 날. 내 아이가 대학을 졸업한 날.' 이것은 자연발생적인 결정적 순간이다.

또한 사람들은 자신이 뭔가를 성취한 긍지의 순간에 대해서도 자주 말한다. 장애물을 극복하고, 승리를 이룩하고, 성공을 거머쥔 순간들. 앞에서 우리는 이런 순간들을 창조하는 방법을 배웠다. 첫째, 다른 사람들의 성취를 인정할 것, 그리고 두 번째로는 목표로 가는 길에 놓인 이정표의 수를 늘릴 것.

다시 말해 우리는 사랑하는 사람들을 통해 긍지를 느끼고, 내가 성취한 일을 통해 자부심을 느낀다. 하지만 이것만으로는 뭔가 부족하다. 사람들이 또 다른 긍지의 순간을 어떻게 표현하는지 보라. '내가 그 사람을 위해 나섰어. 어렵고 힘든 와중에도 굳건히 버텼어. 내가 믿는 것을 위해 저항했어. 도망치고 싶은 마음을 꾹 참았어.' 이런 정서를 성취라고 부르기는 힘들다. 적어도 상패나 수료증을 만들어 걸어놓을 만한 것은 아니다. 그보다는 용기를 낸 순간이라고 말해야 할 것이다.

용기를 낸 순간은 우리가 이 챕터에서 만난 다른 어떤 순간들보다도 창조하기가 어렵다. 다른 사람을 인정하고 치하할 때 우리는 그 순간을 선택할 수 있다. 목표를 달성하기 위한 중간 이정표를 언제, 그리고 어떻게 늘릴지도 선택할 수 있다. 그러나 용기가 필요한 순간은 대개 예기치 못한 때에 찾아오기 마련이다. 눈 깜짝할 사이에 날아와 순식간에 우리의 허를 찌른다. 이런 순간들은 너무나도 자주 우리 옆을 흘러 지나가고, 우리는 시간이 지난 후에야 '그때 그 말을 했어야 했는데, 이렇게 행동했어야 하는데' 하고 후회하는 것이다.

'용기의 순간'을 만들 수는 없다. 하지만 대신에 이번 장에서는 그런 용기의 순간을 연습하는 방법에 대해 알아보자. 그리하여 그런 순간과 마주쳤을 때 준비되어 있도록 말이다.

이 개념을 특히 잘 이해하고 있는 곳은 군대다. 심리학자인 S. J. 라흐만S. J. Rachman은 군사훈련에 관한 보고서에서 이렇게 썼다. "이른바 '담력훈련'은 소방수나 공수부대처럼 위험한 직업을 가진 사람들을 훈련시키는 데 중요한 역할을 수행한다."

라흐만은 북아일랜드 분쟁 당시 사제폭발물 해체 임무를 맡은 병사들을 연구했다. 당연하지만 폭탄 해체는 굉장히 위험한 임무다. 1969년부터 1981년 사이 31,000개 이상의 사제폭발물이 발견되었고, 17명의 폭발물처리 대원들이 임무 수행 중 사망했다.

라흐만은 "담대한 행위를 성공적으로 연습"하는 것은 두려움을 감소시키고 자신감을 북돋는다고 적었다. 초보 폭발물처리병은 현장에서 겪을 수 있는 것과 유사한 상황으로 구성된 훈련 프로그램을 받는데, 이런 훈련이 자신감에 미치는 영향은 놀라울 정도다. 모의훈련을 완료한 병사들은 실전 경험이 풍부한 병사들과 비교해 거의 80퍼센트에 근접한 자신감 수준을 보고했다. 아직 현장에 나가 진짜 폭발물을 해체한 경험이 없는 사람치고는 놀랄 만한 수준의 자신감이다(그렇다고 이들이 순진한 낙관주의에 빠져 있는 것도 아니다. 그들은 폭발물제거 임무의 위험성에 대해 숙련된 병사와 비슷한 평가를 내렸다).

사전 훈련이 이토록 강력한 위력을 발휘할 수 있는 이유는 무엇인가? "조우 가능성이 높은 위험한 임무에 대한 점진적이고 단계적인 연습은 특히 중요해 보인다"고 라흐만은 말한다.

그가 지적한 "점진적이고 단계적인 연습"은 노출 치료의 특징이기도 하다. 노출 치료는 공포증(비이성적인 두려움)을 줄이는 가장 효과적인 방법이다. 제이슨 미스트코프스티^{Jayson Mystkowski}가 이끄는 연구진은 거미공포증이 있는 사람들에게 노출 치료를 시도했다. 실험을 시작했을 때, 참가자들은 유리 용기 안에 든 독거미에 가능한 한 가까이 접근해보라는 지시를 받았다. 참가자들은 대부분 약 3미터 거리 앞에서 걸음을 멈췄다.

그들은 실험이 진행되는 동안 14단계에 걸쳐 용기를 내는 법을 연습했다. 각 단계는 먼저 연구자가 시범을 보이면 마음의 준비를 마친 참가자가 그 과제를 똑같이 수행하는 식으로 진행되었다. 다음 예시를 보자.

1단계 유리용기 안에 갇힌 독거미에 1.5미터 거리까지 다가가기

3단계 독거미가 담겨 있는 용기의 반대쪽 벽에 손바닥 대기

7단계 작은 붓으로 독거미를 건드려 5번 방향 바꾸기

9단계 두꺼운 장갑을 낀 손에 독거미 올려놓기

이 계획이 기본적으로 레벨업 원칙을 따르고 있다는 걸 알아차렸는가? 각 단계는 확고하고 자부심 넘치는 순간으로 구성되어 있다("안 믿을지도 모르지만, 나 오늘 거미 만졌다! 진짜야. 붓으로 건드린 거긴 하지만 그래도 내가 거미를 만졌다니까!").

기나긴 여정을 거쳐 14단계에 이르면 마침내 이 여정은 결실을 맺는다. 14단계는 거미가 맨손 위를 기게 하는 것이다. 자, 생각해보도록. 거미공포증을 가진 사람들이 14단계까지 오는 데 얼마나 걸릴 것 같은가? 커다랗고 털이 부숭부숭한 독거미가 손바닥 위를 천천히 기어가는데도 가만히 있을 수 있게 되기까지 시간이 얼마나 필요할까? 몇 주일? 몇 달?

2시간이다. 그것이 거미공포증을 가진 이들이 14단계에 이르는 데 걸리는 평균 시간이다. 놀라운 점은 모든 참가자들이 성공했다는 것이다. 그리고 그보다 더 인상적인 것은 그들이 그로부터 6개월이 지난 후에도 여전히 거미를 손으로 만질 수 있었다는 사실이다. "노출 치료를 받기 전에 참가자 중 몇 명은 거미가 무서운 나머지 잔디밭을 걷지도 못하고, 거미가 있다는 생각이 들면 며칠간 집이나 기숙사에 들어가지도 못했습니다." 논문의 주 저자인 카테리나 하우너 Katherina Hauner 는 이렇게 말했다.

우리도 종종 실생활에서 이런 노출 치료를 한다. 어린아이가 개를 무서워하면 부모들은 어떻게 달래는가? "저 비글이 뭐 하나 좀 보렴, 참 귀엽지 않니? 강아지가 장난감 갖고 노는 거 볼래? 지금 저기 앉아 있네. 한번 쓰다듬어볼래? 강아지는 간식을 좋아해. 우리 간식 하나 줘볼까?" 조금만 있으면 아이는 새로운 절친을 사귀게 될 것이다.

노출 치료의 목표인 두려움 극복은 용기를 내는 데 필요한 결정적 부분이다. 인권운동가들과 폭탄처리반 대원들은 두려움을 다스려야 성공할 수 있다. 그러나 용기를 내는 것은 단순히 두려움을 억누른다고 되는 것이 아니다. 그 순간에 어떻게 행동할지 미리 정확히 알고 있어야 한다.

제이슨 로슨이 학생들에게 "어떻게 배회금지법을 피할 수 있는지, 간이식당을 어떻게 질서정연하게 들락거리고 화장실에 가고 싶을 때는 어떻게 대타를 세워야 하는지" 등을 가르쳤던 게 기억나는가? 그의 워크숍은 학생들을 단순히 감정적으로 단련시킨 것이 아니다. 훈련은 학생들에게 정신적인 예행연습을 시켰다. 시위자들은 자신이 특정 상황에서 어떻게 반응할지 예측할 수 있어야 했고, 그런 점에서 미리 대응책을 세우고 사건이 발생했을 때 재빨리 적절한 행동을 취했다.

심리학자 피터 골위처Peter Gollwitzer는 이 같은 사전 결정이 사람들의 행동에 어떤 영향을 끼치는지 연구했다. 그의 연구에 따르면 어떤 사항에 대해 정신적으로 미리 결정을 내려놓은 경우—만일 X가 일어난다면 나는 Y를 하겠다—그런 계획이 없는 사람들보다 목표 달성에 유익한 행동을 취할 가능성이 현저히 증가한다. 예를 들어 어떤 사람이 술을 줄이겠다고 결심했다고 하자. '웨이터가 한 잔 더하겠느냐고 물으면 탄산수를 주문해야지.' 그는 같은 목표를 갖고 있지만 구체적인 사전 계획은 없는 사람보다 웨이터의 제안을 거절할 확률이 더 높다.

골위처는 이 같은 계획을 '실행 의도'라고 지칭했다. 계획을 실행하는 단초가 되는 조건은 대개 시간이나 장소처럼 단순하다. '오늘은 퇴근하고 곧장 체육관에 운동하러 가야지.' 이런 사전 계획의 효과는 입이 떡 벌어질 정도다. 실행 의도를 설정했을 때 학생들이 마감 시한 내에 과제를 제출할 확률은 두 배로 뛰었고, 특정 달에 유방암 검사를 받은 여성의 숫자도 두 배로 늘었으며, (무엇보다) 무릎이나 허리 수술을 받은 환자들의 회복 기간은 절반으로 줄었다. 그 정도로 자신의 반응 행동에 대한 사전 결정의 위력은 엄청나다.

그런데도 사전 결정은 조직—용기 있는 행동이 필요한—내에서 자주 간과된다. 동료들이나 고객이 누군가를 업신여기거나, 음담패설을 하거나 비윤리적인 일을 제안할 때, 우리는 순간 당황해 아무 대응도 하지 못한다. 그러고는 10분 후에야 왜 그때 아무것도 하지 못했는지 자책하는 것이다. 그렇게 우리는 기회를 놓친다.

이런 잦은 기회 상실은 메리 젠타일Mary Gentile이 학교의 윤리 교육 방식에 관해 재고하는 계기가 되었다. 버지니아 대학 다든 경제대학원 교수인 젠타일은 우리의 윤리 교육이 "무엇이 옳은 일인가?"라는 질문을 중심으로 구성되어 있음을 깨달았다. 하지만 사람들은 무엇이 옳은지 대개 알고 있다. 진짜 어려운 부분은 판단에 따라 실제 행동하는 것이다.

"행동에 옮기는 게 왜 어려운지는 누구나 알 겁니다." 젠타일은 말했다. "눈에 너무 띨 것 같고, 자신이 너무 순진한 건 아닌지, 뭔가를 잘못 안 건 아닌지 걱정되고(혹은 그렇게 믿고 싶고), 말해 봤자 상사가 과연 내 말을 들어줄지 모르겠고, 이의제기를 했다가 반박을 당할까 봐 두렵고, 그럴 때 뭐라고 말해야 할지도 모르겠고, 남들이 나를 따돌리거나 팀 분위기를 망치는 사람으로 볼까 봐 두려워하죠."

그녀는 윤리 교육이 '무엇이 옳은 일인가'가 아니라 '어떻게 옳은 일을 할 것인가?'에 초점을 맞춰야 한다고 주장한다. 그녀가 개발한 가치관에 따른 행동Giving Voice to Values 커리큘럼은 현재 1,000곳이 넘는 학교 및 조직에서 활용되고 있다.

젠타일이 내세우는 전략의 핵심은 바로 연습이다. 먼저 윤리적 문제가 발생하는 상황을 가정하고 이에 대한 예상 변명들을 나열한다. 그런 다음 그에 대한 반응 또는 행동에 대한 각본을 쓰는 것이다. 마지막으로 그 각본을 동료들과 함께 연습한다.

조직 내에 윤리적 문화를 배양하고 싶은 리더라면—허울뿐인 가치관 선언을 말로만 떠들기보다—젠타일의 이론을 활용하여 연습을 우선시할 것이다. 왜냐하면 비윤리적 행동을 유발하는 상황은 대체로 예측이 가능하기 때문이다. 성과에 대한 무자비한 압박과 무관심한 관리가 맞물리면 막다른 길, 또는 적나라한 사기(은행들의 불명예스러운 스캔들을 생각해보라)로 이어진다. 불분명한 책임 소재와 무분별한 요구는 사고를 초래하며, 리더의 편견이나 편협성, 성차별주의는 그런 사고를 허용하는 환경의 뿌리가 되고 결국 차별로 이어진다.

위에서 든 보기들은 특별하거나 이례적인 현상이 아니다. 실제로 매우 흔한 일이고 따라서 미리 예상한다면 방지할 수 있는 일이기도 하다. "운동선수가 연습을 통해 몸이 자동으로 움직이게 단련하는 것처럼, 여기서 핵심은 우리의 가치관을 기본적인 것으로 표명하는 것입니다." 젠타일의 말이다.

용기는 전염된다

예시바 대학의 신학과 학생들은 랍비가 됐을 때 직면할 수 있는 상황에 대비하기 위해 여러 가지 어렵고 난감한 상황을 설정해 배우들과 역할극을 한다. 《뉴욕 타임스》의 폴 비텔로Paul Vitello의 기사에 따르면 그들의 예행 상황들은 복잡하고 감정적이다. 자해 성향이 있는 10대 청소년과의 대화, 남들의 무시와 경멸에 낙담한 노인 달래기, 아동학대 희생자와 상담하기, 남편에게 아내가 시나고그(유대인 교회-옮긴이)에서 동맥류로 사망했다는 소식 통보하기 등등.

24세의 신학도 벤자민 후벤Benjamin Houben은 위에서 나열한 사례들 중 마지막 시나리오를 받았다. 비텔로는 그 장면을 이렇게 묘사했다. "연기를 앞두고, 후벤은 문 앞에서 잠시 발을 멈추고 죽음에 대한 감정을 다잡았다. 그가 곧 어떤 소식을 전할지 얼굴에서 드러나길 바라며 애도의 표정으로 방 안으로 들어섰다. 그러나 상대 배우는 그를 도와줄 생각이 없었다. 그는 후벤이 전하는 소식을 들었고, 잠시 후 후벤의 말에 따르면 '엄청난 실력'으로 절망했다. 후벤은 그때를 다시 떠올리는 것만으로도 고통스러운 것 같았……. 그의 말에 따르면, 그가 이 예행 연습을 통해 얻은 교훈은 다음과 같다. 사람들은 당신의 말을 믿지 않을지도 모른다. 사람들이 충격적인 소식을 받아들이는 데에는 꽤 오랜 시간이 걸릴 수 있다. 그리고 그 이후에는 점점 더 악화된다."

원래 이 역할극에는 배우들이 없었다. 학생들끼리만 하던 것이었다. 하지만 그러다 보니 문제가 생겼다. "진짜처럼 느껴지지가 않았죠." 신학과 학과장인 메나헴 페너Menachem Penner의 말이다. "교육적 효과는 있었지만 경험으로 삼기엔 부족했습니다. 책에서 읽는 것과 직접 체험해보는 것은 전혀 다르죠. 배우들은 긴장감을 새로운 수준으로 끌어올렸고, 이 활동을 중요하게 만들었습니다."

용기 내는 연습에 있어 가장 중요한 점은 연습을 하려면 용기가 필요하다는 것이다. 내슈빌 연좌시위를 연습할 때, 제임스 로슨의 백인 동료들은 흑인 시위자들에게 욕설을 퍼부었다. 조롱했다. 위협적으로 밀치기도 했다. 페너 랍비의 신학도들은 울고 절규하고 심리적으로 무너진 신도들을 상대해야 했다. 학생들은 머리로는 이것이 실제 상황이 아님을 알고 있었지만 그 순간만큼은 진짜처럼 느꼈다.

학생들은 신도들과의 난처하고 까다로운 대화와 같은 예행 연습을 통해 자신감을 쌓았다. "한 번이라도 그런 상황을 미리 연습해본 학생들은 실제 상황을 마주했을 때 훨씬 마음의 준비가 되어 있습니다." 페너 랍비는 말했다. 트라우마적 상황에서 상담을 권하려면 용기가 필요하고, 그런 용기는 연습을 통해 다질 수 있다.

회사 조직에서는 이처럼 암울한 상황은 거의 없겠지만 극도로 감정적이고 불안한 대화를 나눠야 할 때가 있을 것이다. 권위적이고 포악한 상사에게 어떻게 대항할 것인가? 중요 고객의 요청을 어떻게 거절할 것인가? 격렬하게 반발할지도 모르는 직원을 어떻게 순조롭게 해고할 수 있을까? 지금까지 충성스럽게 일했지만 더 이상 회사가 필요치 않게 된 직원을 어떻게 정리 해고할 것인가? 어떤 분야가 됐든 그에 따른 독특한 감정적 상황은 존재하기 마련이다. 항공사 데스크 직원들은 90초 차이로 환승편을 놓쳐 화가 난 고객을 달래야 한다. 교사는 학부모에게 그들의 자녀가 불량 행동을 했다고 알려야 한다. 자산 관리사는 홀로 사는 노부인에게 주식시장이 붕괴해 자산의 5분의 1이 날아갔다고 말해야 한다.

연습은 힘들고 어려운 순간에 우리를 무너뜨릴 수 있는 불안감을 잠재워준다. 선한 의도도 연습 부족일 때에는 좌절되는 법이다. 예를 들어 1983년에 시작된 약물남용 방지교육 프로그램인 D.A.R.E.^{Drug}

Abuse Resistance Education는 경찰을 학교에 초청해 마약의 폐해에 대해 설명하고 학생들에게 마약에 절대 손대지 말 것을 독려한다. 매우 훌륭하고 좋은 의도를 지닌 프로그램으로, 실제로 자주 활용되고 미국에서 가장 널리 사용되는 마약방지 프로그램이다. 그러나 몇몇 연구가 보여주는 증거는 명백하다. 이 프로그램은 아무 효과도 없다. 한 메타 분석은 D.A.R.E. 프로그램을 들은 10대들의 마약 사용률이 그렇지 않은 학생과 별 다를 바가 없음을 보여준다.

그렇다면 D.A.R.E.는 왜 효과가 없는 걸까? 그 단서는 마약예방 프로그램의 성공 요소를 연구한 핌 쿠이퍼스Pim Cuijpers에게서 찾을 수 있다. 쿠이퍼스의 결론은 아주 간단하다. 마약예방에 효과적인 프로그램은 상호작용을 활용하는 반면 효과가 없는 프로그램은 그렇지 않다.

간단히 말해, 마약에 저항하려면 학생들에게는 용기 내기를 연습할 기회가 필요하다. 무엇이 옳고 그른지 아는 것은 어렵지 않다. 진짜 어려운 부분은 그것을 실천하는 것이다. 16세 청소년이 파티에서 술이나 대마초를 건네받았을 때, 어떻게 거절하고 어떻게 행동해야 할지 미리 연습해두지 않는다면 결심은 쉽게 무너질 수 있다.

10대들이 잘 알지 못하는 사실은 그들이 술이나 약물에 저항한다면 주변 사람들도 더 쉽게 거절할 수 있다는 것이다. 용기 있는 행동은 주변인들의 결심을 북돋는다. 한 경영인이 이런 통찰을 어떻게 사업에 활용했는지 얘기해준 적이 있다. "회의를 할 때 나는 참석자들 사이에 미리 첩자를 심어뒀다가 꺼내기 힘든 질문을 던지게 합니다." 그는 이렇게 말했다. "모두가 궁금해하지만 고위급 간부에게 직접 말하거나 물어보기는 꺼려지는 그런 질문들 말이죠. 이런 식으로 물꼬를 터서 그런 이야기를 해도 안전하다는 걸 사람들에게 보여줍니다." 그가 사람들의 침묵을 우려하는 것은 당연한 일이다. 한 연구에 따르면 노동자의 85퍼센트가 "어떤 문제가 매우 중요하다는 생각이 들어도 상사에게 그 문제를 꺼내거나 언급하면 안 될 것 같다"고 느낀다.

이 해결법─꺼내기 힘든 질문을 던지게 하는 것─은 몹시 훌륭한 방법이다. 찰란 네메스Charlan Nemeth와 신시아 차일스Cynthia Chiles의 유명한 연구는 하나의 용기 있는 행동이 다른 사람들의 행동을 지원한다는 사실을 보여준다. 예를 들어 당신이 어떤 실험에 참가했다고 하자. 당신은 다른 3명의 참가자와 함께 20장의 슬라이드를 보게 되었다. 연구자는 슬라이드 1장을 보여줄 때마다 기계를 멈추고 방금 본 슬라이드가 무슨 색이었는지 각자에게 묻는다. 아주 쉬운 질문이다. 모든 슬라이드는 파란색이다. 네 사람은 20개의 질문에 대해 모두 "파란색"이라고 대답한다.

그런 다음 이 그룹이 해체되고, 이번에는 또 다른 3명과 새로운 모둠을 구성하게 된다. 똑같은 과제가 진행된다. 이번에 보는 슬라이드는 전부 빨간색이다. 그런데 이상하게도 당신 그룹에 있는 나머지 3명은 모두 그것을 "주황색"이라고 부른다. 이때 당신은 뭐라고 하겠는가? 당신 눈에는 분명히 빨간색으로 보이는데, 혹시 당신이 틀린 건 아닐까? 이 같은 일이 20번이나 반복해서 발생한다. 당신의 그룹원들은 모든 빨간색 슬라이드를 "주황색"이라고 부르고, 당신이 "빨간색"이라고 대답할 때마다 이상한 표정으로 당신을 쳐다본다.

이런 상황에서 꿋꿋이 버틸 수 있을까? 물론 그럴 수 있다. 그러나 그렇게 할 수 있는 사람은 굉장히 드물다. 실험에 참가한 거의 모든 사람들이 압력에 무너졌다. 그들은 다수의 잘못된 대답에 굴복해 20개의 빨간색 슬라이드 가운데 평균 14차례나 "주황색"이라고 대답했다(짐작하겠지만, 빨간색 슬라이드가 "주황색"이라고 주장한 나머지 3명의 그룹원은 연구진의 도우미였다).

위와 동일한 실험이 또다시 수행되었는데, 다만 하나 중요한 차이점이 있었다. 이번에 연구진은 첫 번째 집단(파란색 슬라이드를 보는 집단)에 도우미를 참여시켰다. 그는 파란색 슬라이드를 보고 "녹색"이라고 대답하라는 지시를 받았다. 그를 '용감하지만 틀린 사람'이라고 부르도록 하자. 나머지 정상적인 실험참가자 3명은 그의 잘못된 색 구분 능력에 잠시 혼란을 겪긴 하지만 그래도 쉽게 넘어가지 않고 모든 파란색 슬라이드를 "파란색"이라고 부른다.

진짜 놀라운 변화는 두 번째 집단에서 나타났다. 실험참가자들은 빨간색 슬라이드를 보게 되었고, 위에서 묘사한 것처럼 3명의 비밀 도우미는 그것을 "주황색"이라고 불렀다. 그러나 이번 실험참가자들은 강하게 저항했다. 그들은 다수의 의견에도 불구하고 20개의 슬라이드 중 평균 17개를 빨간색이라고 지칭했다.

그들이 용기 내기를 연습하지 않았는데도 그렇게 행동했다는 사실에 주목하라. 그들은 다른 사람들이 용기를 내는 것을 목격했을 뿐이다. '용감하지만 틀린 사람'은 비록 틀린 대답이더라도 자기주장을 펼칠 줄 알았다. 그리고 이런 굴복하지 않는 행동은 다른 참가자들의 결심을 북돋아주었다. 연구진은 이렇게 썼다. "소수의 이견異見에 노출되는 것만으로도, 설사 그 견해가 틀렸을지라도, 자주적인 행동을 하는 데 도움이 된다."

나쁜 소식은 우리가 본능적으로 다수의 의견에 따르고 싶어 한다는 것이다. 만일 모든 이가 빨간색 카드를 주황색이라고 부른다면 우리는 대개 자신이 틀렸다고 생각하고 다른 사람들처럼 주황색이라고 부를 것이다. 그리고 좋은 소식은, 단 한 사람만이라도 그것이 틀렸다고 말하며 다수에 저항한다면 우리 또한 대담해질 수 있다는 것이다. 우리는 더 이상 혼자가 아니다. 미친 것도 아니다. 빨간색을 "빨간색"이라고 불러도 좋다고 느끼게 된다.

용기는 전염된다. 역사 속 봉기에서 지금의 일상에 이르기까지, 우리는 이런 교훈을 배운다. 용기를 내기는 어렵다. 그러나 연습하면 훨씬 쉬워진다. 그리고 당신이 과감히 일어선다면 다른 이들도 동참할 것이다.

딩신이 용기를 낸 순간이 다른 이들의 결정적 순간이 될 수 있다. 빨간색은 빨간색이고, 틀린 것은 틀린 것이라는 신호를 보낼 수 있는 것이다. 우리가 함께, 우뚝 서서 저항한다면 잘못된 것을 바로잡을 수 있다.

나를 따르는 동료가
아무도 없다

상황 한 회사의 CFO—마크라고 부르자—는 방금 그의 360도 피드백 결과를 훑어보았다. 결과는 별로 좋지 않았다.

마크는 자신이 회사에서 별로 인기가 없다는 걸 안다. 평소 그는 자신이 거리낌없고 솔직한 관리자라는 데 자부심을 갖고 있었다. "리더십은 인기투표를 하는 자리가 아니야." 그는 늘 이렇게 말하곤 했다. 그러나 그렇더라도 가히 충격적인 결과였다. 회사 사람들은 그를 강인하고 단호한 리더로 보지 않았다. 사람들은 그가 머저리라고 생각했다. 남들 말에 귀를 기울이지 않는다. 사람들 말을 자주 가로막고 자기 의견만 늘어놓는다. 다른 이들의 의견을 묵살한다. 그리고 자신이 저지른 실수에 대해서는 절대로 인정하는 법이 없다 등등. 특히 그를 가슴 아프게 찌른 문장은 이것이있다. "마크는 현재 우리 회사에서 CEO가 될 가능성이 없는 유일한 고위 임원이다. 왜냐하면 CEO가 되기 위해서는 리더십이 있어야 하는데, 마크를 따를 사람은 아무도 없기 때문이다."

목표 마크는 진실에 걸려 넘어지고 말았다(360도 피드백은 ①명확한 통찰 ②짧은 시간 ③자발적인 발견을 모두 제공했다). 처음에 그는 방어적으로 굴었지만—"동료들이 시기심에 하는 말일 뿐이야"—피드백을 다 읽었을 즈음에는 완전히 굴복하고 말았다. 동료들의 말이 옳다는 것을 깨달았다. 그는 정말 머저리 같은 놈이었다. 그리고 앞으로 CEO가 될 가능성도 전혀 없었다. 이 회사에서든 아니면 다른 회사에서든 스스로 바뀌지 않는 한 말이다. 그렇다면 그는 바뀌는 수밖에 없었다. 하지만 어떻게?

| 어떻게 결정적 순간을 창조할 것인가? |

결정적 순간이란 무엇인가? 여기에는 자연발생적인 결정적 순간이 없다. 이게 문제다. 유명한 경영인 코치인 마셜 골드스미스^{Marshall Goldsmith}는 그의 일부 고객들이 잘못된 행동을 바로잡았을 때, 그것을 알아차린 사람이 없었다고 말했다. 왜냐하면 그 고객들은 이미 동료들 사이에서 머저리로 낙인찍혀 있었기 때문이다! 그래서 골드스미스는 고객들에게 동료들을 만나 과거의 행동을 사과하고, 변화를 약속하고, 도움을 요청하라고 충고했다. 이에 힌트를 얻은 마크는 동료들을 모아 회의 날짜를 잡았다. 그는 골드스미스의 조언을 따를 생각이었다. '옛날의 나'에서

'새로운 나'로 바뀌는 전환점, 그것이 바로 결정적인 순간이다.

| 고양을 더하라 |

마크가 소집한 회의는 절정이 아니다 긍정적 감정이 관여돼 있지 않기 때문이다. 그러나 마크의 솔직한 고백은 ①위험보상을 높이고 ②각본을 깨트림으로써 고양의 순간 3가지 특성 중 2가지를 충족시킨다.

| 통찰을 더하라 |

진실에 걸려 넘어지기 이 이야기에서 통찰의 순간은 마크가 360도 피드백을 받은 시점이다. 그것은 최초의 결정적 순간이었으며, 두 번째 결정적 순간(동료들과의 회의)을 야기했다.

자기 확장하기 마크가 주최한 회의의 핵심은 변화를 약속하는 그의 다짐이었다. 이는 마크에게 꽤 위험한 일이다. 절실히 바란다고 해도 과연 그가 정말로 해낼 수 있을지는 미지수이기 때문이다(솔직히 그의 동료들도 회의적이었다). 하지만 성공 여부에 상관없이 그는 자기 자신에 대해 뭔가를 새로 배우게 될 것이다.

| 긍지를 더하라 |

마크는 회의를 소집한 것만으로도 자부심을 느껴야 한다 자신의 바람직하지 못한 행동을 책임지겠다고 공개적으로 선언하는 것은 큰 용기를 필요로 하기 때문이다. 그는 이번 모임에 그치지 않고 미래에 있을 긍지의 순간에 대한 초석을 다질 수 있다.

용기 내는 연습하기 마크는 동료들에게 도움을 청하더라도 그들이 쉽게 응하지는 않을 것임을 잘 알았다. 누군가의 면전에서 대놓고 머저리라고 부르는 것은 어려운 일이다. 그렇다면 마크가 자진해 비판을 위한 언어를 제공한다면 어떨까. "내가 오늘 여러분을 소집한 이유는 옛날의 마크를 버리고—다른 사람 말을 듣지 않는 머저리—새로운 마크가 되기 위해서입니다. 최선을 다해 노력할 테지만 혹시 내가 옛날 마크처럼 행동하거들랑 부디 머저리라고 꾸짖어주십시오." 이런 언어 제공이 왜 효과가 있을까? 메리 젠타일의 연구가 기억나는가? 그녀는 사람들이 용기를 발휘하기 힘든 이유가 '무엇을' 해야 할지 모르기 때문이 아니라 '어떻게' 반응해야 할지 모르기 때문이라고 말했다. 그러니 어떤 상황에서 어떻게 반응할지 사전에 결정해두라. 마크는 '옛날의 마크', '새로운 마크'라는 특정한 표현을 이용해 동료들에게 그가 예전의 모습으로 돌아가면 어떻게 반응해야 할지 미리 결정하게 도와주었다.

이정표 늘리기 마크가 연속 10차례의 회의에서 다른 사람 말에 끼어들지 않겠다는 목표를 세우고 동료들에게 그런 자신을 감시해달라고 부탁했다고 하자. 약간 걱정되는 상황에 약간의 장난기를 첨가하는 방법도 있을 테지만, 만약 그가 목표를 달성한다면 기념할 만한 순간이 될 것이다.

| 교감을 더하라 |

친밀감 다지기 마크는 동료들이 모인 자리에서 그의 약점을 공개했다. 이는 친밀감을 구축할 수 있는 좋은 방법이다. 마크가 자발적으로 벽을 낮추는 것을 본 동료들은 그를 머저리가 아니라 약점을 지닌 평범한 동료로 여기게 될지도 모른다.

공유할 수 있는 의미 만들기 이 회의는 모든 동료들이 똑같은 것을 목격하는 동기화 순간을 제공한다. 이는 선명한 경계점을 마련하고, 마크의 진실성을 강화한다.

최종 고찰 여기서 배울 수 있는 핵심 통찰은 동료의 공감을 얻지 못하는 리더는 중요한 순간을 창조해야 한다는 것이다. 골드스미스의 말처럼, 설사 리더가 행동을 변화하는 데 성공하더라도 동료들이 이를 알아차리지 못하면 문제를 해결할 수가 없다. 결정적 순간은 새로운 출발점을 만든다.

빅 모먼츠 4

교감
CONNECTION

●

서로
연결되어 있음을
느끼는 순간

●

●

이제까지 이 책에서 읽었던 결정적 순간들을 떠올려보라. 졸업생 서명의 날, 완혼식, 인간 본성 재판, 내슈빌의 간이식당 연좌시위, CLTS의 야외 배변 중재, 그리고 존 디어의 출근 첫날 경험에 이르기까지. 알다시피 이것들은 고양과 통찰, 긍지의 순간이다. 그러나 이는 또한 사회적 순간이기도 하다. 이러한 순간들이 기억에 깊이 남는 이유는 다른 사람들과 함께하기 때문이다.

교감의 순간은 인간관계를 강화한다. 어떤 사람을 알게 된 지 하루도 안 돼 당신의 은밀한 비밀을 털어놓나. 힘든 경험을 함께 헤쳐온 사람들과 긴밀하고 돈독한 유대감을 쌓는다. 결혼생활이 삐걱거리던 어느 날, 당신의 배우자가 몹시 사려 깊은 행동을 했고 그러자 그가 아닌 다른 사람을 사랑한다는 것은 상상조차 할 수 없게 된다.

모든 사회적 순간이 결정적 순간은 아니다. 직장에서의 파워포인트 프레젠테이션을 두고 교감이 절정에 다른 순간이라고 말할 수는 없지 않겠는가. 그렇다면 인간관계를 돈독하게 만들어주는 순간에는 어떤 것들이 있을까? 그리고 그런 순간을 더 많이 창조하기 위해 우리는 어떻게 해야 할까?

이번에 가장 먼저 살펴볼 것은 집단 내의 관계이다. 업무팀이 사명감을 되찾고, 신도들이 의미 깊은 종교의식에 참여하고, 친구들과 함께 웃고 떠드는 등의 관계 말이다(다음 장을 읽고 나면 웃음에 대한 관점이 완전히 바뀔 것이다). 집단 내에서 공유할 수 있는 의미를 창조하는 순간, 구성원들은 돈독한 관계를 맺게 된다(챕터9).

한편 챕터10에서는 사적인 관계에 대해 살펴볼 것이다. 우리는 한 심리학자가 부부, 회사와 고객, 교사와 학생, 의사와 환자 등 모든 종류의 관계에서 효력을 발휘하는 비밀 소스를 밝혀낸 이야기를 읽게 될 것이다. 또 신중하게 구성된 일련의 질문으로 처음 만난 사람과 고작 45분 만에 단짝 친구가 되는 의외의 상황도 만나게 된다. 그리고 마지막으로, 우리 모두를 하나로 연결해주는 잊기 힘든 순간에 대해 알아볼 것이다.

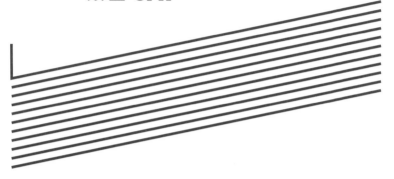

Chapter 9 우리가 우리일 수 있는 이유

샤프 익스피리언스

1998년, 소니아 로즈^{Sonia Rhodes}는 아버지를 모시고 병원을 나섰다. 그녀의 아버지는 심한 위출혈 때문에 8일 동안 입원했다 퇴원하는 참이었다. 그녀는 아버지의 생명을 구한 의사와 간호사들에게는 깊이 감사하고 있었지만 병원에서 환자를 다루는 모습을 보고 상처를 입었다.

소니아의 아버지는 여러 명의 낯선 환자들과 함께 좁은 병실을 나눠 써야 했다. 병원 직원들은 병실을 쉼 없이 들락거리면서 자신이 누군지 밝히지도 않았다. "의사인가? 간호사? 영양사? 시트를 가는 사람? 도무지 알 수가 없었습니다." 그녀는 말했다. 그들은 이름을 밝히지도 않았고, 자신이 무슨 일을 하는 사람인지는 더더욱 설명해주지 않았다.

소니아의 부친은 회복 중에 낙상을 겪었다. 충분히 피할 수도 있었던 일이었다. 간병인이 수혈을 여덟 차례나 받아 아직 정신이 몽롱한 그에게 일어나라고 했기 때문이다. 로즈는 아버지에게 문병을 왔다가 그를 보호하기 위해 눌러 앉았다. "우린 가족이니까요. 아버지를 거기서 지켜야 했어요. '그런데 누구세요?', '손에 든 건 뭐예요?' 일일이 확인을 해야 했죠."

병원에서 환자와 직원들 사이에 발생하는 대부분의 상호작용은 인간적 온기가 결여되어 있다. "그 사람들은 우리 아버지를 나약하고 아무것도 못하는 노인네처럼 취급했어요. 그 사람들한테 대고 이렇게 외치고 싶었죠. 이분은 물리학자고, 인공위성을 만드는 회사를 운영한다고요!"

그때의 경험은 로즈에게 깊은 영향을 끼쳤다. 그녀가 단순히 환자의 딸이었기 때문이 아니다. 로즈는 부친이 입원한 병원을 관리하는 샤프 헬스케어Sharp HealthCare의 임원이었다. 샤프 헬스케어는 그들의 병원에서 환자들이 얼마나 훌륭하고 탁월한 치료와 보살핌을 받을 수 있는지 홍보했다. 사실 광고에 적힌 전화번호는—환자들이 치료를 받아야 할 때 연락하는—그녀가 책임지고 있는 부서의 번호였다. 아버지의 경험을 직접 목격한 로즈는 궁금해졌다. '샤프는 정말로 우리가 생각하는 그런 곳일까?'

그때부터 로즈는 환자 경험을 개선해야 한다고 강력하게 주장하기 시작했다. 이미 최고 수준을 유지 중인 의료치료가 아니라 환자의 '서비스' 경험을 말하는 것이었다. 그녀는 이를 바로잡는 것이야말로

"내 직업 인생이 걸린 문제"라고 말할 정도였다.

로즈는 1년간이나 주변 동료들의 관심을 끌기 위해 안간힘을 썼고, 마침내 샤프의 CEO인 마이클 머피^{Michael Murphy}와 일대일 만남을 가질 수 있었다. 머피는 경력의 대부분을 재무 분야에서 쌓았지만 로즈의 주장이 옳다는 사실을 본능적으로 깨달았고, 마침내 샤프를 대대적으로 변화시키기로 결심했다. 가장 먼저 그는 세계적인 수준의 서비스를 제공하는 데 도움이 될 정보를 전부 수집하라고 지시했다.

2000년 가을부터 약 8개월 동안, 머피와 로즈를 비롯한 샤프 임원진은 최상의 서비스 경험으로 명성 높은 회사들을 방문했다. 리츠칼튼 호텔, 디즈니, 제너럴 일렉트릭, 사우스웨스트 항공사. 그들은 전문가들에게 자문을 구했고, 스터더 그룹^{Studer Group}과 『고객 체험의 경제^{The Experience Economy}』의 공저자인 제임스 길모어^{James Gilmore} 및 조지프 파인^{Joseph Pine}에게도 조언을 구했다.

그들은 들르는 곳마다 하나의 일관된 주제를 발견했다. 훌륭한 고객 경험을 제공하려면 먼저 훌륭한 직원 경험이 선행되어야 한다는 것이었다. 샤프의 '직원 몰입도' 점수는 리츠칼튼과 사우스웨스트에 비해 떨어졌다.

처음에 환자에만 집중했던 머피와 팀은 이제 관심 범위를 확대해야 했다. 그들은 샤프에 새로운 비전 선언이 필요하다는 데 의견을 모았다. 샤프의 비전은 다음과 같다.

- 직원들이 일하기 좋은 최고의 장소
- 의사들이 근무하기 좋은 최고의 장소

- 환자들이 보살핌을 받기 좋은 최고의 장소
- 궁극적으로 우주 최고의 의료관리제도

그들은 이 비전을 샤프 익스피리언스^{Sharp Experience}라고 불렀다. 그다음은 사람들이 샤프의 비전을 진지하게 받아들이고 진부하고 말만 번지르르한 요식으로 여기지 않으려면 어떻게 해야 할지 고민할 차례였다. 머피를 비롯한 임원진이 샤프가 관리하는 의료시설을 방문해 새 비전을 공유하는 일종의 홍보 행사를 할까도 고민해봤지만, 그러는 데에만 1년이 걸린다는 사실을 깨달았다. "서른 번째 시설에 들를 즈음이면 처음에 들렀던 곳은 더 이상 우리 말을 믿고 있지도 않을 겁니다." 로즈의 말이다. 그때 누군가가 이렇게 제안했다. 전부 한꺼번에 불러 모으는 건 어때요?

터무니없는 의견이었다. 샤프에는 자그마치 12,000명의 직원들이 근무하고 있었다. 샌디에이고에는 그들 모두를 수용할 만한 공간도 없었다. 그리고 환자를 더 잘 보살필 방법을 논의하겠다고 지금 당장 도움이 긴급한 환자들을 내팽개친다는 건 말도 안 됐다.

그러나 그들은 포기하지 않고 논의를 계속했고, 그러자 조금씩 해결책이 모색되기 시작했다. 결론은 이틀 동안 세 번의 세션을 여는 것이었다. 장소는 샌디에이고 컨벤션 센터가 될 것이며, 도움이 필요한 환자들을 위해 중요한 핵심 직원들은 각 시설에 남는다. 문제는 직원들의 이동 방법이었다. 그들은 실질적으로 샌디에이고에 있는 거의 모든 전세버스를 대여해야 했다(실제로 샤프는 LA는 물론 심지어 애리조나에서까지 버스를 빌렸다).

2001년 10월 10일, 샤프는 전 직원 회합을 열었다. 버스와 트롤리, 기차와 배를 타고 도착한 샤프 직원들로 건물 전체가 북적거렸다. 머피는 무대 뒤에서 정신 사납게 서성이고 있었다. "나는 전혀 무대 체질이 아닙니다." 그러나 일단 무대에 올라서고 나자 그는 직원들에게 솔직하게 회사가 직면한 도전 과제에 대해 털어놓았다.

"이 새로운 여정에는 용기가 필요합니다." 머피가 말했다. "우리 앞에는 완전히 새로운 길이 놓여 있습니다. 최고가 되기 위해서는 '그래야 한다고' 믿기 때문입니다." 그는 청중에게 그들이 처음 이 분야에 발을 디뎠을 때 갖고 있던 사명감과 열정을 되살리라고 촉구했다. 무엇보다 직원들에게 주인의식을 갖고 적극적으로 나서서 행동할 것을 요구했다. "네 단계 절차를 한 단계로 줄일 수 있다면 그렇게 합시다! 부하 직원들이 좋은 아이디어를 갖고 있다면 귀 기울여 들읍시다! 환자들이 뭔가에 대해 불평한다면 재빨리 시정합시다!"

머피는 직원들에게 샤프 익스피리언스의 비전을 설명했다. '직원들이 일하기 좋은 최고의 장소, 의사들이 근무하기 좋은 최고의 장소, 환자들이 보살핌을 받기 좋은 최고의 장소, 그리하여 궁극적으로 우주 최고의 의료관리 제도가 된다'는 것이었다. 일부 직원들은 그 노골적이고도 뻔뻔스러운 문구에 웃음을 터트렸지만, 머피의 연설은 사람들의 심금을 울렸다. "이제까지 우리는 금요일 오후에 이메일을 받는 데 익숙했어요." 전 직원 회합에 참가한 간호사 캐시 로디언의 말이다. 하지만 지금 머피는 직원들과 얼굴을 직접 맞대고 이렇게 말하고 있었다. "'이것이 우리의 비전이며, 우리는 여러분이 동참하여 우리가 꿈꾸는 곳으로 함께 가길 원한다'라고 말이죠. 옛날과는 완전히 다른 모습이었고, 그래서 사람들을 진심으로 하나로 뭉치게 만들었어요."

직원들은 머피의 연설이 끝난 후 직원 만족이나 고객 만족, 보상 및 인정과 같은 10개의 실행팀 중 하나에 자원할 수 있었다. 반응은 열광적이었다. 자그마치 1,600명이 샤프의 사명을 뒷받침하기 위해 기꺼이 시간과 노력을 더 투자하겠다고 자원했다.

"첫 세션이 끝났을 때, 서로 울고 껴안고 하이파이브를 하고…… 심지어 별로 내키지 않아 하던 사람들까지 눈에 눈물이 고여 있었죠." 로즈는 말했다. 처음에 이 행사에 회의적이던 한 임원은 나중에 그녀에게 "매 4분기마다 이걸 해야겠어요"라고 말했다. 실제로 샤프는 다음 해에도, 그리고 그다음 해에도 전 직원 회합을 개최하기로 결정했고, 이는 회사에서 중요한 연례행사가 되었다.

샤프의 전 직원 회합은 조직 내에 뭔가 거대한 것을 일깨우기 시작했다. 실행팀이 움직이면서 일선에서도 변화가 일었다. 평가 시스템이 바뀌고, 방침이 바뀌었으며, 관례도 바뀌었다. 그리고 그 결과, 환자들의 경험이 변화하기 시작했다. 마침내 샤프 직원들은 훌륭하고 탁월한 서비스를 제공할 방법을 발견한 것이다.

정원을 돌보는 직원들은 방문객이 없거나 병실에 꽃이 없는 환자들에게 장미꽃 한 송이가 담긴 작은 꽃병을 가져다주었다(그들은 이 프로그램을 '당신을 위한 꽃'이라고 불렀다). 간병 직원들은 환자들에게 먼저 인사하고, 이름을 소개하고 자신의 역할을 설명하는 교육을 받음으로써 로즈가 부친의 입원 중에 괴로워했던 문제를 해결했다. 샤프 코로나도 퇴원하는 환자들에게 사랑으로 구운 바나나빵을 선물했다. 그리고 많은 환자들이 집으로 돌아간 후 담당 간병직원들로부터 "고객님을 돌볼 기회를 주어 감사하다"는 내용의 깜짝 카드를 받았다.

전 직원 회합이 처음 열린 지 5년도 안 되어 샤프의 관리하에 있는 전국 병원들의 환자 만족도가 최저 10퍼센트대에서 최고 90퍼센트대까지 비약적으로 상승했다. 의사 만족도는 80퍼센트대까지 상승했고, 직원 만족도는 13퍼센트 증가했으며 이직률은 14퍼센트 하락했다. 순수익은 5억 달러나 증가했다. 2007년에 샤프는 전국에서 품질 관리 실적이 탁월한 기업에 주는 대통령상인 말콤 볼드리지 국가품질상을 수상했다.*

이 같은 변화가 컨벤션 센터에서 연설을 듣고 하루 만에 발생했을까? 그럴 리가 있나. 샤프가 변화를 일궈내기까지는 수년의 시간과 수천 명의 노력이 필요했다. 다만 전 직원 회합이라는 최초의 결정적 변화의 순간이 존재했기에 가능했던 일일 뿐이다.

이것은 지금까지 우리가 살펴본 어떤 결정적 순간과도 다르다. 앞서 우리는 자신을 다른 이들과 다른 특별한 개인으로 인식하는 긍지의

---

* 16년 동안 해마다 열렸던 전 직원 회합은 간호사 조합의 파업 선언 때문에 2016년에는 개최가 취소되었으며 결과적으로 간호사 조합은 파업 선언을 철회했다. 이와 관련해 2가지 사실을 말하자면 ①일단의 간호사들은 "우리가 바로 샤프 익스피리언스다"라는 배너를 앞장세우고 행진했다. 그들의 요구사항 중 하나는 샤프 익스피리언스를 가장 훌륭히 실천하고 있는 선임 간호사들의 급여 인상이었다. 우리 추측에 이 파업 선언은 샤프가 지난 15년간 한 일을 재고해야 한다는 의미가 아니라 기본적인 협상 전술이다. ②의미 있는 순간은 중요하다. 우리였다면 샤프의 리더들에게 파업 가능성에도 불구하고 가능한 모든 방법과 수단을 동원해 전 직원 회합을 예정대로 개최하라고 충고했을 것이다. 예를 들면 올림픽 개최국이 어떤 위협에도 굴하지 않는 것처럼 전 직원 회합을 일종의 불가침 영역으로 취급하라고 말이다. 전 직원 회합은 목표를 공유하는 순간이며, 환자들의 안녕과 복지는 노사 간의 갈등보다 더 중요하다.

순간을 살펴보았다. 성취를 이루거나 용기 있는 행동을 했을 때 당신
은 특별하다는 느낌을 받는다. 집단에서 우리는 공유할 수 있는 의미
를 만들었을 때 결정적 순간을 경험한다. 모두를 하나로 묶는 임무를
강조함으로써 서로의 차이점을 메우는 것이다. 우리 인간은 결속력을
느끼는 존재다.

그렇다면 수많은 이들을 어떻게 하나로 결속하는 순간을 만들 것
인가? 샤프의 리더들은 3가지 전략을 사용했다. 동기화 순간을 창조하
고, 함께 고난을 경험하고, 의미에 연결하는 것이다. 이 3가지 전략을
살펴보고 종교 신자들에서부터 인명구조원, 그리고 청소노동자에 이
르기까지 다양한 집단에 이를 어떻게 적용할 수 있는지 알아보자.

소속되기 위해 우리는 웃는다

우리는 친구들과 웃고 떠들며 시간을 보낸다. 당신은 그때 왜 웃었는
가? 간단하다. 누군가 우스운 말을 했으니까.

사실 이 당연해 보이는 대답은 그다지 사실이 아니다. 로버트 프로
바인Robert Provine 박사와 세 조수는 대학 캠퍼스와 길거리를 돌아다니며
사람들의 대화를 엿들었다. 그리고 누군가 웃음을 터트릴 때마다 그가
웃기 전에 들은 말을 수첩에 기록했다.

프로바인은 웃음을 유발한 발언 중 실제로 조금이나마 재미있었던
것은 20퍼센트에도 미치지 못한다는 사실을 발견했다. 코미디언의 센
스 넘치는 유머와는 달리, 대화 중에 발생한 대부분의 웃음은 "저기 봐,

앙드레야!" 혹은 "확실해?"나 "저도 만나서 반갑습니다" 같은 평범하고 일상적인 발언 뒤에 발생한다. 연구진이 기록한 대화 중에서 가장 재미있는 발언조차도 당신에게서 '피식' 이상은 이끌어내지 못할 것이다. 그중에서 그나마 가장 괜찮은 게 "넌 마실 필요 없어. 우리한테 사주기만 하면 되니까"와 "같은 종족이랑 데이트하는 거야?"였으니 말이다.

그렇다면 우리는 왜 웃는가? 프로바인은 웃음이 개인적 상황보다 사회적 맥락에서 30배 이상 자주 발생한다는 사실을 발견했다. 웃음은 사회적 반응이다. "웃음은 유머 그 자체보다 인간관계와 더 밀접한 연관성이 있다." 프로바인은 이렇게 결론 내렸다. 우리가 웃는 것은 집단에 소속되기 위해서다. 우리는 웃음을 터트림으로써 실은 이렇게 말한다. '나도 같은 의견이야. 나도 너와 같은 집단이야.'

집단 속에서 우리는 집단 전체의 반응과 기분을 끊임없이 평가하고 판단한다. 우리의 말과 눈빛은 일종의 사회생활 음파탐지기다. '너 딴 생각 하는 거 아니지? 너 내 말 듣고 있니? 너도 나와 똑같은 반응 할 거야?' 집단 내에서 웃음을 공유한다는 것은 긍정적 신호를 발산하는 방법 중 하나다. 우리는 우리의 행동을 다른 사람들과 동기화시킨다.

이런 '동기화 효과'는 왜 샤프의 전 직원 회합을 개인적인 경험으로 만들어야 하는지, 그리고 왜 모두가 똑같은 경험을 동시에(물론 환자들을 돌보는 동시에 최대한 많은 사람들이) 경험하는 것이 중요한지를 설명해준다. "조직의 규모는 메모나 이메일로는 구현할 수 없습니다." 소니아 로즈는 말했다. "날마다 환자들의 치료를 돕고 삶을 회복시키는 4,000명의 간병 직원들이 한 공간에 모여 있다고 생각해보세요. 굉장한 광경이죠. 어깨와 어깨를 맞대고…… 전율이 느껴질 정도로요. 그게 바로 경험을 공유한다는 겁니다."

전 직원 회합에 참석한 직원들은 그 상황에서 중요한 메시지를 흡수했다. '이것은 중요하다(회사가 사소한 일 때문에 온 도시의 버스를 대여하지는 않았을 것이다)', '이것은 진짜다(4,000명이나 되는 사람들을 모아놓고 나중에 아무것도 아닌 척할 수는 없다)', '우리 모두가 이 일에 참여하고 있다(주변에 가득한 얼굴들을 둘러보라. 우리는 모두 같은 팀이다)', '우리가 하는 일은 중요하다(우리는 우리 자신보다 더 크고 중요한 목표―도움을 필요로 하는 이들을 돌보는 것―를 위해 헌신한다)'.

샤프의 전 직원 회합과 비슷한 절정의 순간들이 어떻게 사회적 순간을 공유하는지 생각해보라. 결혼식, 생일파티, 퇴직 기념식, 세례식, 축제, 졸업식, 성년식, 콘서트, 스포츠 시합. 아니면 정치 시위나 행진을 떠올려보라. 우리는 개인적 교감을 갈망하고 설사 상대가 낯선 사람일 때에도 사회적 관계를 강화하고 싶어 한다. 전혀 모르는 사람들과 손잡고 거리를 점거하는 것은 이렇게 말하는 것과 같다. '이것은 중요하다. 이것은 진짜다. 우리 모두가 이 일에 함께 참여하고 있다. 우리가 하는 일은 중요하다.'

조직의 '적당히' 문화는 이런 동기화 순간에 저항할 것이다. 직원들을 전부 한자리에 모으려면 돈이 너무 많이 들어. 해야 할 일도 너무 많아. 그냥 온라인 세미나를 하면 안 될까? 이메일로 중요한 사항들을 통보하는 건? (샤프의 간호사가 "이제까지 우리는 금요일 오후에 이메일을 받는 데 익숙했어요"라고 말한 것을 잊지 마라.)

그런 원거리 접촉은 일상적인 소통과 공동 작업에는 적합하지만, 거대하고 의미 있는 순간은 직접 경험할 필요가 있다(결혼식이나 졸업식에 전화로 참석하는 사람을 본 적 있는가). 타인의 존재는 추상적인 아이디어를 사회적 실재로 만든다.

단단하게 결속된 집단을 만들고 싶다면

인류학자인 디미트리스 시갈라타스^{Dimitris Xygalatas}는 모리셔스섬의 힌두교 축제인 타이푸삼^{Thaipusam}에서 볼 수 있는 2가지 의식을 연구했다. 비교적 가벼운 낮은 고행은 힌두 사원 안팎에서 몇 시간 동안 기도를 하고 찬송을 읊는 것이었다. 그보다 가혹한 높은 고행의 경우, 열렬한 신도들은 온몸에 바늘과 꼬챙이를 꽂고 무거운 대나무 구조물을 지거나 피부에 갈고리로 수레를 연결해 4시간 동안 산꼭대기에 있는 무르산 사원까지 맨발로 그것을 끌며 올라갔다.

후에 시갈라타스와 그의 연구팀은 낮은 고행과 높은 고행을 수행하는 두 집단의 신도들에게 질문지에 답하면 200루피(이틀 치 일당에 해당)를 주겠다고 제안했다. 받은 돈은 사원에 익명으로 기부할 수 있었다. 낮은 고행을 치른 신도들은 평균 81루피를 기부했다. 한편 높은 고행을 치른 신도들은 그보다 훨씬 후한 평균 133루피를 기부했는데, 이는 첫 번째 집단에 비해 3분의 2나 더 많은 액수다. 그보다 더 흥미로운 점은 높은 고행을 목격한 세 번째 집단의 행동이었다. 이들은 높은 고행을 치르는 신도들을 따라 함께 산을 오르지만 직접 신체적 고행에 참가하지는 않는다. 그러나 이들은 두 집단보다도 훨씬 많은 액수인 평균 161루피를 기부했다(설문조사에 참가하고 받은 돈의 80퍼센트).

연구진은 고통의 인식 정도에 따라 고행 참가자들의 친사회성 또는 타인을 돕는 자발적 행동이 증가한다는 결론을 내렸다. 그들은 이런 극단적 의식이—특히 고통을 공유하는 경험—"집단 내 구성원을 결속시키는 사회적 기술"로 볼 수 있다고 주장했다.

이런 극단적 의식이 스펙트럼의 한쪽 끝에 위치한다면 그 반대쪽에는 기업의 로프 코스(팀워크와 유대감을 쌓기 위해 위험한 상황에서 밧줄을 타는)가 위치한다. 표면적으로 이 두 경험은 많이 달라 보인다. 하나는 끔찍하고 정신적으로 견디기 힘든 경험이지만 다른 하나는 신성한 종교 의식이다. 그러나 이 둘은 모두 '고난'이라는 공통점을 지닌다.

한 무리의 사람들이 짧은 시간 내에 결속력을 다졌다면, 그들은 함께 고난을 헤쳐 나왔을 가능성이 크다. 한 연구조사에 따르면 처음 보는 낯선 사람들이라도 고통스러운 과제를 같이 수행하면—가령 선별시험을 위해 얼음물에 손을 담그는 것—실온도의 물에 손을 담근 집단에 비해 더 강한 유대감을 느꼈다. 그리고 이런 유대감은 심지어 아무 의미도 없는 일을 할 때도 나타난다.

그렇다면 '의미 있는' 과업을 수행하기 위해 동고를 겪은 사람들이 얼마나 끈끈한 유대감을 나누게 될지 생각해보라. 산림 벌채를 막으러 투쟁하는 환경운동가들, 직원들의 급여를 마련하기 위해 분투하는 스타트업 창업자, 지구 반대편에서 자신의 종교를 거부당하면서도 포기하지 않는 선교사들.

여기서 우리가 배울 점은 무엇인가? 직원들이 결정적 순간을 경험할 수 있도록 일부러 어렵고 힘든 일을 맡겨라? 설마. 적절한 조건만 주어진다면 사람들은 그런 고난을 스스로 선택—피하거나 저항하는 게 아니라―한다. 그 조건이란 다름 아닌 그 일이 그들에게 중요한 의미를 지니고, 자율성이 보장되어야 하며, 참여할지 말지가 전적으로 그들의 선택에 달려 있어야 한다는 것이다.

그것이 바로 샤프가 환자 경험을 개선하기 위해 자원자들을 실행팀에 끌어들일 때 중요히 여겼던 조건들이다. 그들은 환자를 더 잘 보살핀다는 의미 있는 일을 했다. 각 실행팀은 자율권을 부여받아 특정 영역 내에서 의료체계에 관한 정책을 구상할 권한을 지녔다. 실행팀은 전적으로 자원봉사에 의존했고, 많은 직원들―자그마치 1,600명―이 자원했다. 기꺼이 함께 고생하고자 하는 사람들의 거대한 물결이 이어졌다. 단단하게 결속된 집단을 만들고 싶다면, 힘들고 도전적이고 의미 있는 일을 함께하라. 모두가 남은 평생 그 일을 기억할 것이다.

열정과 월급 이상의 가치, 사명감

교감의 순간을 창조하려면 사람들이 한꺼번에 경험할 수 있는 동기화 순간을 제공해야 한다. 공통된 목적을 향해 함께 힘겹게 나아가게 하라. 한편 마지막 전략은 개인보다 더 거대한 의미를 중심으로 사람들을 연결하는 것이다. 대부분의 조직에서 매일같이 해야 하는 사소한 일들은―이메일, 회의, 할 일 목록 등―우리가 의미에 무감각해지게 만들 수 있다. 그런 의미에서 높은 성과를 내는 사람과 그렇지 못한 사람은 일의 의미에 대해 다른 인식을 갖고 있을지도 모른다.

캘리포니아 대학교 버클리 캠퍼스 교수인 모튼 한센Morton Hansen은 그의 네 번째 저서『최우수사원들Great at Work』에서 고성과자의 비결을 이해하기 위한 일환으로 직원 및 관리자 5,000명을 대상으로 연구조사를 실시했다. 그에 따르면 17퍼센트의 직원들이 다음 문장에 전적으로 동의했다. "나는 일터에서 일을 함으로써 돈을 버는 것 외에도 우리 사회에 큰 기여를 하고 있다." 이처럼 자신이 하는 일에서 강한 의미를 느끼는 직원들은 상사로부터 높은 실적 평가를 받는 경향이 있었다.

한센은 '사명감'과 '열정'의 차이에 대해서도 연구했다. 사명감은 당신이 타인에게 기여하고 있다는 생각, 당신이 하는 일이 더 큰 의미를 지니고 있다는 느낌을 뜻한다. 한편 열정은 당신이 업무에 대해 느끼는 흥분 또는 열의로 정의된다. 한센은 둘 중 무엇이 업무 성취도에 더 큰 영향을 끼치는지 궁금했다. 그래서 한센은 직원들을 몇 가지 범주로 분류했다. 예를 들어 열정이 낮고 사명감도 낮은 직원들은 업무 성과 평가에서 10백분위수*에 해당했다.

	높은 사명감	낮은 사명감
높은 열정		
낮은 열정		10백분위수

---

* 백분위수percentile는 백분율로 나타낸 특정 위치의 값을 이르는 용어다. 일반적으로 크기가 작은 것부터 나열하여 가장 작은 것을 0, 가장 큰 것을 100으로 한다. 100개의 값을 가진 어떤 자료의 10백분위수는 그 자료의 값들 중 10번째로 작은 값을 뜻한다. 50백분위수는 중앙값과 같다.

한심하긴 해도 별로 놀라운 사실은 아니다. 자신의 업무에 아무 열정도 없고 의미도 느끼지 못한다면 일을 그다지 열심히 하지 않을 테니 말이다. 그 반대도 마찬가지다. 자신이 하는 일에 높은 열정과 사명감을 지니고 있다면 일터에서 스타가 될 수 있을 것이다.

	높은 사명감	낮은 사명감
높은 열정	80백분위수	
낮은 열정		10백분위수

이번에도 예측이 별로 어렵지 않은 문제다. 그렇다면 둘 중 하나의 특성이 더 강한 경우는 어떨까? 사명감이 높은 직원이 더 일을 잘할까, 아니면 열정이 높은 사람 쪽이 더 일을 잘할까? 열정 쪽부터 알아보자.

	높은 사명감	낮은 사명감
높은 열정	80백분위수	20백분위수
낮은 열정		10백분위수

오, 이건 꽤 충격적인 결과가 아닌가. 자신의 업무에 높은 열정을 가진 사람들—자기가 하는 일을 좋아하고 열성적인 사람들—이라도 사명감이 낮다면 뛰어난 업무 성과를 내지 못한다. 이제 퍼즐의 마지막 조각을 소개한다.

	높은 사명감	낮은 사명감
높은 열정	80백분위수	20백분위수
낮은 열정	64백분위수	10백분위수

결과는 확연하다. 사명감은 열정을 압도한다. 자, 졸업사를 할 사람들은 받아적도록. 최고의 충고는 "열정을 따라라!"가 아니라 "사명감을 따라라!"이다(그보다 더 좋은 것은 물론 둘을 모두 추구하는 것이겠지).

열정은 개인적이다. 열정은 우리를 고무시키지만 동시에 우리를 고립시킨다. 왜냐하면 내가 열정적이라고 해서 상대도 그러리라는 보장은 없기 때문이다. 반대로 목적은 모두가 공유하는 것이다. 그것은 사람들을 하나로 묶고 결속시킨다.

그렇다면 어떻게 목적을 찾을 것인가? 예일대 교수인 에이미 브제스니예프스키Amy Wrzesniewski는 자신이 하는 일에서 의미를 찾는 방법에 관해 연구한 바 있다. 그녀는 많은 사람들이 마치 소명이 "저 밖에서 발견되기만을 기다리는 마법의 존재인 양" 그것을 찾아야 한다고 믿는다고 말한다. 반면에 그녀는 목적이란 발견하는 것이 아니라 함양해야 하는 것이라고 생각한다.

조직의 리더들은 각자 다른 열정을 따라 다양한 방향으로 흩어질 수 있는 사람들을 하나로 묶을 공통된 목적을 함양하는 법을 배워야 한다. 목적이란 통찰과 교감의 순간에서 비롯된다. 워튼 경영대학교의 애덤 그랜트Adam Grant가 수행한 인명구조원에 관한 실험을 생각해보자. 그는 중서부에 있는 한 커뮤니티 센터에서 일하는 32명의 인명구조원을 두 집단으로 나눴다. 첫 번째 집단인 '개인 이익 집단'은 인명구조원이 이 직업을 선택함으로써 습득한 기술 덕분에 어떤 혜택을 받고 있고 또 앞으로 어떤 혜택을 얻을 수 있는지에 관한 4가지 이야기를 읽었다. 한편 두 번째 '의미 집단'은 인명구조원이 물에 빠진 사람들의 목숨을 구하는 4개의 이야기를 읽었다.

두 집단 사이의 차이는 충격적이었다. 실험 후 의미 집단에 속했던 인명구조원들은 43퍼센트의 시간을 업무에 추가로 할애하겠다고 자원했다. 인명을 구하는 이야기를 읽음으로써 자신의 소명에 대한 관심이 증가한 것이다.

한편 어떤 인명구조원이 어떤 이야기를 읽었는지 모르는 상급자들은 실험 이후 직원들의 '돕는 행위'에 대해 평가해달라는 요청을 받았다. '돕는 행위'란 '타인을 자발적으로 돕는 행동'이라 정의할 수 있다. 의미 집단의 돕는 행위는 21퍼센트나 상승했다. 반면에 개인 이익 집단의 경우에는 돕는 행위뿐만 아니라 근무 시간에 있어서도 아무런 변화가 없었다.

두 집단의 극적인 변화를 초래한 것이 겨우 30분도 안 되는 짧은 세션—4개의 이야기를 읽고 그에 대해 논하는—이었다는 데 주목하라. 비록 소소한 결정적 순간이라도 그것이 미친 영향력은 어마어마했다. 이 실험은 앞으로 우리가 '의미에 연결하기'라고 부르는 전략을 반영하고 있는데, 그것은 사람들에게 중요한 목적을 상기시키는 방법을 고안하는 것이다.

다른 분야에서도 비슷한 효과가 나타났다. 엑스레이 스캔 사진을 찍은 환자들의 얼굴 사진을 본 방사선전문의들은 미가공 데이터의 검토 양과 진단 정확도가 모두 증가했다. 수술 도구 준비를 맡은 간호사는 그것을 사용할 직원을 직접 만났을 때 통제집단에 비해 직무에 열중하는 시간이 64퍼센트나 늘었고 실수는 15퍼센트 더 줄었다. 의미를 연결하는 것은 이처럼 중요하다.

물론 모든 사람들이 인명을 구하거나 환자를 돌보지는 않는다. 때로는 목적이 훨씬 애매할 수도 있다. 예를 들어 마케팅 보조팀이나 서버 관리, 또는 HR 사내복지부서의 주된 '목적'은 무엇인가? 당연하지만 그들에게도 목적은 있다. 때로는 '왜?'라고 끊임없이 묻는 것이 좋다. 우리는 왜 지금 하는 일을 하고 있는가? 진정한 의미에 도달하려면 여러 개의 '왜?'가 필요할 수도 있다. 이를테면 병원에서 일하는 청소노동자들의 경우를 생각해보자.

- 당신은 왜 병실을 청소하는가? "상사가 그러라고 시켰으니까."
- 왜? "병실이 더러워지면 안 되니까."
- 그게 왜 중요한가? "그래야 병실이 더 위생적이고 지내기 편해지니까."
- 그게 왜 중요한가? "그래야 환자들이 더 건강하고 행복해질 수 있으니까."

그리고 마침내 '기여'에 이르렀을 때, 우리는 '왜'라는 질문 공세가 끝날 때가 됐음을 알게 된다. 당신이 그런 일을 함으로써 혜택을 받는 것은 누구이며, 당신은 그들을 위해 어떤 기여를 하는가? 청소노동자들은 환자의 건강과 행복에 기여한다. 마케팅 보조팀은 영업팀의 성공과 자신감에 기여한다. 복지부 직원들은 동료들의 경제적 안정과 마음의 평안에 기여하고 있다.

당신이 최종적으로 누구에게 어떤 기여를 하고 있는지 이해하고 나면 당신의 일은 단순한 업무 이상이 된다. 예를 들어 병원 청소노동자의 직무는 간단하다. 쓸고, 닦고, 문지르고, 소독한다. 하지만 그런 일을 하는 목적을 알고 나면 즉흥적인 대응이나 혁신이 가능해진다. 에이미 브제스니예프스키의 연구에 참여한 한 청소노동자는 대화에 목마른 듯 보이는 환자들을 보면 가벼운 잡담을 나누곤 했다. 그는 환자들이 말상대가 없어 쓸쓸해한다는 사실을 알아차린 것이다. 그것이 그의 목적이다. '환자들의 외로움 달래기'는 비록 직무 목록에는 없을지언정 그가 환자의 건강과 행복을 위해 일할 수 있게 해줬다.

사명감은 '그 이상의' 행위를 촉발시킨다. 샤프 직원들은 일에 의미를 연결하게 되자 환자들을 위해 탁월한 순간을 창조하는 단계까지 업무 영역을 확장했다. 화학치료를 5~6차례나 받았지만 차도가 없는 암환자가 있었다. 그녀는 임신 중인 며느리에게 베이비샤워(임신 축하 파티-옮긴이)를 해주고 싶었지만 아기가 태어날 때까지 병원에서 나갈 수가 없었다. 그래서 직원들은 그녀가 병원에서 베이비샤워를 열 수 있게 도와주었다. 그들은 환자를 위해 근사한 중국 식당을 예약하고 마음껏 꾸며보라고 격려했다. "며느리는 시어머니가 세상을 떠나기 전에 직접 손주의 베이비샤워를 계획하고 열어주었다는 사실을 마지막 기억으로 간직하게 되겠죠." 샤프 메모리얼 병원에서 급성질환 병동을 담당하는 데보라 베어렌의 말이다. 그것이 환자에게 놀랍도록 소중한 순간이었다면 이를 가능케 한 직원들은 어떤 기분이었을지 상상해보라. 그들은 하루 종일 업무에 지쳐 기진맥진한 몸을 끌고 집에 가면서도 한껏 충만함을 느낄 것이다. '오늘 우리가 아주 중요한 일을 했어.'

그것이 바로 의미를 공유하는 순간이다. 개인의 성과에 대한 자부심이 아니라 보다 거대한 사명에 참여하는 데서 오는 심오하고 친밀한 교감의 순간이다. 샌디에이고의 전 직원 회합에 참석한 뒤에, 사무실에서 동료들과 흥겨운 웃음을 나눈 뒤에, 또는 모리셔스에서 종교 의식을 치르거나, 레스토랑에서 베이비샤워를 치른 뒤에, 사람들은 자신이 하는 일이 중요하고 절박하며 그들 자신보다 훨씬 거대하다는 것을 깨닫고 더욱 단단하고 긴밀한 관계를 맺게 될 것이다.

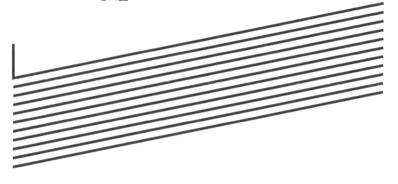

Chapter 10 친밀감이라는 숙제

미국 최악의 학교, 스탠튼 초등학교의 변화

워싱턴 D. C.에 있는 스탠튼 초등학교는 정말 형편없는 곳이었다. "전국에서 최악의 학군인데 그중에서도 최악이었습니다. 그러니 미국에서 최악의 학교였을 겁니다." 플람보얀 교육재단 Flamboyan Foundation 의 전재단 대표인 수잔 스티븐슨 Susan Stevenson 의 말이다.

2010년, 스탠튼 초등학교의 성과율이 바닥을 치자 관할 교육구는 학교를 재편성하기로 결정했다. 교장 및 행정팀을 해고하고 처음부터 새 출발을 하는 것이었다. 6월이 되자 28세의 칼리 존 피셔로 Carlie John Fisherow 가 개혁을 추진하기 위해 학교를 찾아왔다.

학교를 둘러보면 둘러볼수록 우울함을 감출 수가 없었다. 차가운

콘크리트 벽, 크고 무거운 교실 문, 창문에 달린 창살, 어두침침한 층계참, 안 어울리는 조명과 누런 이빨처럼 보기 흉한 노란색 페인트. 피셔로가 고용한 한 교사는 이렇게 말했다. "전혀 학교처럼 보이지 않았어요. 무슨 슬픈 소설에 나오는 고아원 같았죠."

리모델링을 하려면 조금 기다려야 했다. 학교 재건에 뛰어든 피셔로가 가장 먼저 할 일은 경영권 이전 때문에 발생한 혼란을 정리하는 것이었다. 스탠튼 초등학교가 차터스쿨을 운영하는 스콜라 아카데미 Scholar Academies의 관리하로 편입된다는 사실은 새 학년이 시작되고 한참 뒤에 발표되었다. 많은 부모들이 뒤늦은 통보에 분노했고, 의사소통이 부재했다고 여겼다. 교사들은 깜짝 놀라면서도 화가 났는데, 어쩌면 직장을 잃을지도 몰랐기 때문이다.

피셔로는 학부모와 교사들이 왜 분노를 느끼는지 이해했지만 그들을 달랠 여유가 없었다. 일단은 직원 문제를 빨리 해결해야 했기 때문이다. 그녀의 팀은 일주일 동안 스탠튼에서 일하는 모든 교직원들과 면담을 가졌다. 피셔로는 학교 도서관에서 이뤄진 면담이 "책장을 넘어뜨리고 욕설을 퍼붓고, 의자를 집어 들어 다른 아이들에게 던져버리겠다고 위협하는" 학생들 때문에 자주 방해를 받았다고 말했다.

새로운 리더십팀은 49명의 직원들 중 9명만을 남기기로 결정했다. 새로운 교직원을 고용해 빈자리를 채우고 난 후, 이제 피셔로는 어둡고 우울한 환경을 뿌리째 갈기 시작했다. 교실과 복도를 깨끗하게 문질러 닦고, 음향효과를 개선하기 위해 천장을 낮추고, 복도 조명의 밝기를 두 배로 높이고, 눈에 보이는 벽에는 학생들에게 영감을 줄 수 있는 배너와 대학교 상징물들을 걸었다. 그리고 상큼한 녹색 페인트도

칠했다.

2010년 가을, 여름방학을 마치고 학교로 돌아온 스탠튼 학생들을 기다린 것은 문자 그대로 완전히 새로운 학교였다. 새 교장, 새 교사와 직원들, 새 교과과정, 그리고 새로 페인트칠 된 건물까지. 피셔로와 팀은 1년 안에 스탠튼 학생들에게 거대한 변화를 가져다줄 수 있으리라는 확신에 가득 차 있었다.

그러나 새 학기가 시작되고 얼마 지나지 않아 그들은 변화를 만든다는 것이 얼마나 어려운지 깨달았다. 신학기 첫 주에 피셔로는 '도주'라는 단어를 배웠다. 그것은 학생들이 무단으로 교실에서 도망치는 행위를 가리키는 표현이었다. 도주는 스탠튼에서 굉장히 흔한 일이었다. 교실에는 옛날 서부극에 나오는 술집처럼 밀면 열리는 반회전문이 앞뒤로 설치되어 있었다. 피셔로는 말했다. "아이들은 한쪽 문으로 나가서 다른 쪽 문으로 몰래 들어오곤 했어요. 하루 종일 교실 안팎을 들락거렸죠. 복도로, 어두운 층계참으로, 식당으로, 체육관으로……."

교사와 직원들은 학생들을 통제할 수가 없었다. 첫해에 내려진 정학 처분만 321개였고, 그중 상당수가 동일한 학생들이 여러 번 받은 것이었다. 전교생의 28퍼센트가 무단 결석생으로 분류되었는데, 이것은 학생들이 합당한 이유나 해명 없이 학교를 열흘 이상 결석했다는 의미다.

"정말 정신없는 한 해였죠. 참호에 갇혀서 집중포화를 맞는 것 같았습니다. 전쟁터나 다름없었죠." 피셔로는 말했다. 계획은 전부 수포로 돌아갔다. 2010~2011년 학기에 스탠튼 초등학교를 지켜본 어떤 사람은 "학교가 '아주 나쁜' 수준에서 '최악'으로 악화되었다"고까지 표현했다. 심지어 피셔로는 그해 중반에 학교 계단에서 넘어져 다리가 부러지는 불상사까지 겪었다.

"봄 학기쯤 되자 이젠 뭐든 해야겠다는 생각이 들더군요." 피셔로가 말했다. "이래서는 안 되겠다는 절박감이 들었어요. 어차피 승산이 없다는 생각이 들면 지푸라기라도 잡고 싶어지는 법이죠."

해결책을 모색하던 피셔로는 플람보얀 재단에서 나온 한 직원을 만났다. 학교 개선을 목적으로 하는 가족 재단인 플람보얀은 가족 참여 프로그램으로 유명한데, 이는 학부모들에게 자녀의 교육에 있어 보다 적극적이고 협력적인 역할을 하도록 촉구한다. 그것은 스탠튼 초등학교의 약점이기도 했다. "벽을 새로 칠하고 조명을 바꾸고 대학 배너를 걸고 아무리 훌륭한 교사와 직원들을 데려와도, 당신이 돕고 싶은 이들이 당신을 신뢰하지 않는다면 무용지물이죠." 피셔로는 말했다.

워싱턴 D. C.의 교육 체제는 교사와 학부모 사이의 뿌리 깊은 불신으로 가득했다. 플람보얀 재단의 대표인 수잔 스티븐슨은 D. C. 학군에서 150명의 포커스 그룹을 소집했다. "우리는 가슴 아픈 사실을 알게 되었습니다." 그녀는 말했다. 학부모들은 교사들이 학생에 관심이 없고 무능력하다고 생각했다. 그저 월급을 타려고 직장에 다닌다고 여겼다. 많은 부모들이 D. C.의 공립학교 출신이었고 그들은 학창시절에 대해 쓰라린 기억을 갖고 있었다.

교사들은 학부모가 자녀의 교육을 중요하게 여기지 않는다고 느꼈다. 학교 행사에도 참여하지 않았고, 자식의 교육이 걸린 문제인데도 학부모-교사 총회에 참석하게 하는 것만도 큰일이었다(한편 학부모는 교사들과 정확히 정반대의 견해를 갖고 있었다. 그들은 교사가 아이들에게 무관심하다고 생각했고, 그래서 그런 행사나 회의에도 참여할 필요가 없다고 여겼다).

스티븐슨은 캘리포니아주 새크라멘토에 학부모의 교육 참여를 높이는 프로그램이 있다는 것을 알게 되었다. 프로그램의 테스트 결과가 꽤 희망적이었기 때문에 그녀는 D. C.의 일부 학교에도 이를 시험 도입해보고자 했다. 피셔로가 말했다. "플람보안에게 제발 우리를 시범학교로 선정해달라고 거의 싹싹 빌다시피 했죠."

이미 새 학기가 상당히 지난 시점에서, 피셔로는 이 프로그램을 어떻게 적용할지 논의하기 위해 교직원 회의를 소집했다. 그녀는 불안하고, 걱정스러웠다. "그즈음에 우리 직원들은 정말로, 정말로 지쳐 있었어요. 그런데 목요일마다 2시간짜리 교육을 받아야 한다니…… 그래서 '이런 게 잘될 리가 없다'고 생각했죠."

그날 플람보안 재단의 자문위원이 계획안의 핵심을 밝혔다. 바로 가정방문이었다. 다음 학기가 시작하기 전에 교사들이 학생들의 집을 방문해 학부모와 대화를 나눈다는 내용이었다.

가정방문 자체는 교사들에게 별로 낯선 개념이 아니었다. 많은 차터스쿨이 필수적으로 가정방문을 시행했다. 그러나 보통 이런 가정방문의 목적은 부모들로부터 자녀의 교육을 특정 방식으로 지원하겠다는 서약서에 서명을 받는 것이었다.

반면에 플람보안 재단은 가정방문에 대해 다른 접근법을 활용하고 있었다. 학생들의 집을 방문하는 교사들은 어떤 서류도 가져가면 안 됐다. 학부모의 서명을 받지도 않고 정보를 설명하지도 않았다. 그들이 할 일은 그저 질문을 던지고 대답을 듣는 것뿐이었다. 질문 목록은 미리 정해져 있었다.

"자녀의 학교생활에 대해 말씀해주십시오. 부모님의 학창시절은 어떠하였는지요?"

"자녀의 미래가 어떻기를 바라시는지요?"

"자녀가 앞으로 무엇이 되었으면 좋겠나요?"

"자녀가 학교에서 더 효과적으로 배울 수 있게 도우려면 제가 어떻게 해야 할까요?"

그날 회의에 참석한 멜리사 브라이언트라는 4학년 수학 교사는 이렇게 말했다. "그 이야기를 듣고 내 첫 번째 반응은 '개소리 하네'였죠." 브라이언트는 스탠튼 초등학교에 오기 전에도 교육 환경이 안 좋은 지역—사우스필라델피아, 할렘, 베드퍼드스타이베선트—에서 근무한 적이 있었다. 그녀는 학생들의 집을 한 번 방문한다고 해서 뭐가 바뀔지 회의적이었다.

그때 두 사람의 학부모가 입을 열었다. 플람보얀 재단이 가정방문 프로그램을 실시한 새크라멘토에서 비행기로 여기까지 데려온 학부모들이었다. 그들은 가정방문이 그들에게 어떤 의미였는지 설명했다. 누군가 그들에게 자녀의 미래에 대해 어떤 소망을 갖고 있는지 물어본 것이 처음이라고 말했다. 보통 학교에서 학부모를 호출할 때는 작성할 서류가 있거나 아이들이 문제 행동을 일으켰거나, 또는 자원봉사를 요청할 때뿐이었다. 그러나 가정방문은 달랐다. 교사들이 그들의 집을 찾아와, 거실의 소파에 앉아 그들의 이야기를 들었다.

학부모들의 경험담을 들으니 브라이언트의 태도에도 변화가 일었다. "우리는 학부모들의 의견을 소중하게 여긴다면서 실제로는 귀를 기울인 적이 없었어요." 그녀가 말했다. "갑자기 소름이 쫙 끼치더군요.

'와우, 우린 더 열심히 노력해야 해'라는 생각이 들었어요."

플랍보얀의 조사에 따르면 가정방문은 학부모들의 적극적인 참여를 유도할 수 있고 그 결과 학생들에게서도 큰 변화를 야기할 수 있었다. "갑자기 정전이라도 된 것처럼 방 안이 잠잠해졌습니다." 피셔로가 말했다. "우린 생각했죠. '이건 정말 엄청난 변화를 가져올 수 있겠어. 그리고, 우린 할 수 있어.'"

대략 15명의 교사들이 여름 방학 동안 가정방문을 하기로 결의했다. 초반에는 다소 지지부진했고 학부모들도 회의적이었다. 그러다 점차 가정방문에 대한 긍정적인 분위기가 지역공동체 내에 번져나가기 시작했다. "학부모들이 가정방문을 고대하게 되었습니다." 브라이언트의 말이다. "만나면 이런 말도 했어요. '그 집에 가정방문 왔어요? 우리 집은 며칠 전에 왔어요.'" 한 교사는 길에서 마주친 학부모가 왜 자기 집에는 오지 않느냐고 따져 묻기도 했다고 말했다.

2011년 가을 신학기가 시작된 날, 스탠튼 초등학교의 분위기는 명백하게 바뀌어 있었다. 무엇보다 많은 학생들이 벌써 담임교사의 얼굴과 이름을 알고 있었다. 그들이 방학 때 집에 찾아와 부모와 대화를 나누는 모습을 봤기 때문이다. 이미 확립된 친숙함과 신뢰감은 행동의 개선으로 나타났다. 어느 날에는 식당에서 문제가 발생해 100여 명의 학생들이 계단참에 줄을 서야 했는데, 작년이라면 거의 아수라장이 되었을 것이다. 하지만 올해에 아이들은 차분하고 질서정연했다.

"이제 진짜 학교다운 학교처럼 느껴졌습니다." 피셔로가 말했다. "이렇게 빨리 효과가 나타나다니 믿을 수가 없을 정도였죠."

진정한 충격의 순간은 새 학년이 시작되고 첫 달에 열린 연례 신학기의 밤 행사에서 일어났다. 신학기의 밤은 학부모가 학교에 찾아와 담임교사와 면담을 갖고 교실을 견학하는 날이다. 브라이언트의 증언에 따르면 스탠튼 학부모들의 참여도는 낮은 편이었다. "해마다, 스탠튼뿐만 아니라 내가 근무한 모든 학교에서, 그날은 교무실을 청소하는 날에 불과했어요. 늘 보는 학부모 3명을 제외하면 아무도 오지 않았거든요. 그리고 그 사람들과는 더 할 이야기도 없었죠. 모든 행사에 참석하는 부모들이었으니까요."

작년 신학기의 밤에 학교를 방문한 학부모는 겨우 35명이었다. 올해에 가정방문 때문에 다소 기대를 품은 직원들은 강당에 50개의 의자를 마련했다.

행사가 시작되기 15분 전에 50개의 의자가 만석이 되었다. 그래서 그들은 100개를 더 가져왔다. 그리고 10분이 지나자 놀랍게도 추가한 의자마저 전부 채워졌다. 심지어 자기 자리에 앉아 있던 교직원들이 서 있는 학부모들에게 의자를 양보하기조차 했다. 피셔로가 연단에 올라 참석자들에게 환영인사를 건넸을 때에는 아예 서 있는 사람들이 절반이었다. 그날, 200명이 넘는 학부모가 행사에 참석했다!

"이게 대체 무슨 일이야 싶어서 서로 얼굴을 쳐다보게 되는 순간이었죠." 브라이언트가 말했다. "'환상특급'이라도 보는 것 같았어요."

놀라운 순간은 계속해서 이어졌다. 작년에 12퍼센트에 불과했던 학부모의 면담 참석률은 2011~2012년 학기에는 73퍼센트로 치솟았다. 무단 결석생은 28퍼센트에서 11퍼센트로 떨어졌다. 학업성취도 역시 증가했다. 워싱턴 D. C.의 종합학력평가제도^{CAS}의 읽기 능력에서 능숙 등급을 받은 학생은 9퍼센트에서 18퍼센트로 두 배 뛰어올랐고,

수학의 경우에는 9퍼센트에서 28퍼센트까지 세 배로 증가했다. 학생들에 대한 정학 처분은 321건에서 24건으로, 이 정도면 거의 멸종 단계에 이르렀다.

학부모의 참여도가 짧고 달콤한 밀월 기간에만 반짝하다 사라진 것도 아니다. 엄밀히 말하자면 시간이 지날수록 관계는 더욱 두터워졌고, 해가 갈수록 성공은 확고해졌다. 교사들은 더 많은 가정을 방문했다. 더 많은 학부모가 교육에 참여했다. 학생들의 행동이 개선되고 성적은 올라갔다. 2013~2014년 학기에 CAS에서 능숙 등급을 받은 학생은 읽기 능력이 28퍼센트, 수학점수는 38퍼센트까지 증가했다.

워싱턴 D. C.에 거주하는 평범한 초등학교 3학년생은 180일의 등교일 동안 하루 평균 7시간을 학교에서 보낸다. 대략 계산하면 1년에 1,260시간인 셈이다. 이에 비하면 가정방문 1시간쯤은 정말 별것도 아님에도 불구하고 1년 내내 거대한 반향을 일으켰다. 그것은 결정적 순간이었다.

이렇게 작고 소소한 개입이 어떻게 그토록 거대한 영향을 끼칠 수 있는 것일까? 우리는 인간관계를 시간의 관점에서 생각하는 데 익숙하다. 우리는 보통 관계가 오래 지속될수록 더 친밀하고 가까운 사이가 된다고 생각한다. 그러나 인간관계란 비례적으로 꾸준히 증가하는 게 아니다. 알고 지낸 시간이 길다고 더 친밀해진다는 보장은 없다. 매년 추수감사절 때마다 멀리 사는 삼촌과 만나 다정한 대화를 나눈다고 해서 10년 뒤에 두 사람이 더 가까워졌다고 말할 수 있을까? 반대로 만나자마자 마음이 맞아 뭐든 믿고 맡길 정도로 절친한 사이가 되는 경우도 있지 않은가?

앞으로 보게 되겠지만, 올바른 순간을 창조할 수만 있다면 관계는 그 즉시 변화할 수 있다. 그것이 바로 스탠튼 초등학교에서 일어난 일이며, 이는 직장에서든 가정에서든 다른 어떤 관계에서도 일어날 수 있다. 그렇다면 다른 이들과 유대감을 다질 수 있는 순간에는 어떤 것들이 있을까?

"당신에게 중요한 것은 무엇입니까?"

사회심리학자 해리 T. 라이스$^{Harry\ T.\ Reis}$는 이 의문을 푸는 데 평생을 바쳤다. 그는 2007년에 「관계학의 성숙을 향한 단계$^{Steps\ Toward\ the\ Ripening\ of\ Relationship\ Science}$」라는 도발적인 논문을 발표했다. 해당 학문의 에베레스트산을 정복하고자 하는 시도치고는 꽤 수수한 제목이었다.

라이스는 동료 학자들에게 연인관계를 설명하는 보편적인 이론을 추구할 것을 촉구했다. 어째서 어떤 연인들은 꾸준히 관계를 지속하는 반면 다른 이들은 헤어지는가? 어째서 일부 부부의 친밀도는 계속 증가하는 반면 다른 이들은 그렇지 못한가? 성공적인 관계의 구성회로는 무엇인가?

라이스는 각계에 널리 분산된 방대한 연구 결과를 하나로 통합할 수 있는 개념, 즉 자신이 생각하는 관계학의 핵심 구성 원리를 한 문장으로 제시했다. "배우자와의 관계는 파트너가 우리에게 반응하는 것을 감지할 때 더욱 강화된다"(논문에서 자주 사용된 표현은 "지각된 배우자 반응"이있다). 여기서 반응이란 다음 3가지를 망라한다.

이해 내 배우자는 내가 나 자신을 어떻게 인식하고 내게 무엇이 중요한지 알고 있다.

인정 내 배우자는 나라는 사람과 내가 원하는 것을 존중한다.

배려 내 배우자는 내가 욕구를 충족시킬 수 있게 적극적으로 지원하고 돕는다.

이 3가지 요소를 관통하는 핵심 개념은 바로 조율이다. 우리는 배우자가 나와 같은 방식으로 나를 보고, 받아들이고, 원하는 것을 얻을 수 있게 도와주기를 바란다. 정말이지 황당할 정도로 이기적인 소망이 아닌가. 나! 나! 나! 그러나 이런 이기주의는 상호적이다. 실은 우리의 배우자 역시 우리에게서 똑같은 것을 바라기 때문이다.

반면에 무반응적인 태도는 어떤가? 굉장히 당혹스럽고 착잡한 기분으로 집에 도착했는데, 배우자가 당신이 어떤 상태인지 눈치채지도 못한다면?(몰이해) 당신이 뭔가를 열정적으로 설명하고 있는데 배우자가 전혀 관심도 없다면?(불인정) 포옹이나 위로의 말 하나 없이 상대의 무표정한 얼굴을 마주하게 된다면 어떤 기분일까?(무배려) 무반응은 사람의 마음을 갉아먹는다. 우리의 인격을 박탈한다.*

연구에 따르면 반응적 치료는 신생아에게 안정감을 주고 아동들은 든든함을 느낀다고 한다. 사람들은 친구들에게 만족하고, 부부는 친

---

* 무반응에 대한 다른 예를 보고 싶다면, 당신의 청소년 시절을 돌이켜보라. 상대가 뭐라고 말했을 때 10대의 당신은 그 말을 귓등으로 흘리거나 명백한 지시도 행동으로 옮기지 않았을 것이다(몰이해). 상대방이 원하는 것을 자세히 설명하면 10대의 당신은 눈알을 굴렸을 것이다(불인정). 중립적인 "네, 알았어요."는 사라지고 "아, 어쩌라고!"만 날렸을 것이다("아, 어쩌라고!"는 모든 것의 반대다).

밀함을 느낀다. 반응성은 애착 안정성과 자존감, 정서적 안녕, 그리고 다른 수많은 긍정적 특성들(해리포터에 나오는 주문 이름처럼 들리는 스트레스 호르몬인 일중 코르티솔$^{diurnal\ cortisol}$ 수치까지도)과 연관이 있다.

그러므로 스탠튼 초등학교의 가정방문이 놀라운 효과를 거둔 이유는 단순하다. 바로 반응성 때문이다. 교사들이 학부모에게 던진 4가지 질문을 살펴보라.

- 자녀의 학교생활에 대해 말씀해주십시오. 부모님의 학창시절은 어떠하였는지요? (이해)
- 자녀의 미래가 어떻기를 바라시는지요? (인정)
- 자녀가 앞으로 무엇이 되었으면 좋겠나요? (인정)
- 자녀가 학교에서 더 효과적으로 배울 수 있게 도우려면 제가 어떻게 해야 할까요? (배려)

플람보얀 재단은 가정방문을 하는 교사들에게 어떤 서류도 가져가지 말 것을 지시했다. 왜 그랬는지 알 것 같지 않은가? 서류는 개인의 인격과 개성을 박탈한다. '우리는 이 팸플릿을 모두에게 나눠준답니다.' 판에 박힌 일률적 대응으로는 반응을 이끌어낼 수가 없다.

반응성의 영향력에 대한 라이스의 생각은 옳았다. 리서치 회사인 갤럽은 직장 근로자들의 만족도를 평가하는 질문지를 개발했다. 갤럽은 질문에 대한 긍정적 응답이 관리자들이라면 당연히 중요하게 여길 거의 모든 목표들과 연계되어 있음을 발견했다. 직원 참여도, 회사 잔류율, 생산성과 수익률, 나아가 고객만족도까지 말이다. 가장 의미심장한 응답을 이끌어낸 6가지 질문은 다음과 같은데, 마지막 3가지는 라이스 본인이 작성했다고 해도 믿길 정도다.

1. 회사가 나에게 무엇을 기대하고 있는지 알고 있는가?
2. 내 일을 하는 데 필요한 자료와 장비를 갖고 있는가?
3. 날마다 최선을 다할 기회가 주어지는가?
4. 지난 일주일 동안 업무를 훌륭히 해낸 데 대한 인정이나 상찬을 받았는 가? (인정)
5. 상사 또는 일터의 다른 사람이 나를 인간적으로 배려하는가? (배려)
6. 일터에 내가 더 발전할 수 있도록 격려하는 사람이 있는가? (이해, 배려)

밥 휴스에게 경청 기술을 가르치고 나중에 보스 헤드폰으로 그를 치하한 키스 라이싱어를 기억하는가? 그는 이런 반응형 관리자의 대표적인 사례라고 할 수 있다. 라이싱어는 함께 일하는 부하직원들에게 인간적인 관심을 기울였고, 그들에게 시간을 투자하고 그들이 성공하면 이를 인지하고 인정해주었다. 갤럽의 조사 결과가 말해주듯 이 같은 반응성은 일터뿐만 아니라 가정에서도 몹시 중요하다.

반응성 개념은 의료제도에서도 유사한 효과를 발휘한다. 반응성은 환자의 진료와 돌봄에 있어 당연한 요소로 받아들여지고 있으며, 전 세계 보건의료 시스템이 (지난 장에서 살펴본 샤프를 비롯해) 점점 더 환자에 대한 존중과 배려를 우선순위에 놓고 있다.

병원 내 과실 및 감염을 감소시키기 위한 활동으로 유명한 비영리 단체인 IHI Institute for Healthcare Improvement는 최근 환자 중심 진료를 확대하는 데 힘쓰고 있다. IHI의 전 CEO인 모린 비소냐노Maureen Bisognano는 이와 관련해 개인적인 경험을 갖고 있다. 모린은 9명의 형제자매 중 맏이였는데 조니라는 남동생이 있었다. 조니는 아주 잘생기고 똑똑한 10대 소년이었고, 보스턴 셀틱스에서 볼보이로 일했다.

조니는 17세에 호지킨병이라는 진단을 받았다. 병의 진행 속도가 너무 빨라 몇 년도 지나지 않아 조니는 수시로 병원을 들락거리게 되었다. 모린은 남동생을 보러 자주 병원에 들렀고 많은 의사들이 동생의 병실을 거쳐간 것을 기억한다. "그들은 조니를 앞에 둔 채 자기들끼리만 말할 뿐, 동생에게는 직접 말을 거는 법이 없었죠." 모린은 말했다.

조니는 스무 살에 말기에 이르렀다. 어느 날 그는 모린을 찾아와 이렇게 말했다. "난 살지 못할 것 같아." 모린은 동생에게 무슨 말을 해야 할지 몰랐다. "그 애는 죽을 각오가 되어 있었지만, 난 아니었어요." 그녀는 말했다.

그때는 아직 말기 환자를 위한 호스피스가 대중화되기 전이었고, 그래서 죽어가는 환자조차 강제로 치료를 받아야 했다(특히 죽어가는 환자들은 더더욱 그랬다). 조니는 생에 남은 거의 모든 시간을 의도는 좋을망정 인간미는 전혀 없는 의료인들에게 바늘로 찔리고, 감시당하고, 치료를 받으며 보내야 했다. 그들은 조니의 의견이나 생각을 묻지 않았다. 어느 날, 피터 벤트 브링엄 병원에서 한 의사를 만났을 때까지는 말이다.

그때 모린은 조니의 침대 옆에 앉아 있었다. 의사가 조니에게 고개를 돌리더니 말했다 "조니, 넌 뭘 하고 싶니?", "집에 가고 싶어요." 조니가 대답했다. 다음 순간, 모린은 경악했다. 의사가 그녀에게 재킷을

달라고 했던 것이다. 그는 모린이 준 재킷을 조니의 어깨에 덮어주더니 그를 침대에서 일으켜 그녀의 차로 데려갔다. 그날 조니는 가족들이 있는 집으로 돌아갔고, 삶의 마지막 며칠을 사랑하는 이들과 함께 보냈다. 그는 스물한 번째 생일을 보내고 며칠 뒤 숨을 거뒀다.

그로부터 수십 년 뒤에 모린 비소냐노는 《뉴잉글랜드의학저널》에 실린 글을 읽고 남동생을 떠올렸다. 필자인 마이클 J. 배리^{Michael J. Barry}와 수전 에지먼-레비탄^{Susan Edgman-Levitan}은 이렇게 쓰고 있었다. "임상의들은 온정 있는 권위자가 되기를 포기하고 유능한 코치 또는 파트너로 역할을 재규정할 필요가 있다. 다시 말해 '당신의 문제는 무엇입니까?' 뿐만 아니라 '당신에게 중요한 것은 무엇입니까?'라고 묻는 법을 배워야 한다."

"당신에게 중요한 것은 무엇입니까?"라는 질문을 본 모린은 번개에 맞은 듯이 정신이 번쩍 들었다. 그것은 실질적으로 그 인정 많은 의사가 남동생 조니에게 던진 질문과 같은 것이었다. 이제야 깨달았지만 그 질문은 환자 중심 진료의 핵심을 담고 있었다. 모린은 수백 명의 간병인들이 모인 강연회에서 환자들에게 "'문제가 무엇인지'만 묻지 말고 '그들에게 중요한 것은 무엇인지' 질문하십시오"라고 간곡히 부탁했다. 환자들에게 더 민감하게 반응해달라는 호소였다.

이는 많은 의사와 간호사들에게도 깊은 인상을 남겼다. 2014년 파리에서 모린 비소냐노의 강연을 들은 스코틀랜드 출신의 소아과 간호사 젠 로저스^{Jen Rodgers}는 진심으로 깊은 감명을 받았고, 병동에 있는 아이들에게도 자신에게 중요한 것을 그려보라고 격려했다.

켄드라라는 일곱 살 소녀도 그중 하나였다. 켄드라는 수술을 받기 위해 막 아동 병동에 입원한 참이었다. 아이는 자폐증을 앓고 있었는데 병원에 들어온 후 단 한마디도 하지 않았다. 부친이 늘 옆에 붙어서 의사소통을 도와주어야 했다.

그러나 켄드라가 입원한 지 24시간도 안 돼 그녀의 아버지에게 심장마비 의심 증세가 나타나 서둘러 다른 병원으로 이송되었다. 혼자 남은 켄드라는 겁을 먹었을 뿐만 아니라 원하는 것을 표현할 수도 없었다. 하지만 켄드라가 완성한 '나에게 중요한 것' 그림이 세상과의 문을 활짝 열어주었다. "내 이름은 켄드라예요." 아이는 이렇게 썼다. "나는 자폐증이 있어요. 나는 말을 못해서 아파도 알릴 수가 없어요. 약 먹는 걸 싫어해서 발버둥을 치기도 해요. 나는 다른 사람 머리카락 만지는 걸 좋아해요. 그게 내가 인사하는 방법이에요."

간호사들은 켄드라의 그림을 참고 삼아 켄드라를 돌봤다. 로저스의 말에 따르면, 만일 그 그림이 아니었다면 간호사들은 켄드라의 행동을 오해했을 것이다. 말도 하지 않고, 약을 먹일 때마다 발길질을 해대고 간호사의 머리채를 붙잡는 어린 환자를 돌본다고 생각해보라. 켄드라는 공격적인 성향이 있다는 오해를 받았을 것이다. 어쩌면 독실에 격리되었을 수도 있고 그로 인해 더 큰 스트레스를 받았을지도 모른다.

켄드라의 아버지는 빠른 속도로 회복해 며칠 뒤에 딸의 곁으로 돌아왔다. 아버지가 없는 동안 간호사들은 켄드라의 요청에 충실했다. 그들은 아이를 안심시켰다("불안할 때 안아주면 좋아해요." 켄드라는 이렇게 썼다). 켄드라가 좋아하지 않는다는 것을 알기 때문에 최대한 복용약을 처방하지 않았다. 그들은 켄드라와 하이파이브를 했다. 켄드라가 머리카락을 만지작거릴 수 있게 머리를 내주었고, 또 켄드라의 머리를 빗

겨주었다("우리 아빠는 내 머리를 예쁘게 못해요"). 켄드라와 간호사들 간의 관계를 바꾼 것은 정말 간단한 질문 하나였다. "당신에게 중요한 것은 무엇인가요?"

　로저스는 켄드라와의 경험 덕분에 전에는 회의적이었던 동료들조차 그 질문의 가치를 깨달았다고 말했다. '나에게 중요한 것 그림 그리

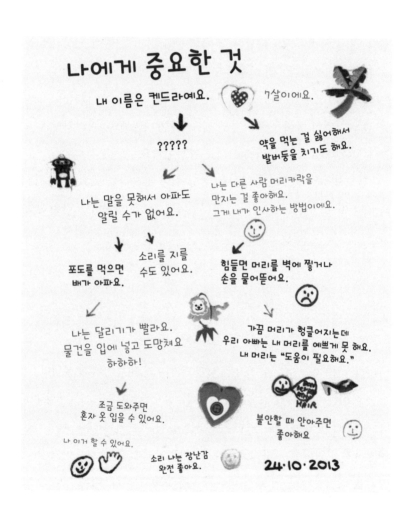

기'는 현재 스코틀랜드의 모든 소아과 병원에서 기본 절차로 시행되고 있다. 모린 비소냐노와 IHI의 지원에 힘입어 전 세계 의료계가 이런 반응성 질문을 포용하고 도입하게 되었다. 스탠튼 초등학교의 가정방문처럼 올바른 순간만 주어진다면 관계는 순식간에 변할 수 있다.

나는 당신에게 반응해

반응성은 환자와 간병인처럼 복잡하고 감성적인 관계에서도 중요하지만 보다 일상적이고 평범한 상호작용에서도 매우 중요하다. 예를 들어 형편없는 서비스 때문에 울화통이 터지는 것도 실은 상대방의 반응이 미흡했기 때문인지도 모른다. 식당에서 한참 동안 테이블에 앉아 있었는데 10분이 넘도록 아무도 당신에게 관심을 주지 않는다고 생각해보라. 아니면 자동차 대여점에서 당신이 가입하지도 않은 자동차보험의 추가혜택을 신청하겠느냐는 질문을 듣는다면? 잠시 대기하라는 말에 전화통을 붙들고 한없이 기다렸는데 안내원이 "본인의 신분을 밝혀주세요"라고 말한다면 어떤 기분일 것 같은가?

우리 저자들의 경험담을 풀어놔보겠다. 우리는 출장을 자주 다니기 때문에 비행기를 검색할 때 비행시간에 따라 결과를 분류한다(비행기에 앉아 있는 시간을 최대한 줄이고 싶기 때문이다). 우리는 지난 12년간 비행시간으로 검색 결과를 분류했는데, 단 한 번도, 어떤 여행사 웹사이트도, 이런 우리의 기호를 기억하거나 저장해두지 않았다. 반면에 칩(칩 히스)은 몇 달 전에 실수로 헬로 키티 링크를 클릭하게 됐는데 심지어 지금까지도 인터넷에 접속하면 어떤 웹사이트에 가든 귀여운 고양이 광고가 따라다닌다. 어째서 인터넷은 한 번 클릭한 광고는 정확하게 기억하면서 우리가 진짜 중요하게 여기는 것에 대해서는 기억상실증에 걸리는가?

우리가 이런 것에 불만을 품는 이유는 당연하게도 이해와 인정, 그리고 배려가 부족하기 때문이다. 우리는 인간적인 대우를 받지 못하는 게 싫다. '당신은 특별하지 않다. 당신은 숫자에 불과하다.'

리서치회사인 CEB Corporate Executive Board는 고객 서비스 통화 및 통화 경험에 대한 고객들의 평가를 조사한 바 있다. 놀랍게도 평가 응답의 거의 절반이 그들이 방금 경험한 특정한 통화와 관련돼 있었고, 나머지 절반은 과거의 경험을 반영하고 있었다(예를 들어 만일 고객이 예전에 어떤 문제를 해결하기 위해 전화를 여섯 번 걸었다면 일곱 번째 통화 내용이 훌륭했더라도 평가에는 큰 영향을 미치지 않았다).

CEB는 고객들의 과거 경험에 대한 기억을 '앙금'이라고 표현했다. 대부분의 콜센터 직원들은 '앙금'이 남아 있는 통화를 피하고 싶어 했다. 고객 기록에 기존의 통화 전적이 많으면 일부러라도 이를 언급하지 않았다. 상처에 소금을 뿌리는 것이나 다름없거늘 뭐하러 굳이 과거의 아픈 기억을 들쑤신단 말인가? 작금의 문제를 최대한 빨리 해결하는 편이 낫지 않을까?

그래서 CEB는 앙금 해결 기술에 대한 실험을 실시했다. 연구진은 한 콜센터를 선택해 직원들에게 고객의 앙금을 무시하거나 해결하도록 무작위로 과제를 부여했다. 가령 한 고객이 새로 산 태블릿 배터리에 문제가 생겨 여러 차례 전화를 했다고 하자. 다음 2가지 반응을 비교해보라.

양극 무시 직원 저희 제품을 구입해주셔서 감사합니다. 배터리에 이상이 있다는 말씀이시죠? 그럼 먼저 태블릿의 '설정'에 들어가 배터리를 필요보다 많이 소모하는 기능이 가동 중인 건 아닌지 검토해보세요.

양극 해결 직원 저희 제품을 구입해주셔서 감사합니다. 배터리에 이상이 있다는 말씀이시죠. 지난 기록을 보니 같은 문제로 전에도 여러 번 문의하셨네요. 맞습니까? 네, 감사합니다. 이전에는 어떤 조치를 취하셨는지, 그리고 그중 어떤 것이 효과적이었고 또 아니었는지 말씀해주실 수 있을까요? 그러면 고객님께서 전에 시도한 것들은 빼고 다른 방법을 모색할 수 있을 테니까요.

양극 해결 직원은 반응적이다. 고객이 과거에 겪은 실망스러운 경험에 대해 이해와 인정을 보여준다. 이런 반응적 태도가 고객에게 미친 영향은 가히 놀라웠다. 고객들은 양극 해결 직원에게 다른 통화의 2배에 달하는 점수를 주었으며, 문제 해결을 위해 자신이 들인 노력에 대한 인식도 84퍼센트로 떨어졌다.

해리 라이스는 반응성에 대한 그의 논문에서 연인관계의 핵심 구성 원칙에 관해 설명했다. 그가 우선적으로 주목한 것은 개인적인 친밀감을 돈독히 쌓는 것이었다. 이 원칙은 남녀관계를 넘어 보다 광범위한 영역까지 영향을 미친다. 부부가 더 행복한 결혼생활을 만끽하는 것은 물론, 직원들은 자신이 인정받고 있다고 느끼고, 환자들은 치료

과정에서 존중받는다고 느끼며 고객들은 서비스 통화에서 더 큰 만족감을 느낀다. 교감의 순간을 창조하고 싶다면 우리는 타인에게 더 적극적으로 반응해야 한다.

관계는 저절로 깊어지지 않는다

반응성이 반드시 친밀감으로 이어지지는 않는다. 앙금 해결 직원들은 전화기 너머에 있는 고객들에게 적극적으로 반응하지만 그렇다고 울먹거리며 작별을 아쉬워하지는 않는다. 그러나 반응성과 솔직함이 결합하면 친밀감이 빠른 속도로 발전한다.

이를테면 이린 식이다. 어띤 사람이 새로운 사실을 고백한다. 그러곤 상대방도 똑같이 뭔가를 말해주길 기다린다. 이런 상호교환은 이해와 인정, 배려를 의미한다. '네가 하는 말을 들었어. 나는 네 말을 이해하고, 수용하고, 또 나 자신에 관한 이야기를 해줄 만큼 너를 소중히 여기고 있어.' 한편 상대방의 무반응은—비행기 옆 좌석에 앉아 당신과 인사를 나누자마자 헤드폰을 써버리는—그런 호혜적 관계를 종료하고 관계를 경직시킨다.

이런 식의 '차례로 대화 주고받기'는 놀랍도록 간단히 이뤄진다. 한 실험조사에서 연구진은 버스 정류장의 낯선 사람에게 접근해 미리 준비해놓은 진부한 인사말을 건넸다. 그들이 건넨 '저低 친밀성' 대사는 "드디어 퇴근하네요. 그쪽은 오늘 어땠어요?"였다.

'고高 친밀성' 문장은 주고받기 과정을 얼마나 쉽게 시작할 수 있는지를 보여준다. 연구진은 낯선 사람에게 이렇게 말했다. "드디어 퇴근하네요. 정말 정신없는 하루였어요. 그쪽은 오늘 어땠어요?" 친밀성이 '높은' 인사말이 이 정도라니! 여기 비하면 악수는 무슨 성인 등급으로 취급해야 할 정도다. 그러나 이런 약간의 자기 노출만으로도 그들은 상대방으로부터 꽤 친근한 반응을 이끌어낼 수 있다.

실험자   드디어 퇴근하네요. 정신없는 하루였어요. 그쪽은 오늘 어땠어요?

실험 대상   오, 전 아주 좋았어요.

실험자   그래요?

실험 대상   네, 행복한 하루였어요. 제가 좋아하는 사람과 데이트를 했거든요. 정말 행복했죠.

이 시나리오에서는 실험자가 개인적인 정보를 공개하면 대상자는 그에 반응하고, 다시 실험자가 대상자에게 반응하면 대화가 한 단계 더 진척된다. 점진적으로 친밀감을 쌓아가는 것이다. 물론 이와는 다른 관계를 맺는 사람도—미리 설정된 대답만을 기계적으로 주고받는—있을 것이다. "열심히 하고 있어요, 데이브?", "아뇨, 별로요", "그렇게 말하면 안 되죠", "그냥 하루하루 버티는 건데요, 뭐", "그건 그래요", "나중에 봅시다." 이 둘의 관계는 영원히 평행선을 유지할 것이다.

친밀감은 주고받기를 통해 구축된다. 이에 대한 조금 극적인 예로는 사회심리학자 아트 아론Art Aron과 4명의 동료들이 공동 실험한 개인 간 친밀도의 생성 연구Experimental Generation of Interpersonal Closeness를 들 수 있을 것이다(그건 그렇고, 이건 TV 프로그램 〈더 배첼러〉의 대체 제목으로 완벽하다).*

이 실험에서는 같은 심리학 수업을 듣지만 전혀 모르는 사이끼리 짝을 지었다. 2명씩 짝 지은 실험참가자들은 질문이 적힌 종이가 담긴 36개의 봉투를 받았는데, 봉투 안에 든 질문을 각자 번갈아가며 던지고 답해야 했다. 이 연습 활동은 각각 15분씩 세 차례의 세션으로 구성되었다. 실험이 진행될수록 질문은 점차 친밀하고 내밀해졌는데, 아래는 3개의 각 세션에서 발췌한 예시들이다.

1라운드

질문 1   세상에 존재하는 사람 중에 누구든 고를 수 있다면 당신이 저녁 만찬에 초대하고 싶은 사람은?

질문 4   당신이 생각하는 '완벽한' 날이란?

질문 8   당신과 당신의 연인·배우자의 공통점을 3개만 말해본다면?

2라운드

질문 13   당신 자신이나 당신의 인생, 미래, 그리고 다른 모든 것에 대해 진실을 말해주는 수정 구슬이 있다면 뭘 물어보겠는가?

질문 15   이제까지 살아오면서 당신이 성취한 가장 위대한 일은?

질문 21   당신의 삶에서 사랑은 어떤 역할을 하는가?

---

*   농담이 아니라 〈더 베첼러〉나 이와 유사한 짝짓기 TV 프로그램은 인스턴트 사랑(교감의 순간)의 전문가들이다. 제작자들이 얼마나 손쉽게 교감의 순간을 만들어내는지 생각해보라. 아름다운 풍경과 맛있는 음식(감각적 매력), 새로운 경험(각본 깨트리기), 그리고 열렬한 경쟁에 이르기까지(위험보상 높이기), 전부 절정을 창조하는 전형적인 전략들이다.

3라운드

질문 26   다음 문장을 완성하라. "나는 _____을 함께할 사람이 있으면 좋
               겠다."

질문 28   당신이 좋아하는 연인·배우자의 특성이 있다면? 처음 만나는 사
               람에게는 못할 이야기까지 솔직하게 털어놓도록.

질문 33   만일 오늘 당장 갑자기 죽는다면 누구에게 어떤 말을 하지 못한
               것을 가장 후회할 것 같은가? 왜 그에게 아직 그 말을 하지 못했
               는가?

주고받기가 끝난 다음 두 실험참가자는 각자 짧은 질문지에 답했
다. 그중에는 친밀도를 측정하는 IOS^{Inclusion of Other in the Self}(자기-타인 포함
척도-옮긴이)도 포함되어 있었는데, 응답자의 IOS 평균값은 7점 만점
에 3.82였다.

3.82가 얼마나 높은 수치인지 알고 싶은가? 연구진이 다른 대학생
집단에 같은 IOS 척도를 사용해 그들과 가장 가깝고, 친밀하고, 깊은
관계를 맺고 있는 사람들—연인이나 친구, 어머니—에 대해 평가해달
라고 요청했을 때, 응답자의 30퍼센트가 자신의 가장 친밀한 관계에
3.82보다 더 낮은 점수를 주었다.

자, 생각해보라. 2명의 낯선 사람이 45분간 대화를 나눴다. 점심식
사를 같이했을 수도 있고, 어쩌다 고객 서비스 전화통화가 길어졌을
수도 있다. 하지만 대화가 끝났을 때 두 사람은 대학생의 30퍼센트가
삶에서 가장 친밀한 관계에서 느끼는 것보다도 더 상대방을 친밀하게
여기게 된다! 이게 바로 인간관계의 마술이다.

아트 아론의 36개 질문은 꽤 유명해졌다. 심지어 지금은 친구들과 함께해볼 수 있는 앱도 있다(36Questions라는 앱). 하지만 어떤 면에서 진짜 중요한 것은 질문 자체가 아니다. 두 사람의 친밀감을 유도한 것은 특정한 질문이 아니라 주고받기라는 행위이기 때문이다. 아트 아론이 개발한 것처럼 취약성을 드러내는 패턴을 따르는 한 어떤 36개 질문도 똑같은 효과를 거둘 수 있다.

다만 여기서 잊지 말아야 할 중요한 사실은 이런 패턴이 저절로 시작되지는 않는다는 점이다. 반드시 누군가가—당신이—먼저 시작해야 한다.

이를 더 깊이 탐구하기 위해, 우리는 독자들에게 다음과 같은 과제를 제시했다. "친구나 가족들과 대화를 나눌 기회가 생겼을 때 시시한 잡담이 아니라 다소 진지하고 깊은 이야기를 꺼내보십시오. 집이나 직장에서 겪고 있는 시련이나 도전 같은 이야기 말입니다. 당신이 먼저 취약한 부분을 내보이면 상대방도 같은 방식으로 반응하리라고 믿고 대화를 더 깊은 수준으로 발전시키는 겁니다."

이를 직접 실행한 많은 이들이 상대방의 반응에 놀랐다. 마이크 엘람Mike Elam의 이야기를 들어보자.

나는 사무실에서 동료 매니저와 얘기를 나눴다. 처음에는 그냥 프로젝트 얘기였는데 그러다 점점 단순한 프로젝트 논의 이상으로 대화가 깊어지기 시작했다. 그 전까지만 해도 우리는 그저 직장 동료일 뿐이었고 회사에서 하는 일 외에는 서로 잘 알지도 못하는 사이였다. 그렇지만 나는 그녀가 올해 후반에 피닉스로 이사를 가고 거기서 원격으로 프로젝트에 참여할 것임을 알게 되었다. 그녀가 이사를 가는 이유는 배우자의 건강 때문이었다. 그러자 화제가 그쪽으로 옮겨갔다. 그는 다발성경화증을 앓고 있어 여기서는 겨울을 나기가 힘들 뿐만 아니라 다층 주택에서 활동하기가 어려워 이사를 결심했다고 했다. 그런 다음 우리는 살고 있는 집을 내놓을 때 겪는 어려움과 이삿짐을 싸는 순서에 대해 말하기 시작했다.

처음부터 너무 개인적이거나 심오한 질문을 던질 필요는 없다. '양파 껍질을 벗기듯이' 질문을 던질 때마다 조금씩 깊숙이 들어가는 것이다. 대화가 끝났을 즈음 우리는 상당히 깊은 곳에 도달해 있었다. 이 활동은 내가 업무를 논의하는 방식과 나와 그녀와의 관계를 완전히 변화시켜주었다.

인간관계는 시간이 갈수록 저절로 깊어지는 것이 아니다. 행동을 취하지 않으면 영원히 한자리에 머무를 뿐이다. 위에서 엘람이 말한 "우리는 그저 직장 동료일 뿐이었고 회사에서 하는 일 외에는 서로 잘 알지도 못하는 사이였다"는 그 자리에 멈춰 있는 관계다. 하지만 서로에게 반응하고 그에 따라 행동한다면 보다 확고한 친밀감과 유대감을 다질 수 있다. 교사와 학부모, 의사와 환자, 콜센터 직원과 고객, 직장 동료, 그리고 심지어 실험에서 처음 만난 낯선 사람과도 말이다. 뿐만 아니라 그렇게 시작한 친밀감이 놀라울 정도로 신속하게 강화될 수도 있다. 교감의 결정적 순간은 짧지만 강렬하다.

더는 외면할 수 없는
부서 갈등

상황 저녁식사 자리였다. 한 대기업의 영업부 전무와 마케팅 전무는 마침내 그들이 오랫동안 알고 있었던 사실을 인정하기에 이르렀다. 두 부서의 관계는 엉망이었다. 두 팀은 반드시 협력해 일해야 하는 관계임에도 불구하고 각자의 영역에 갇혀 있었다. 마케팅팀이 세련된 홍보자료와 광고를 만들어오면 영업팀은 제품에 대한 고객의 인식과 일치하지 않는다고 불평했다. 영업팀은 제품의 가격을 낮춰야 매출이 증가한다고 주장했지만 마케팅팀은 영업팀이 제품의 장점에 대해 고심하기보다 쉽고 빠른 길만 찾는다고 비난했다. 비록 허구의 이야기이긴 하나 이런 부서 간의 갈등은 누구에게나 익숙할 것이다.

목표 임원진은 부서 간의 갈등에 진저리가 났다. 사실 두 팀은 전쟁을 벌이고 있는 것이 아니다. 그저 각자의 테두리 안에서 안주하고 있을 뿐이다. 리더들은 두 팀이 효율적으로 협력하게 하고 싶었지만 그러기 위해서는 시스템 자체를 흔들어야 했다.

어떻게 결정적 순간을 창조할 것인가?

그들에게는 어떤 순간이 필요한가? 의도적으로 창조한 순간이 필요했다. 두 임원은 이틀간의 워크숍을 기획했다. 문제는 워크숍을 통해 어떻게 두 팀 모두에게 결정적인 순간을 제공할 것인가였다.

고양을 더하라

각본 깨트리기 워크숍 자체가 각본을 깨트리는 일이다. 환경에 변화를 주고 지루한 일상을 벗어나는 사건이다.

감각적 매력을 증폭시키고 위험보상을 높인다 워크숍에 참가한 직원들은 건물 밖으로 안내되었다. 주차장에 진짜 포뮬러1 경주용 자동차가 놓여 있었다. 마케팅팀과 영업팀을 섞어 여러 개의 팀이 꾸려졌고, 그들은 피트 크루 교육을 받았다. 각 팀은 최대한 빠른 시간 내에 타이어를 교체해야 했다. 시간이 지나자 점차 손발이 맞기 시작했다. 게다가 재미있었다! 마침내 긴장이 풀린 팀원들은 서로 웃고 장난을 치기에 이르렀지만 타이어를 교체할 때가 되면 더할 나위 없이 진지해졌다. 그들은 나중에 회의실로 돌아와 각자의 경험에 대해 의견을 나누고 효율적인 협동 방식에 대해 토론했다.

통찰을 더하라

진실에 걸려 넘어지기 놀랍게도 워크숍에는 진짜 고객도 참석했다. 고객은 마케팅팀과 영업팀의 갈등이 미치는 악영향에 대해 말했다. "마치 전혀 다른 두 회사와 이야기하는 느낌이었습니다."

진실에 걸려 넘어져서 자기 확장하기 워크숍이 열리기 전, 실은 2명의 마케팅 직원과 2명의 영업사원이 일주일간 상대팀에 잠입했다. 그들은 워크숍에서 그동안 각자의 팀에서 배우고 발견한 것들에 대해 털어놓았다. 영업팀에 투입되었던 마케터는 마케팅팀이 영업에 대해 이해하지 못하는 것들에 대해 설명했고, 마케팅팀에 투입된 영업사원은 영업팀이 마케팅에 대해 모르는 것에 대해 이야기했다.

긍지를 더하라

타인 인정하기 두 부서는 대부분 잘 협력하지 못했지만 그래도 예외는 있었다. 그런 놀라운 성과를 이룬 이들은 최고의 화학작용팀 상을 받았다. 상품은 바로 멘토스 한 팩과 다이어트 콜라 한 잔이었다(이 두 가지가 만나면 어떻게 되는지 궁금하다면 구글에 검색해보도록). 워크숍이 끝난 뒤, 두 임원은 사무실에 멘토스와 다이어트 콜라를 쌓아두고 누군가 상을 받을 일이 생기면 즉시 포상을 내렸다.

용기 내는 연습하기 영업팀과 마케팅팀이 협업을 잘 하지 못하는 이유는 그들의 의사소통 방식이 수동공격적이기 때문이다. 이들은 직접 얼굴을 보고 대화를 나눌 때에는 정중했지만 헤어진 뒤에는 동료에게 불평을 늘어놓거나 업무에 소극적으로 굴곤 했다. 그래서 워크숍에서 팀원들은 중대한 대화를 하는 법을 연습했다. 이 연습 활동은 대성공을 거둬 나중에는 아예 내부인들끼리만 알아듣는 농담이 되었다. 워크숍이 끝나고 회사로 돌아온 팀원들은 종종 동료들에게 "잠시 중대한 대화를 할 수 있을까요?"라고 말하곤 했다(하지만 이는 사실 반쪽짜리 농담이었다. 그런 농담은 대화를 시작하는 어색함과 어려움을 줄여주었다).

의미 있는 이정표 늘리기 두 팀은 축하할 수 있는 특별한 목표를 세웠다. 그들이 선택한 순간은 ①영업팀원이 일주일 간 마케팅팀과 교환한 이메일이 같은 팀원들과 교환한 이메일의 수를 처음 능가했을 때 ②누군가 상대팀이 더 많은 자원을 가져가도록 설득하는 데 처음으로 성공했을 때 ③처음으로 상대팀을 위해 문제를 해결했을 때 등이었다.

| 교감을 더하라 |

앞에서 논의한 많은 활동들이—피트 크루 경험과 상대팀 잠입, 그리고 중요한 대화 연습—교감을 형성하는 데 효과적이다. 이러한 순간들은 대개 하나 이상의 결정적 순간의 요소를 내포하고 있다.

공유할 수 있는 의미 만들기 워크숍을 연 것은 매우 강력한 신호였다. 그들은 모든 당사자를 한꺼번에 사무실 밖으로 불러내 모음으로써 메시지를 보냈다. '우리는 한 배를 타고 있다.' 이것은 동기화의 순간이다.

공유할 수 있는 의미 만들기 워크숍을 마무리 짓는 자리에서 리더들은 두 팀에게 서로 협업하여 중요한 유망 고객에 대한 접근 계획을 세우라는 과제를 부여했다. 팀원들은 2시간 내에 계획안을 고안해 제시해야 했다. 쉬운 일은 아니었지만 그런 시련을 함께한 덕분에 두 부서의 팀원들은 서로에 대한 유대감을 키울 수 있었다.

최종 고찰 우리가 이 사례에서 강조하고 싶은 2가지는 이것이다. ①복잡하고 정치적인 상황에서 결정적 순간을 창조하는 것은 매우 중요하다. 그것은 이렇게 선언하는 중요한 분기점이다. "지금까지 우리는 각자의 영역에 갇혀 있었다. 그러나 지금 이 순간 이후로 우리는 함께 협력해 일하는 데 전념할 것이다." 사회적인 맥락을 공유함으로써 목표는 추진력을 얻게 된다. "내가 바람직한 행동을 하지 않을 경우 당신은 그것을 비난할 수 있다. 왜냐하면 당신은 내가 더 잘하기로 결심했다는 사실을 알기 때문이다." ②사람들이 회의를 싫어하는 이유는 감정을 강제로 쥐어짜기 때문이다. 참석자는 가만히 앉아 정형화된 프레젠테이션을 들어야 한다. 하지만 이것은 절대로 불가피한 일이 아니고 당신은 다른 선택을 할 수 있다. 당신이 자진하여 드라마와 의미, 교감이 가득한 회의를 진행할 수 있다. 협동심과 단결력에 대해 설교를 늘어놓는 것만으로는 두 팀을 화합시킬 수 없다. 중요한 것은 그런 결속을 경험하는 것이다. 그것이 바로 결정적 순간을 창조한다.

Epilogue
순간을
귀중하게

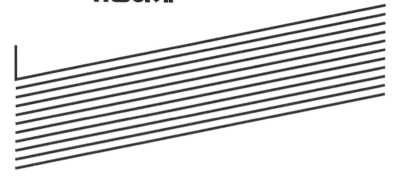

후회를 멈추는 삶

순간의 힘이 얼마나 중요한지 알면 결정적 순간을 창조할 기회도 더 쉽게 발견할 수 있다. 대학교 합격통지서를 기다리고 있는 수험생이 있다고 하자. 몇 년 전까지 합격통지서는 보통 우편으로 날아왔고 요즘에는 이메일로 보낸다. 그렇지만 그 대망의 순간을 맞이했을 때의 심정만큼은 예나 지금이나 똑같을 것이다. 우편함에서 통지서를 발견한 순간 심장이 팔딱거린다. 숨을 한번 깊이 들이쉬고, 편지를 꺼낸 다음, 재빨리 눈동자를 굴려 제일 중요한 문장과 단어를 찾는다. 그리고…… 그래, 저기 있다! 너무나도 반가운 "축하합니다"라는 문구! 아이는 그제야 기쁨의 탄성을 지르며 편지를 처음부터 찬찬히 읽어본다.

일곱 번이나 말이다.

그것은 긍지와 고양의 순간이다. 하지만 솔직히 말해보자. 대학은 이 결정적 순간을 만드는 데 별로 한 일이 없다. 편지? 이메일? 그게 그들이 할 수 있는 최선일까? 10대들에게 통지서를 기다리는 순간은 전형적인 전환점이다. 그렇다면 우리는 이 절정을 어떻게 더 돋보이게 할 수 있을 것인가. 이 책에서 배운 도구들만 활용해도 수많은 방법들을 떠올릴 수 있다.

- 대학 로고가 적힌 티셔츠나 운동복, 모자를 함께 보낸다. 예비 신입생들은 즉시 소속감을 느낄 것이다(감각적 매력 증폭하기). MIT는 여기서 더 나아가 합격통지서에 포스터를 넣은 지통과 냉장고 자석, 그리고 세상에, 색종이 폭죽을 동봉한다(각본 깨트리기)!
- 다른 합격생들과 교감을 나눌 수 있게 학교 로고가 적힌 옷을 입고 찍은 사진을 소셜미디어에 해쉬태그와 함께 올리라고 권장한다(공유할 수 있는 의미 만들기).
- 대학교 입학처장이 개인적으로 합격 축하 영상을 제작해 합격생의 핸드폰으로 곧바로 전송한다. "케이티, 학생이 우리 학교에 다니게 되어 얼마나 기쁜지 모르겠습니다"(반응성을 통해 친밀감 다지기). 오하이오 주립대학이라면 학생 수가 너무 많아 일일이 영상 메시지를 보내기 힘들겠지만 작은 규모의 학교라면 가능할 테고, 이게 그 학교의 독특한 매력이 될 수도 있지 않을까?
- 기대감을 증폭시키기 위해 합격 발표가 정확히 오후 5시 58분에 온라인으로 공개된다는 문자 메시지를 보내고 로그인 시 필요한 비밀번호를 보

낸다(위험보상 높이기).

- 합격 통보를 받은 날 저녁, 신입생들에게 축하 메시지를 보내고 혹시 궁금한 점은 없는지 묻는다(반응성을 통해 친밀감 다지기).
- 대학 생활에 관한 가슴 설레는 사진들을 전송한다. "입학 후 꼭 해봐야 하는 10가지(도서관에서 외국 영화 빌리기, 체육관에 있는 클라이밍 월 오르기, 홈커밍 풋볼 시합, 박물관의 문학사 연애편지 모음집 등등)(이정표 늘리기).

우리는 당신이 이 책에서 배운 아이디어를 이런 식으로 활용하길 바란다. 실제로 특정 순간을 선택해 직접 시도해보라. '어떻게 그 순간을 고양시킬 수 있을까? 통찰을 깨닫게 할 수 있을까? 교감을 솟구치게 할 수 있을까?' 우리의 인생은 뭔가 특별한 것으로 변신할 순간을 기다리는 '봉투 속 입학통지서'의 순간으로 가득하다.

약간의 관심과 노력만으로도 평범한 순간을 탁월한 순간으로 바꿀 수 있다. 고등학교 졸업식이 결정적 순간으로—당사자인 졸업생들뿐만 아니라 그것을 지켜보는 6학년생들에게도—새로 탄생한다(YES 예비학교의 서명의 날 행사). 평범한 호텔 수영장이 아이스바 핫라인 덕분에 환상적인 마법이 된다. 우리는 작고 사소한 행동이 얼마나 큰 위력을 지닐 수 있는지 안다. 교사가 학생을 칭찬했을 때, 부부가 부부싸움 기록을 남겼을 때, 목사가 부목사에게 부활절 예배 설교를 맡겼을 때. 그리고 우리는 짧은 순간의 위력이 얼마나 큰 변화를 가져올 수 있는지도 보았다. 샤프 직원들은 다 함께 한 지붕 아래 모여 유대감을 쌓았다. 스탠튼 초등학교 교사들은 생전 처음으로 학생들의 가정을 방문하고 학부모들 말에 귀를 기울였다. CLTS 진행자는 물 잔에 머리카락 하나를 넣고 휘저어 청중에게 더럽고 끔찍한 현실을 알려주었다.

그러나 이런 순간들이 우리에게 주는 보상은 무엇인가? 우리가 무엇을 얻는지 측정할 수 있는 기준이라도 있나? 계산식으로 표현할 수 있는가? 오, 그렇다. 우리는 더 나은 순간을 창조함으로써 실질적이고 구체적인 결실을 얻을 수 있다. 수익이 증가하고(포레스터의 데이터, 사우스웨스트 항공사), 고객 만족도와 충성도가 증가한다(매직캐슬 호텔). 직원들은 동기를 자극 받고(인정과 치하에 관한 연구 결과), 더욱 효율적으로 일한다(열정 대 사명감). 개인적인 삶에서 얻는 혜택도 빠트릴 수 없다. 우리는 행복감을 느끼고(감사 방문), 주변 사람들과 더 가까워지고(반응성), 발전하고 변신한다(학교에서 미운 오리 새끼의 순간, 자기 확장하기).

결정적 순간은 긍정적이고 측정 가능한 결과를 창출하지만, 그것은 목적을 위한 수단이 아니다. 결정적 순간은 그 자체로 목적이다. 일터에서, 당신이 소중히 여기는 사람들을 위해 그리고 당신 자신을 위해 아무런 부차적 영향도 없이 기억에 남는 순간과 의미 있는 경험을 창조하는 것은 매우 중요한 목표다. 학생들이 몇 년 후까지 기억할 인상적인 수업을 가르치고 싶지 않은 교사가 어디 있겠는가? 고객서비스 임직원이라면 고객들에게 최고의 경험을 선사하고 싶을 것이며, 부모라면 아이들에게 평생 기억에 남을 추억을 만들어주고 싶지 않겠는가?

그러나 이러한 순간들을 창조하고자 하는 우리의 의도는 종종 긴급한 문제나 외부의 압력에 좌절되기 십상이다. 학교 측이 학력평가 점수를 높이라고 압박하면 교사들은 재미있는 수업 계획을 철회하고 시험에 대비한다. 일부 고객들이 구멍이 있다고 투덜거리면 매니저들은 절정의 순간을 접고 재빨리 구멍을 없애는 데 치중한다.

단기적으로 우리는 중요한 순간을 창조하기보다 문제를 해결하는 데 급급한데, 얼핏 보기엔 현명한 판단처럼 보인다. 그러나 시간이 지날수록 역효과가 나타날 것이다. 죽음을 앞둔 말기 환자들을 돌보는 호스피스 간호사인 브로니 웨어Bronnie Ware는 『내가 원하는 삶을 살았더라면The Top Five Regrets of the Dying』이라는 감동적인 글을 쓴 적이 있다. 그녀가 간호했던 사람들이 가장 많이 후회하는 5가지는 다음과 같다.

1. 나에게 솔직한 삶을 살지 못하고 다른 사람이 기대하는 대로 살았던 것 ("대부분의 사람들이 그들의 꿈을 절반도 추구하지 못했고, 그것이 자신이 한 선택 또는 하지 못한 선택이라는 사실을 아는 채 죽어야 했다.")
2. 너무 일만 했던 것
3. 용기를 내어 감정을 솔직하게 표현하지 못한 것("많은 사람들이 다른 사람들을 위해 자신의 감정을 억눌렀다.")
4. 친구들과 계속 연락하지 못했던 것
5. 더 행복하게 살지 못했던 것("많은 사람들이 끝까지 행복이 선택의 문제라는 것을 깨닫지 못했다. 그들은 구태와 습관에 갇혀 있었다.")

이 책에서 제시된 원칙들이 그들의 평범한 후회를 종식시킬 수 있었을 것이라 생각하면 참으로 안타깝지 않을 수 없다.

1. 자기 확장을 통해 한계 발견하기
2. 의도적으로 절정 창조하기(유진 오켈리의 표현에 따르면 '완벽한 순간')
3. 용기 내는 법을 연습하고 솔직하게 말하기. 그리고 처음부터 적극적으로

반응하는 파트너 찾기

4. 교감의 가치(와 절정을 창조하는 어려움)

5. 고양의 순간을 창조하고 각본을 깨트려 고루함과 습관에서 벗어나기

웨어의 환자들은 미래를 꿈꾸느라 현재에 필요한 것들을 포기한 사람들이었다. 우리는 살면서 힘든 것들을 피하는 데만 몰두한 나머지 진짜 필요한 절정을 만들어야 한다는 것을 잊곤 한다.

적극적으로 만들어낸 결정적 순간들

마지막으로 연구 과정에서 발견한 우리의 통찰의 순간에 관해 이야기하고 싶다. 그것은 줄리 캐스턴Julie Kasten이라는 한 여인이 들려준 이야기에서 시작된다.

1999년, 캐스턴은 워싱턴 D. C.의 사무실 큐비클에서 무심코 옆자리에 있는 다른 여성의 말을 엿듣게 되었다. 당시 24세였던 캐스턴은 유명한 컨설팅 회사에서 일하고 있었다. 회사에 입사한 지는 18개월째였는데, 그녀는 마케팅 커뮤니케이션 분야에서 일할 수 있다는 데 큰 매력을 느끼고 있었다. 그녀의 옆 큐비클은 원래 다른 지점이나 부서에서 일하는 임원들이 워싱턴 D. C. 지사를 방문했을 때 임시로 사용하는 자리였다. 그때 그 자리를 사용한 게 누군지는 몰라도, 그녀는 캐스턴의 인생을 완전히 바꿔놓았다.

"옷을 아주 잘 입고 있었어요. 푸른색 여성용 정장이었는데, 꼭 맞

춘 것처럼 어울리고 세련되어 보였죠. 방문객들 사이에서 유독 눈에 띄었어요." 캐스턴의 말이다. "그녀는 우리 사무실에 머무르는 동안 주로 전화 통화를 했어요. 내가 충격을 받은 건 그녀가 자기 일에 어마어마한 열정을 갖고 있다는 거였어요. 어차피 텅 빈 벽에 둘러싸여 있는 건 마찬가지였는데 말이죠. 제 자리도 그랬거든요. 하지만 그 사람은 업무 처리 능력이 탁월했고 자기가 하는 일을 좋아하는 것 같았어요."

캐스턴은 이 회사에서 승진을 거듭한다면 언젠가 자기도 옆자리의 여성이 하는 일을 하게 될지도 모른다는 생각을 했다. 그리고 다음 순간 전율했다. '성공한 사람이 저런 거라면, 난 성공하고 싶지 않아. 저 사람은 열의에 넘치지만 나는 상상만으로도 저게 지겨울 것 같은걸.' "나는 내가 그녀처럼 되고 싶은 줄 알았는데 사실은 아니었죠." 그때 캐스턴은 직장을 그만둬야겠다는 생각이 들었다.

캐스턴은 퇴직을 준비하기 시작했다. 그러곤 자신에게 적합한 직업을 찾기 위해 직업상담사를 찾아갔다. 그것이 바로 그녀의 인생이 두 번째로 바뀐 순간이었다.

상담사는 그녀가 뭘 원하는지 진지하게 듣더니 그녀가 정확히 어떤 종류의 직업을 원하는지 구체적으로 판단하기 위한 몇 가지 활용 도구—성격 검사와 기술 평가 등—를 추천해주었다. 그런 다음 결과를 취합해 그녀에게 알맞은 직업을 몇 개 추려내어 권해주었다. 그러나 캐스턴은 이미 결정을 내린 후였다. 그녀는 상담사를 똑바로 쳐다보며 생각했다. '난 지금 당신이 하는 일을 하고 싶어요.'

몇 달 후인 1999년 가을, 캐스턴은 상담대학원에 입학했다. 그리고 2016년 지금 그녀는 14년째 직업상담사로 일하는 중이다.

두 번의 깨달음의 순간이 캐스턴의 직업 인생을 바꿨다. 두 번 다 전혀 예기치 못한 순간에 일어난 일이었다. 어느 날 갑자기 그런 일이 일어났고, 그래서 그에 따라 행동했고, 그 순간 캐스턴의 인생이 바뀌었다.

캐스턴이 경험한 것은 전형적인 불만의 실체화—챕터3에서 봤던—순간이다. 캐스턴에게서 그런 갑작스러운 깨달음의 순간에 대해 들은 우리는 그와 비슷한 실체화의 순간들을 수집하기 시작했다. 우리는 뉴스레터 독자들에게 캐스턴의 경험에 대해 알리고 혹시 이와 유사한 경험을 한 사람이 있는지 물어보았다. 그 질문은 엄청난 호응을 얻었다. 400개가 넘는 답장이 날아왔고, 그중 상당수가 가슴 아플 정도로 개인적인 경험에 관해 얘기하고 있었다. 결혼이 붕괴하고, 다시 사랑이 샘솟고, 직장을 그만두거나 새로운 직업을 선택한 이야기들.* 여기 몇 가지를 소개한다.

- 수레쉬 미스트리는 런던 로이드 은행에서 대리로 일하고 있다. 그는 날마다 책상에 앉아 마이너스통장 한도나 대출 한도를 초과한 기업 고객의 잔금 부족 보고서를 읽는다. 그는 그들의 수표를 부도 처리할지 아니면 정상적으로 처리할지를 결정해야 한다. 그의 맞은편 사무실에는 과장이 앉

---

* 우리가 뉴스레터를 보낼 때마다 열렬한 호응이 날아온다고 오해할지도 모르니 사실을 밝혀야겠다. 지난번에 우리가 의사결정에 관한 뉴스레터를 발행했을 때 받은 답장은 딱 두 건이었다. 그나마 그중 하나는 우리의 설문조사 도구가 제대로 작동하고 있는지 확인하기 위해 댄이 시험 삼아 보낸 메일이었다.

아 있는데, 그 또한 잔금 부족 보고서를 갖고 있다. "하나 다른 점이 있다면 그가 보는 서류에는 0이 하나 더 붙어 있다는 겁니다." 미스트리는 이렇게 적었다. "내가 1만 파운드짜리 안건을 다룬다면 그는 10만 파운드짜리 수표를 다루죠. 그러다 커다란 유리벽 뒤에 앉아 있는 부장을 보게 됐는데, 그도 책상 앞에서 서류뭉치를 들여다보고 있었습니다. 그래요, 짐작하다시피 그 사람은 1백만 파운드 단위의 잔금 부족 보고서를 보고 있었습니다. 나는 내 앞에 펼쳐진 미래를 보고 절망했죠." 그로부터 일주일도 안 돼 미스트리는 영업 및 마케팅 부서에 지원했고 그 뒤로 20년 동안 그 일을 하고 있다.

- 워렌 탤벗과 그의 부인 벳시—두 사람 모두 37세—는 시애틀의 한 레스토랑에서 친구들과 저녁식사를 즐기고 있었다. 그때 누군가가 이야기를 꺼냈다. "만약에 40살까지 못 산다면 그때까지 뭘 할 거야?" 워렌과 그의 부인은 서로 시선을 마주친 다음 동시에 대답했다. "세계 일주를 할 거야." 그 질문은 그들에게 단순한 잡담거리가 아니었다. 탤벗에게는 뇌동맥류 때문에 병원에 입원해 있는 절친한 친구가 있었다. 부부는 인생이 얼마나 짧고 덧없을 수 있는지 알고 있었다. 다음 날 두 사람은 2년 뒤에—2010년 10월 1일—세계 일주를 시작하기로 결심했다. 그 후로 2년 동안 구체적인 계획을 세우고, 여행 자금을 모으고, 모든 소유물을 팔고, 그런 다음 그들이 계획했던 정확한 날짜에 시애틀을 떠났다. 첫 번째 목적지는 북에콰도르에 있는 담틀집이었다. "우리는 그 뒤로 3년이 넘게 여행을 했습니다." 탤벗은 우리에게 보낸 메일에 이렇게 적었다. "지금은 스페인 남부에 있는 한 언덕배기에 집을 사서 그곳을 본부 삼아 계속 세계

곳곳을 돌아다니고 있죠. 우리 부부는 이제 45세가 되었고, 8년 전의 선택을 단 한순간도 후회한 적이 없습니다."

· 낸시 쇼플리는 20대 후반의 가정주부로 두 아이를 키우고 있다. 그녀의 남편은 얼마 전에 암 선고를 받았다. 어느 날 아침, 그녀는 현관 앞에 앉아 커피를 홀짝이며 하루를 시작할 준비를 하고 있었다. "그때 불현듯 깨달았습니다." 그녀는 이렇게 썼다. "어쩌면 두 아이를 나 혼자서 키워야 할 거라는 사실을요. 할 줄 아는 일도 없고, 고등교육도 제대로 마치지 못했고, 남편도 없이, 오롯이 혼자서 말이죠. 그건 정말 충격적인 순간이었어요. 갑자기 청천벽력이라도 맞은 것 같았죠." 그래서 쇼플리는 학교로 돌아가 취직에 필요한 기술을 익히기로 결심했다. 학교에 등록을 하러 갔을 때 "다리가 고무처럼 후들거리더군요." 그녀는 겁이 나고 두려웠다. 교무처까지는 갔지만 결국 울음이 터져 몸을 돌리고 집으로 돌아와버렸다. "집에 들어가자마자 제일 먼저 눈에 들어온 게 두 살짜리 딸이 남편과 놀고 있는 모습이었어요. 순간 머릿속에 이런 생각이 떠오르더군요. '대학에 등록하는 것도 못하는 주제에 어떻게 내 딸에게 더 많은 것을 하도록 격려할 수가 있겠어?' 나는 다시 몸을 돌려 학교로 갔습니다." 그녀는 대학을 마치고, 대학원을 졸업하고, 사업을 시작하고, 회사를 매각하고, 지금은 여성 사업가와 창업가들에게 자문을 제공한다.

이런 인상적인 이야기들을 읽었을 때, 우리는 처음에 깨달음과 희열에 관한 이야기를 읽고 있다고 생각했다. '유레카!'의 순간들 말이다. 그러나 점차 더 많은 이야기를 접하게 되면서 우리는 이것들이 단순히 깨달음에 관한 이야기가 아님을 알게 된다. 이 이야기들은 전부 '행동' 에 대해 말하고 있다.

줄리 캐스턴은 직업상담사를 찾아갔다. 수레쉬 미스트리는 새 직장으로 옮겼다. 워렌 탤벗과 그의 아내는 언제 세계 일주를 시작할지 결정했다. 낸시 쇼플리는 몸을 돌려 다시 대학에 등록하러 갔다.

종종 우연의 순간인 양 보이는 것들이 실은 의도적인 순간일 때가 있다. 캐스턴과 미스트리를 비롯한 사람들이 갑작스러운 통찰을 통해 경험한 것은 실제로 자신이 행동할 수 있음을 깨달은 채찍질이었고, 그들은 본인의 의지대로 삶을 새로운 방향으로 이끌었다. 그들은 순간을 '받아들인 것'이 아니라 적극적으로 '붙잡았다.'

이것이 바로 결정적인 차이다. 몇몇 결정적 순간이 유도되고 계획된다면, 우리가 만난 수많은 순간들은 적극적으로 만들어진 것이다. 호텔 직원들은 어린 소년 고객이 두고 간 기린 인형을 발견하고 아이에게 특별한 선물을 해주기로 결정했다. 동료와 잠시 잡담을 나누기로 결심한 남자는 두 사람이 얼마나 공통점이 많은지 깨달았다. 비극적인 사건을 목격해 비탄에 빠진 젊은 인턴을 밤새도록 옆에서 지켜준 스승도 있다.

이것이 우리가 당신이 이 책에서 배우기를 바라는 것이다. 늘 특별한 순간을 찾아 두리번거려라. 어떤 순간들은 기획할 필요가 없다. 그렇다. 우리는 이 책에서 어마어마한 시간과 돈을 들여 의도적으로 계획해야 하는 몇몇 순간들에 대해 살펴보았다. 샤프의 전 직원 회합, 서명의 날 행사, 인간 본성 재판. 그렇다, 탁월한 결정적 순간을 만들기 위해서는 지극한 노력이 필요하다.

한편 이 책에서 당신은 비용이 들지도 않고 고의로 만들어낸 것도 아닌 수많은 결정적 순간들을 만났다. 날마다 일상적으로 마주치는 순간들. 동료에게 고객 대응 솜씨가 뛰어나다고 칭찬한다(타인 인정하기), 저녁식사 테이블에서 자녀들에게 "이번 주에는 뭘 하는 데 실패했니?"라고 물어본다(자기 확장하기), 동료와 함께 퇴근 후에 컵케이크를 먹으러 가기로 약속한다(각본 깨트리기).

가장 귀중한 순간을 창조하는 데에는 대개 필요한 것도 거의 없다. 2007년 6월, 다시 대니얼스^{Darcy Daniels}의 세 살 난 딸 웬디가 복통으로 병원에 실려 왔다. 그들이 사는 시골 마을 버몬트의 의사는 웬디가 심각한 대장균 감염증을 앓고 있고 병세가 위험할 정도로 순식간에 진행되고 있다고 진단했다. 결국 신부전증까지 진행돼 웬디는 투석을 받아야 했다. 심각한 복통 때문에 대장절제수술도 두 번이나 받았다. 반복된 수술로 인한 감염으로 심장이 멈추는 바람에 심폐소생술도 실시해야 했다. 웬디는 신장 이식이 절실하게 필요했지만 장기를 기증하겠다고 나선 사람들 중에는 조건에 부합하는 이가 없었다.

웬디는 병원에서 할로윈데이를 맞았다. 몸에 튜브가 너무 많이 연결되어 있어 부모님이 준비한 옷을 입지도 못하고 몸 위에 올려놓는 것으로 만족해야 했다. 추수감사절이 왔다가 지나갔다. 그리고 크리스마스가 머지않은 12월의 어느 날, 창 밖에 눈이 내리기 시작했다. 버몬트에 사는 어린아이에게 창밖으로 내리는 눈을 보고만 있어야 한다는 것은 너무나도 잔인한 일이다. 웬디는 눈사람을 만드는 것도, 썰매를 타는 것도 좋아했다. 웬디는 벌써 두 달 동안 병실 밖으로 나가보지도 못했다.

웬디의 담낭 산호사인 코리 포가티^{Cori Fogarty}와 간병인 제시카 마시

Jessica Marsh는 묘안을 생각해냈다. 웬디가 밖에 나가 눈밭에서 놀지 못한다면 눈을 그녀에게 가져다주면 되지 않은가! 하지만 현실은 그보다 훨씬 복잡했다. 웬디의 심장 상태 때문에 의료진은 아이의 수분 섭취량을 밀리미터 단위로 제한해야 했다. 제시카는 밖에 나가 구토통에 눈을 가득 담아 무게를 잰 다음, 눈금 실린더로 눈이 녹은 물의 양을 측정했다. 이제 그들은 눈의 무게와 녹은 물의 부피를 계산할 수 있었다. 간호사들은 웬디가 눈을 전부 먹더라도—세 살짜리 아이는 절대 그런 충동에 저항할 수 없으리라—건강에 아무 이상도 없을 만큼의 정확한 양의 눈을 통에 담았다.

웬디는 눈이 담긴 통을 보자마자 침대에서 벌떡 일어나 앉았다. "그렇게 순수하고 기쁨으로 가득 찬 표정은 생전 처음 봤어요." 마시가 말했다.

"상상이 되시나요." 다시가 말했다. "몇 달 동안 병실에 갇혀서, 병상 옆에 붙은 기계음과 텔레비전, 텁텁한 실내 공기와 차가운 금속 트레이, 침대 플라스틱과 머리 위에서 흔들리는 청진기에만 익숙해져 있던 아이가 눈이 가득 담겨 있는 그릇을 받았을 때 기분이 어땠을까요. 그건 정말 순수한 기쁨이고, 환희죠. 웬디는 그게 세상에서 가장 좋은 거라고 생각했어요. 그건 그 애에게 집을 떠올리게 했죠."

이윽고 웬디의 기나긴 악몽이 끝났다. 신장 이식이 성공적으로 끝나고 웬디는 건강을 되찾았다. 웬디는 축구를 배우고, 철인 3종을 뛰고, 장기 이식인 올림픽에서 메달도 땄다. 감사하게도 그녀는 어린 시절의 시련을 거의 다 잊었지만 그녀의 어머니는 잊지 않았다.

몇 년 후 다시는 블로그에 새하얀 눈으로 가득한 통에 대한 글을 썼다. "그것은 자발적인 연민의 순간이었고, 지금 돌아보면 참으로 감사하지 않을 수 없는 순간이다. 아이가 회복하는 동안 영원히 이어질 것만 같던 단조로운 시간은 금세 잊어버리기 쉽다. 그러나 단 한순간의 반짝임, 그 눈부신 순간만큼은 결코 잊지 못할 것이다."

이것이 바로 결정적 순간이다. 반짝이는 마법의 순간. 병상에 누워 있는 어린 소녀에게도 탈출이 필요하다고 생각한 두 돌보미가 만들어 낸 기쁘고 즐거운, 사려 깊은 짙은 감동의 순간 말이다. 그리고 그것이 우리 모두가 해야 할 일이다. 무료하고 금세 잊어버릴 일상에 몇 개의 귀중한 순간을 새겨 넣는 것.

만일 전 세계 모든 회사들이 새 직원들에게 평생 기억에 남을 출근 첫날의 경험을 선사한다면 어떨까? 만일 모든 학생들이 학업 성취와 관련된 경험을 프롬 파티보다 더 귀중하게 여길 수 있다면? 만일 모든 환자들이 "당신에게 중요한 것은 무엇인가요?"라는 질문을 받는다면? 지금 즉시 오랜 친구에게 전화를 걸어 예전부터 늘 얘기만 하던 여행을 떠날 수 있다면 어떻겠는가? 우리 삶의 중요한 결정적 순간들을 단순히 기억하는 것을 넘어 직접 창조할 수 있다면?

우리는 고양과 통찰, 긍지와 교감을 전하는 순간을 직접 설계할 수 있다. 그 귀중한 매 초, 매 분, 시간과 나날들은 우리 삶을 의미 있게 만들어준다. 그리고 그것을 창조하는 일은 결국 우리의 몫이다.

1. **고양의 순간은 평범한 일상 속에서 고조되는 경험이다. 우리에게 즐거움과 기쁨, 행복과 의욕을 느끼게 한다.**

   • 예: 생일파티, 결혼, 풋볼 시합, 연설, 즉흥 여행

2. **스포츠 시합이나 연주회, 축하 행사 등의 활동에는 절정이 내포되어 있다. 한편 삶의 다른 측면들은 미칠 듯이 지루하고 따분할 수 있다.**

   • 고등학교 교장: "우리는 학교를 끝없는 연습처럼 운영합니다. 진짜 시합은 안 하고 죽어라 연습만 하는 거죠."

3. **고양의 순간을 창조하는 3가지 비결 ①감각적 매력 증폭하기 ②위험보상 높이기 ③각본 깨트리기. 대개 고양의 순간은 이 3가지 요소 중 최소한 2가지를 갖추고 있다.**

   • 인간 본성 재판에는 3가지 특성이 모두 존재한다. ①감각적 매력: 역사 속 인물들로 분장, 진짜 법정. ②위험보상 높이기: 원고와 피고 중 한쪽이 승리의 영광을 거머쥔다. ③각본 깨트리기: 재판과 관련된 모든 것이 지루한 학교 생활과는 다르다.

4. **세 번째 각본 깨트리기는 각별한 관심을 쏟을 가치가 있다. 각본을 깨트리려면 미래의 경험에 대한 사람들의 기대를 깨트려야 한다. 전략적으로 뜻밖의 놀라움을 선사하라.**

   • 리츠칼튼 호텔 직원들은 어린 소년이 잃어버린 인형 조시의 재미난 사진첩을

만들어 각본을 깨트렸다.

5. **각본이 깨지는 순간은 조직의 변화에 있어 결정적 계기가 된다. 기존의 관행이 새로운 모습으로 변하는 뚜렷한 경계점을 제공하기 때문이다.**
   - VF 코퍼레이션은 리더십 회의를 시작한 지 몇 분 후에 해산을 선언하고 참석자들에게 밖으로 나가 서핑 수업을 듣거나 코미디 공연 연습을 하도록 했다.

6. **삶에서 가장 인상적이고 기억에 오래 남는 순간은 각본을 깨트렸을 때다.**
   - 회고 절정은 첫 키스, 첫 직장 등 새로운 경험으로 가득한 시기다.
   - 새로움은 시간을 느리게 느끼게 한다. 그래서 나이가 들수록 시간이 빨리 간다고 느끼는 것이다.

7. **유념할 점: 이 3가지 요소에 대해 숙지한다고 해도 고양의 순간을 창조하는 것은 지극히 어려운 일이다. 반드시 해야 할 일이 아니기 때문에 서로 미루거나 무시할 수 있기 때문이다.**
   - 열정과 활력을 좀먹는 '적당히'를 조심하라. "얼음통 옆에 냉동고를 설치해두고 손님들이 알아서 가져다 먹으라고 하면 안 돼?"

8. **그러나 비록 힘들지라도 절정은 창조할 가치가 있다. 살면서 가장 인상적이고 기억에 남는 순간들을 제공하기 때문이다.**
   - 오켈리는 불치병으로 죽음을 앞두고 '완벽한 순간들'에서 충만함을 찾았다.

-리뷰-
통찰
INSIGHT

1. **통찰의 순간은 깨달음과 변화를 촉구한다.**

2. **통찰의 순간이 반드시 우연의 결과일 필요는 없다. 다른 사람들에게 통찰의 순간을 만들어주려면 '진실에 걸려 넘어지게' 인도하면 된다. 그것은 정서적으로 강한 일격을 맞는 것처럼 강렬하게 깨닫는 것이다.**
    - 카밀 카가 개발한 CLTS는 마을 주민들이 야외 배변의 폐해에 관한 진실에 걸려 넘어지게 한다.

3. **진실에 걸려 넘어지기는 ①명확한 통찰 ②짧은 시간 ③자발적 발견으로 구성된다.**
    - 교수들은 '포부 연습'을 통해 가장 중요한 목표를 수업 시간에 가르치고 있지 않다는 사실을 알게 되었다.

4. **자기통찰의 순간을 창조하기 위해서는 자신을 확장해야 한다. 실패할 위험이 있는 새로운 상황에 자신을 노출하라.**
    - 리아 채드웰은 위험을 감수하고 베이커리를 열었다. 그러나 상황을 감당하지 못한 그녀는 결국 가게를 접었고, 그 과정에서 자신의 역량과 욕구에 대해 더 깊이 배우게 되었다.

5. **멘토는 우리가 생각하는 것보다 더 멀리 나아가도록 조력하며, 그 과정에서 결정적 순간을 창조한다.**
    - 정신과 레지던트인 마이클 디닌은 그를 독려한 멘토 덕분에 정신적으로 힘들었

296 • 순간의 힘

던 시간에도 계속 일할 수 있었다. "그는 내가 그 일을 극복할 수 있다는 걸 알았죠. 나 자신도 몰랐는데 말입니다."

6. **자기통찰로 이끄는 멘토십 공식은 '높은 기준＋확신＋방향 제시＋지지'이다.**

   • 식스시그마 전문가인 란자니 스리니바산의 멘토는 그녀가 회사에서 업무 수행 기술을 발전시킬 수 있게 독려했다. "내가 생각보다 더 유능하다는 사실을 배웠습니다."

7. **다른 사람의 자기 확장을 돕고 싶다면 소중하게 아끼는 사람들을 위험으로부터 보호하고 격리하고 싶은 본능적 경향을 극복해야 한다.**

   • 스팽스의 설립자인 사라 블레이클리의 아버지는 늘 이렇게 말했다. "이번 주에는 무엇을 실패했니?" 그는 자식들이 자기 확장을 더욱 편안하게, 겁내지 않고 할 수 있길 바랐다.

8. **자기 확장이 보장하는 것은 성공이 아니라 배움이다.**

1. 긍지의 순간은 사람들이 이룬 성취를 축하하고 기념한다. 저도 모르게 고개를 쳐들고 가슴을 펴는 순간이다.

2. 긍지의 순간을 창조할 때는 3가지 원칙이 있다. ①타인 인정하기 ②중요한 이정표 늘리기 ③용기 내는 연습하기이다. 첫 번째 원칙은 다른 사람들에게 결정적 순간을 창조하고, 후자의 2가지는 우리 자신의 결정적 순간을 창조한다.

3. 우리는 의아할 정도로 타인을 인정하고 치하하는 데 노력을 투자하지 않는다.
    • 와일리의 연구: 관리자 중 80퍼센트가 부하들의 노고를 자주 칭찬했다고 보고하는 반면, 그에 동의하는 직원은 전체의 20퍼센트에 불과하다.

4. 타인을 효과적으로 인정하고 치하하려면 시스템보다 인간적인 요소를 활용해야 한다('이달의 우수직원'은 아무 소용도 없다).
    • 일라이 릴리에서 일하는 라이싱어는 팀원들에게 "자네가 한 일 봤네, 잘했어"라는 메시지를 전달하기 위해 '맞춤화 보상'을 이용했다(예: 보스 헤드폰).

5. 선언은 인정과 치하의 핵심적 특성이다. 작은 투자만으로도 거대한 보상을 안겨줄 수 있다.
    • 키라 슬룹은 중학생 때 그녀가 아름다운 목소리를 지녔다고 말해준 음악교사 덕분에 인생이 바뀌었다.

6. **자신을 위해 긍지의 순간을 창조하려면 중요한 이정표의 숫자를 늘려야 한다. 긴 여정의 곳곳에 '결승점'을 세우는 것이다.**

   • 작가인 캠은 바이올린을 배운다는 장기적 목표를 위해 '레벨업' 계획을 세웠다. 가령, 영화 〈반지의 제왕: 반지원정대〉에 나오는 바이올린 곡 〈호빗에 관해〉 배우기처럼 말이다.

7. **우리는 또 그동안 보이지 않던 이정표를 새로 발굴해 드러낼 수도 있다.**

   • 청소년 스포츠팀 선수들이 전후 비디오를 통해 그들의 발전을 확인할 수 있다면 어떨까?

   • 조직의 숫자 중심적 목표는 책임감 부여에는 좋은 도구지만, 현명한 리더라면 목표를 향한 여정 중간에 동기를 부여할 수 있는 이정표를 세울 것이다.

8. **우리는 용감한 행동을 할 때 자부심을 느낀다. 언제 그런 용기가 필요하게 될지는 알 수 없지만, 용기 내는 연습을 한다면 언제나 만반의 태세를 갖출 수 있다.**

   • 내슈빌 연좌운동 시위자들은 용기를 발휘했을 뿐만 아니라 미리 예행 연습을 했다.

9. **용기 내는 연습은 우리의 반응을 사전 결정할 수 있게 한다.**

   • 젠타일의 연구는 우리가 '무엇'이 옳은지는 알지만 '어떻게' 행동해야 하는지는 모른다는 사실을 알려준다.

10. **용기는 전염된다. 우리의 행동이 다른 사람들에게 결정적 순간이 될 수 있다.**

1. 교감의 순간은 우리를 타인과 연결해준다. 우리는 온정과 동질감, 공감, 그리고 인정을 느낀다.

2. 집단에게 교감의 순간을 발생시키려면 함께 공유할 수 있는 의미를 창조해야 한다. 다음 3가지 전략을 활용하라. ①동기화 순간 창조 ②함께 고난 겪기 ③의미에 연결하기
   • 샤프의 고객 경험 개선 운동은 이 3가지 요소를 모두 갖추고 있었다. ① 전 직원 회합 ②자발적인 실행팀 ③고객을 보살피는 방식에 대한 극적인 개선

3. 집단은 고난과 시련을 공유함으로써 유대감을 쌓는다. 사람들은 그런 고난을 자발적으로 선택할 때, 자율권을 행사할 수 있고 자신의 일에서 의미를 찾을 때 기꺼이 동참한다.
   • 시갈라타스의 종교 신도들에 대한 연구는 고통을 공유하는 경험은 집단 내 구성원을 결속시키는 사회적 기술로 볼 수 있다고 결론지었다.

4. '의미에 연결하기'는 사람들에게 사명감을 상기시킨다. 단순한 일 이상을 하도록 동기를 부여하고 격려한다.
   • 한센의 연구: 높은 업무 성과를 내려면 열정보다 사명감이 더 중요하다.

5. 사적인 인간관계에 있어 우리는 시간이 지날수록 더 친밀한 관계가 될 수 있다고 믿는다. 하지만 이것이 늘 사실인 것은 아니다. 때로는 오래 아는 사이라도 영원

히 평행선에 머무를 수 있고, 적절한 순간을 경험한다면 단번에 깊은 관계를 맺을 수도 있다.

- 피셔로와 팀원들은 신학기가 시작되기 전 교사의 간단한 가정방문만으로 스탠튼 초등학교를 크게 변화시킬 수 있었다.

6. **심리학자 해리 라이스에 따르면 인간관계는 반응성에 의해 강화된다. 상호 이해와 인정, 배려를 통해서 말이다.**

- 스탠튼 초등학교의 교사들은 학부모에게 자녀에게 갖고 있는 기대와 소망에 대해 질문함으로써 반응성을 보여주었다.
- 의료보건 분야에서 일하는 간병인들은 "당신의 문제는 무엇입니까?"라는 질문에서 "당신에게 중요한 것은 무엇입니까?"라는 질문으로 선회했다.
- '앙금 해결' 고객 서비스 직원들은 고객들이 과거에 어떤 경험을 했는지 인정해주었다.

7. **반응성과 솔직함이 만나면 친밀감으로 이어질 수 있다. 이런 감정은 특히 '주고받기'를 통해 구축된다.**

- 아트 아론의 36개 질문 실험은 우리가 처음 만난 사람과 겨우 45분 만에 친밀한 관계가 될 수 있음을 보여준다!

덧붙이는 글 # 트라우마의 순간을
극복할 수 있다면

먼저 이 장을 읽는 이들에게 위로의 말을 보낸다. 당신이 어떤 상황에 있건 이미 비슷한 길을 걸은 이들이 있다는 것을 알고, 그들의 경험을 통해 당신도 희망을 찾을 수 있길 바란다.

심리적 트라우마는 깊은 고통과 괴로움을 초래한다. 하지만 많은 사람들이 모르는 점은 그러한 트라우마가 긍정적 성장과 외상 후 성장을 이끌어내기도 한다는 것이다. 물론 그런 성장을 겪는다고 해서 비극적 사건이 비극이 아닌 것은 아니요, 고통이 치료되거나 낫는 것도 아니다. 그러나 리처드 테데스키Richard Tedeschi와 로렌스 칼훈Lawrence Calhoun 은 "거대한 고통으로부터 정말 좋은 것이 비롯될 수도 있다"라는 것을 발견했다.

외상 후 성장은 배우자를 잃은 사람과 재향군인, 모국에서 쫓겨난

난민, HIV나 암 환자, 병을 앓는 자식을 둔 부모, 그리고 성적 학대나 공격의 피해자에게서 나타나곤 한다. 일부 연구에 의하면 심리적 외상 생존자들은 심각한 심리적 외상을 겪지 않은 이들보다 높은 수준의 긍정적 변화를 보고했다.

우리는 거대한 고난 속에서 정말 좋은 것을 찾아내는 5가지 방법을 알려줄 것이다. 이는 심리적 외상 생존자들이 정기적으로 긍정적 성장을 보고하는 5가지 영역에서 영감을 받은 것이다(이 5가지 영역은 테데스키와 칼훈의 외상 후 성장에 관한 연구에서 가져왔다. 모든 인용구는 그들의 논문에서 발췌한 것이다).

작은 절정을 찾아라 심리적 충격을 경험한 사람들은 종종 잘 꾸며진 정원, 진한 커피 한 잔, 아이와 함께 하는 아침식사 등, 전에는 간과했던 소소한 것들을 즐기게 되었다고 보고한다. 빌 클린턴의 전직 고문인 해밀턴 조던Hamilton Jordan은 이렇게 말했다.

> 암 선고를 받고 나자 삶의 소소한 재미에도 특별한 의미가 깃들기 시작했다. 아름다운 노을, 나를 꼭 안아주는 아이의 작은 팔, 아내 도로시와의 행복한 한때. 이런 느낌들은 시간이 지나도 바래거나 희미해지지 않았다. 두 번째와 세 번째 암 전이가 발견되었을 때 나는 어디서나 그런 순수한 즐거움을 찾을 수 있었고, 남은 평생 동안 가족들과 친구들의 소중함을 깨닫고 이를 당연한 것으로 치부하지 않는 삶을 보내게 되었다.

지리학 교수이자 83명이 사망한 항공기 추락 사고에서 생존한 셀리 워커^{Sally Walker}는 말했다. "집에 도착했을 즈음 동이 트기 시작했습니다. 나는 발밑의 보도블록을 유심히 쳐다봤습니다. 꼭 내가 영화 주인공이라도 된 것 같았죠. 이제는 존재하는 모든 것이 축복이었습니다."

챕터2에서 우리는 말기 뇌종양으로 3개월 시한부 인생을 선고 받은 유진 오켈리에 대해 이야기했다. 그는 사랑하는 사람들과 공유할 완벽한 순간들을 창조했다. 맛있는 식사를 한다거나 센트럴파크를 산책하면서 말이다. 그는 이런 특별한 순간들을 통해 '한 주에 한 달을' 살 수 있다는 데 감탄했다.

다른 사람들과의 관계에 감사하고 소중히 여겨라 한 부모는 아들의 죽음에 대해 이렇게 말했다. "그 아이가 죽었을 때 어디선가 갑자기 사람들이 우리를 도와주러 나타났어요." 그녀는 친구들에게 새삼 고마움을 느꼈다. 남편을 더욱 소중하게 여기게 되었다.

친구들이라고 모두 도움의 손길을 내미는 것은 아니다. 트라우마를 겪은 많은 이들이 힘들고 어려운 상황이 되면 진짜 친구가 누구인지 알 수 있다고 말한다. 도움이 되지 않는 관계를 추려내고 위안이 되는 관계에 집중함으로써, 사람들은 보다 따뜻하고 안정적인 감정을 느끼게 된다. 그들은 또한 슬픔이나 괴로움을 겪는 사람들에게 전보다 더 공감하고 연민을 느끼게 되었음을 깨닫는다.

챕터10에서 우리는 보다 친밀한 관계를 형성하는 방법에 대해 논했다. 그중 하나인 반응성은 서로를 이해하고, 인정하고, 배려할 때 더 돈독한 관계를 맺을 수 있다고 말한다. 심리적 외상 생존자인 당신은 타인에게 더 쉽게 반응할 수 있을 것이다. 다른 트라우마 경험자들이 어떤 처지에 있는지 이해하고 그들의 생각과 반응을 더 쉽게 인정할 수 있을 것이다. 당신 자신도 그런 비극을 겪은 적이 있기 때문이다. 그러므로 당신은 다른 사람들은 어려울지 모를 다정한 방식으로 상처 입은 이들을 격려하고 도울 수 있다. 친구가 자식을 잃었을 때, 많은 사람들이 혹시 고통스러운 기억이 되살아날까 봐 그들 앞에서는 아이에 대한 이야기를 꺼내지 않으려 한다. 하지만 자식을 잃은 부모라면 그 아이를 잠시라도 생각하지 않는 것이 더 어렵다는 것을 알 것이다. 그러니 "마크라면 이번 풋볼 시합을 참 좋아했을 텐데"라는 말은 오래 묵은 상처를 파헤치는 것이 아니라 반대로 다정하고 사려 깊은 언행이 될 수도 있다.

자신의 힘을 깨달아라 자식 잃은 부모가 말했다. "어떤 상황이든 더 잘 대처할 수 있게 되었어요. 예전에는 중요하고 심각하게 여겨졌던 것들도 이젠 더 이상 그렇게 느껴지지 않습니다." 사람들은 트라우마를 자신을 확장하고, 고난을 극복하고 인내하는 일종의 시험으로 이용한다. 많은 이들이 이렇게 말했다. "이 일을 이겨낼 수 있다면 다른 어떤 일도 견딜 수 있을 겁니다."

우리는 챕터5에서 젊은 정신과의사 마이클 디닌의 일화를 들었다. 그는 환자가 눈앞에서 자살한 데 대해 자신을 책망했고, 그의 멘토는 밤새도록 옆을 지키며 그가 고통과 자기회의를 극복할 수 있게 격려해주었다. 디닌은 그런 경험을 통해 다른 이들을 돕는 멘토가 될 수 있었고 그 뒤로 수십 년간 많은 이들에게 용기를 주고 고난을 이겨내도록 북돋았다.

새로운 가능성을 발견하라 때때로 트라우마를 극복한 사람들은 삶의 새로운 기회를 찾아내곤 한다. 새 직장, 새 열정, 새로운 계획.

코넬 대학의 의료사회학 교수인 일레인 웨딩턴Elaine Wethington은 정리해고자 가운데 3분의 1이 그 일이 삶에 긍정적 영향을 끼쳤다고 생각한다는 사실을 밝혀냈다. 심지어 심각한 병을 앓는 이들 중 45퍼센트 정도가 동일한 대답을 했다. 물론 3분의 2에 달하는 사람들이 정리해고가 부정적 영향을 끼쳤다고 응답했다는 사실을 부정할 생각은 없지만 어떤 이들은 문 하나가 닫힐 때 다른 문이 열린다는 사실을 발견한다.

정신적 통찰을 추구한다 많은 트라우마 생존자들이 고통을 극복하기 위해 영적 활동에서 위안을 찾으려 한다. 어떤 이는 이렇게 말했다. "하나님 덕분에 이겨낼 수 있었습니다. 5~6년 전에 난 종교를 믿지도 않았어요. 지금은 하나님이 없다면 어떻게 해야 할지 모르겠습니다." 테데스키와 칼훈은 종교가 없는 이들조차도 "근본적인 존재론적 의문을 품고, 그런 경험 자체가 성장으로 느껴질 수 있다"고 설명했다.

이제까지 한 어떤 이야기도 트라우마를 극복하는 것이 간단하다거나 성장을 하기 위해 노력해야 한다는 의미가 아니다. 자식을 잃은 해럴드 쿠슈너Harold Kushner 랍비는 그 비극적 사건이 일어나지 않았다면 하고 바라는 와중에도 내적 성장을 반긴다는 것이 어떤 의미인지 잘 짚어주고 있다.

나는 더 사려 깊은 사람이 되었고, 유능한 목회자가 되었고, 공감력이 뛰어난 상담자가 되었다. 모두 아론의 삶과 죽음을 겪지 못했다면 이룩하지 못했을 성취이다. 그리고 만일 내 아들이 다시 돌아올 수만 있다면 나는 두 번 생각하지 않고 이 모든 것을 포기할 것이다. 내가 선택할 수만 있다면, 그런 경험으로 말미암아 이룩한 모든 영적 성장과 심오함을 전부 포기하겠다. 그러나 내게는 선택권이 없다.

이와 관련해 학문적 자료를 더 읽고 싶다면 다음을 추천한다.

- 리처드 G. 테데스키Richard G. Tedeschi & 로렌스 칼훈Lawrence G. Calhoun(2004), "Posttraumatic Growth: Conceptual Foundations and Empirical Evidence", *Psychological Inquiry* 15:1-18. PTGI(Post-traumatic Growth Inventory)라고 불리는 외상 후 성장 테스트는 온라인에서 찾을 수 있다. 애덤 그랜트와 셰릴 샌드버그의 저서 『옵션 B』도 함께 추천한다. 아래 서적들도 도움이 될 것이다.
- 제인 맥고니걸Jane McGonigal(2015), 『수퍼베터: 게임 같은 삶을 사는 힘 SuperBetter: The Power of Living Gamefully』, New York: Penguin
- 제임스 페니베이커James Pennibaker & 존 에반스John Evans(2014), 『표현적 글쓰기Expressive Writing』, Enumclaw, WA: Idyll Arbor

감사의 글

이 책의 초안을 읽고 피드백을 제공해준 독자 여러분께 감사한다. 우리가 부탁한 일은 결코 간단하지 않았다. 바쁜 시간을 쪼개 미완성 원고를 읽고 장점과 단점을 평가해야 했으니 말이다. 독자 여러분의 조언은 몇 개의 커다란 변화와 무수한 자잘한 변화를 가져왔고, 모두 긍정적 결과로 이어졌다(덕분에 다른 독자들은 우리의 썰렁한 농담에서 구제받을 수 있었고 말이다).

워싱턴 D. C.와 애틀랜타, 뉴욕에서 그룹 토의에 참가해준 분들께도 감사한다. 여러분의 아이디어 덕분에 책의 내용을 크게 개선할 수 있었다. 어떤 부분인지 부디 알아봐주길.

이 책에 수록된 다양한 아이디어와 일화들을 제공해준 이들에게 무한한 감사를 보낸다. 조 맥캐넌은 고난의 공유 아이디어를 제공했고,

넬라 가르시아와 마크 디벨라는 서명의 날 이야기를 들려주었다. 셰릴 퍼거슨, 에디 시몬스, 빅터 마타는 2016년 졸업생 서명의 날에 대해 말해주었다. 앤절라 더크워스와 로렌 에스크레이스-윙클러는 우리에게 영감을 주고 중요한 연구 핵심을 지적해주었다. 프레드 휴스턴은 딜로이트사의 퇴임식에 대해 알려주었고, 패트리샤 디닌은 우리를 마이클 파머에게 소개시켜주었다. 무생물 탄소봉에 대해 말해준 로버트 호이어만에게도 감사한다. 윌리엄 플러츠는 보물상자 아이디어를 제공했다. 챕터2의 공격, 수비 아이디어를 낸 것은 맷 딕슨이며, 나프탈리 라벤더 랍비는 예비 랍비들의 역할극에 대해 알려주었다. 메건 번즈는 포레스터 데이터를 살펴보라고 조언했고 로라 트램과 록사나 스트로멩거는 데이터 분석을 도와주었다. 비행안전수칙 미스터리를 풀 수 있게 거들고 나아가 사우스웨스트 항공사의 관료주의와 싸워(안녕하세요, 법무팀 여러분!) 이 이야기를 수록할 수 있게 애써준 프랭크 툴리, 케이티 보인턴, 마이크 오벌리에게 감사한다. 엘리 핀켈은 매처럼 예리한 눈으로 우리의 초안에서 교감에 있어 가장 중요한 재료 중 하나인 반응성이 빠져 있다는 것을 발견했다.

결정적 순간의 다양한 면모에 있어 여러 차례의 대화를 통해 우리에게 많은 도움을 준 사람들에게도 사의를 표한다. 순 유, 폴 말로니, 다렌 로스, 닉 스트러드, 브리짓 스토캄프, 메건 번즈에게 감사한다.

자료조사를 도와준 로나 리프스와 마야 발레루에게 고맙다는 말을 하고 싶다(특히 서비스 경험에 관한 수백 개의 온라인 리뷰를 검토해준 데 대해!). 독자들의 피드백을 관리해준 크리스티 다넬에게 각별한 감사를 보내며, 희극적 영감을 준 데이브 밴스와 마법 같은 편집 능력을 발휘한 피터 그리핀에게도 감사한다.

크리스티 플레처와 플레처 & 컴퍼니 직원들, 그리고 사이먼 앤 슈스터 팀과 일할 수 있어 무한한 영광이었다. 무엇보다 우리의 첫 편집자인 벤 로넨과 다시 뭉칠 수 있어 기뻤다. 벤, 우리가 출판계에 발을 들일 수 있게 다리를 놔줘서 고마워요. 벌써 네 번째 책이랍니다.

그리고 엄청나게 열광적으로 반응하는 가족들이 없었다면 우리는 평생 어떤 책도 출간하지 못했을 것이다. 아버지, 어머니, 수잔, 수잔 조이, 에머리, 오드리, 아만다, 조세핀, 옥사나, 헌터, 다비, 모두에게 사랑을 보낸다.

참고 자료

Prologue. 간과하기 쉬운 결정적 순간의 영향력

11. YES 예비학교 서명의 날 이 이야기는 2015년 2월 댄과 도널드 카멘츠와의 인터뷰, 2016년 5월 크리스 바빅과의 인터뷰, 그리고 두 사람과 주고받은 이메일을 참고하여 작성되었다. 댄은 2016년 7월에 마이라 베일과 인터뷰를 했고, 2016년 5월에 휴스턴에서 열린 2016 서명의 날에 직접 참석했다.

18. 13도의 차가운 물이 담긴 양동이 찬 물 양동이 연구, 절정-대미 효과, 그리고 지속시간 경시는 다음 논문을 참고했다. D. Kahneman, B. L. Fredrickson, C. A. Schreiber, and D. A. Redelmeider(1993), "When More Pin Is Preffered to Less: Adding a Better End," *Psychological Science* 4: 401-5

20. 가장 인상적인 순간을 기억하는 경향이 있다. 즉 절정, 구덩이, 전환의 순간들 노벨 경제학상 수상자인 심리학자 대니얼 카너먼은 1990년대에 몇 개의 흥미로운 논문을 토대로 이 연구를 시작했는데, 그중에는 짧은 영상 소비와 대장내시경 경험에 관한 논문도 포함되어 있었다.

연구 결과, 극적인 순간들(절정과 구덩이)의 중요성이 일관적으로 나타났다. 캐리 모어웨지Carey Morewedge가 예측효용 분야의 리뷰에서 지적했듯이, 야구팬은 야구 경기에 대해 생각할 때 그들이 기억하고 있는 가장 멋진 시합을 떠올리는 경향이 있다. 한편 대장내시경 환자에게 검사 경험에 대해 기억해보라고 요청할 경우, 그들은 가장 괴롭고 고통스러운 순간을 떠올린다. 캘리포니아에서 3주일간 자전거 여행을 즐긴 여행객들은 최고의 순간에 집중한다.

프롤로그에서 시사한 것처럼, 우리는 '절정과 대미' 보다는 '절정과 전환'의 관점에서 생각하는 편이 더 유용하다고 믿는다. 이유는 우리가 시작과 마지막의 사이에 일어난 일을 쉽게 잊어버리기 때문이다. 또 다른 이유는 많은 연구 결과가 시작이 중요하다는 사실을 입증하고 있기 때문이다. 대학 시절 기억의 거의 40퍼센트가 신입생이 입학한 9월에 집중되어 있으며, 다른 자료에 따르면 대학에 입학한 후 첫 6주일간 형성된 장기기억이 3년 차 1년 전체의 장기기억보다 더 많다(그러고 보니 이 사실을 이용하면 대학 학비를 줄일 수 있을지도?).

보다 일반적으로, 특정 경험의 초반부에 습득한 정보가 후반부에 습득한 정보보다 더 많은 주의력과 의미를 집중시킨다는 증거도 있다. 기억은 초두효과(처음 제시된 정보가 나중에 제시된 정보보다 더 기억에 남는 것)과 최신효과(가장 마지막에 제시된 정보가 더욱 강렬한 인상을 남기는 것)을 동시에 지니는 경향이 있으며 디인의 인식에 괸한 연구조사는 상호직용의 초기 단계에서 정보가 과중 중첩된다는 사실을 보여준다.

예측효용을 다룬 연구에 대해 정리 요약된 자료를 읽고 싶다면 다음을 참고하라. Carey K. Morewedge(2015), "Utility: Anticipated, Experienced, and Remembered", Gideon Keren and George Wu, eds., *The Wiley Balckwell Handbook of Judgement and Decision Making*, pp. 295–30, Malden, Ma:Wiley.

대장내시경 환자 연구와 관련한 자료는 Daniel Kahneman and Donald A. Redelmeier(1996), "Patients' Memories of Painful Medical Treatments: Real-time and Retrospective Evaluations of Two Minimally Invasive Procedures," Pain 66(1): 3–8. 찬물 양동이 실험은 Daniel Kahneman, Barbara L. Fredrickson, Charles A. Schreiber, and Donald A. Redelmeier(1993), "When More Pain Is Preferred to Less: Adding a Better End," *Psychological Science*, 4(6): 401–5을 읽어보라. 대학 행사에 관한 기억에 대한 연구 요약은 다음을 참고했다. David B. Pillemer (2000), *Momentous Events, Vivid Memories: How Unforgettable Moments Help Us Understand the*

Meaning of Our Lives. Cambridge, MA: Harvard University Press. 대학 시절 기억속에서 9월이 중요하다는 내용은 126페이지에 나온다.

21. 매직캐슬 호텔 매직캐슬 호텔에 대한 묘사는 칩과 댄의 경험과 매직호텔 LLC의 지배인 겸 최고운영책임자인 대런 로스와의 대화에서 비롯되었다. 호텔에 대한 리뷰는 2017년 1월 20일 자로 다음 페이지를 참고했다. https://www.tripadvisor.com/Hotel_Review-g32655-d84502-Reviews-Magic_Castle_Hotel-Los_ Angeles_California.html.

Chapter 1. 삶이란 산문에 구두점이 필요한 순간

32. 사납고 성난 총알개미를 가득 넣은 장갑 https://www.globalcitizen.org/en/content/13-amazing-coming-of-age-traditions-from-around-th/

33. 존 디어의 출근 첫날 경험 2016년 1월 댄과 라니 로렌즈 프라이의 인터뷰(및 추후 이메일 교환). 2015년 12월 댄과 루이스 카본의 인터뷰, 2016년 1월 무쿨 바쉬니Mukul Varshney(인도 지부)와의 인터뷰.

36. 케네스 도카의 완혼식 이야기 댄과 도카의 인터뷰, 2016년 1월.

38. 새해 다짐·새출발 이론 캐서린 밀크먼의 말은 괴짜경제학Freakonomics 팟캐스트에서 스티븐 더브너Stephen Dubner와의 인터뷰에서 인용한 것이다. http://freakonomics.com/2015/03/13/when-willpower-isnt-enoughfull-transcript/ 체육관 데이터는

다음을 참고하였다. Hengchen Dai, Katherine L. Milkman, and Jason Riis (2014), "The Fresh Start Effect: Temporal Landmarks Motivate Aspirational Behavior," *Management Science* 60(10): 2563 – 82, http://dx.doi.org/10.1287/mnsc.2014.1901.

39. 인생에서 가장 중요한 생일 Adam L. Alter and Hal E. Hershfield (2014), "People Search for Meaning When They Approach a New Decade in Chronological Age," *PNAS* 111, http://www.pnas.org/content/111/48/17066.

41. 핏빗 배지 저자(댄)의 경험담. 칩은 코알라 배지를 얻기 위해 열심히 이동 거리를 축적하는 중이다. 핏빗 배지이 종류에 대해 더 알고 싶다면 http://www.developgoodhabits.com/fitbit-badge-list/을 참고하라.

42. 자동차 리스 Eric A. Taub (2016, October 27), "Let the Lessee Beware: Car Leases Can Be the Most Binding of Contracts," *New York Times*, https://www.nytimes.com/2016/10/28/automobiles/let-the-lessee-beware-carleases-can-be-the-most-binding-of-contracts.html.

44. 더그 디츠의 MRI 어드벤처 시리즈 디츠의 MRI 이야기는 그의 TED 강연에서 발췌했으며 – https://www.youtube.com/watch?v=jajduxPD6H4 – 2016년 7월 댄과 디츠의 인터뷰를 참고했다. 어린 환자를 MRI 테이블에 눕히는 시간이 10분에서 1분으로 단축되었다는 언급과 바비와 케이블카에 대한 이야기는 해당 인터뷰에서 나온 내용이다. 다른 발언은 모두 TED 강연에서 인용했다. MRI에 대한 일부 설명은 디츠가 제공한 문서에서 나온 것이며 아동병원에서 아동 환자의 MRI 촬영을 위해 80퍼센트의 아동들에

게 진정제를 사용해야 했다는 자료의 출처는 다음과 같다. http://www.jsonline.com/ business/by-turning-medical-scans-into-adventures-ge-easeschildrens-fears-b99647870z1-366161191.html.

49. 중학교 적응·사물함 시합 칩과 마이클 라이머의 대화, 2016년 10월.

50. 맥 OS 9 추도사 다음 동영상에서 녹취. https://www.youtube.com/watch?v=2Ya2nY12y3Q.

50. 딜로이트 퇴임식 2016년 6월에 워싱턴 D. C.에서 열린 퇴직 행사에 댄이 직접 참가했다.

Chapter 2. 절정은 만들어진다

60. 힐스데일 고등학교, 인간 본성 재판 이 이야기는 2016년 1월 댄과 그렉 저릴스, 수잔 베드퍼드, 제프 길버트, 그렉 랜스와의 인터뷰, 추후에 이어진 이메일 교환, 그리고 그들이 제공한 서류와 그렉 랜스가 2009년 칩의 수업에 초청되어 강의했을 때의 녹취록을 취합한 것이다. 칩과 댄은 실제로 2016년 12월에 열린 인간 본성 재판에 방청객으로 참여했다.

69. 35,000개의 고등학교 http://www2.ed.gov/about/offices/list/ovae/pi/hs/hsfacts.html.

71. 칵테일 제조법 칩과 대런 로스와의 인터뷰, 2015년 6월.

71. 하나의 예외 매슈 딕슨Matthew Dixon, 닉 토먼Nick Toman, 그리고 릭 델리시Rick Delisi가 집 필한 『손쉬운 경험The Effortless Experience』이라는 기발하고 실용적인 책에는 전화통화 또는 인터넷을 이용한 97,000건의 고객 지원 상호작용에 관한 연구 내용이 실려 있다(댄이 이 책의 추천사를 썼다). 저자들은 "고객의 기대를 능가했을 때와 단순히 기대에 부응했을 경 우에 고객의 충성도에는 실질적으로 거의 아무 차이도 없다"는 사실을 밝혀냈다. 그들은 "기업들은 단순히 고객의 기대에 부응하는 데서 비롯되는 이점을 크게 과소평가하는 경 향이 있다"고 썼다. 다시 말해 만일 고객이 신용카드나 케이블 서비스에 문제가 생겨 서 비스 센터에 전화를 걸었다면 그가 원하는 것은 문제를 신속하게 해결하는 것뿐이지 굳 이 "기쁨이나 즐거움"을 느끼고 싶은 것이 아니다. 전화를 다른 부서로 돌리지 않거나 똑 같은 말을 되풀이하지 않고도 문제를 해결할 수 있다면 그것만으로도 충분하다. 이것이 바로 대체로 잊어버리기 쉬운 것이 바람직하게 여겨지는 순간이다. 그러므로 만일 당신 업무가 고객의 문제를 원격으로(전화나 인터넷) 해결하는 것이라면 절정을 구축하는 일에 대해서는 잊어버려도 된다. 대신에 구덩이를 메우는 데 집중하라. 고객들을 괴롭히고 있 는 서비스 지연이나 이관 문제를 해결하라. 그리고 구덩이를 메울 실용적인 방법을 배우 고 싶다면 앞서 말한 책을 읽어라. Matthew Dixon, Nick Toman, and Rick Delisi (2013). *The Effortless Experience*. New York: Portfolio.

71. 고객의 기대를 능가 댄과 렌 베리와의 통화, 2016년 8월.

72. 고객 경험, 플랜 A·B 고객 경험에 관한 설문조사의 출처는 다음과 같다. Rick Parrish with Harley Manning, Roxana Strohmenger, Gabriella Zoia, and Rachel Birrell (2016). "The US Customer Experience Index," 2016, *Forrester*. CX 지수는 포레스터 리서치사의 등록상표이다.

76. 부정적 문제와 정보에 집착 R. F. Baumeister, E. Bratslavsky, C. Finkenauer, and K. D. Vohs (2001). "Bad Is Stronger than Good," *Review of General Psychology* 5: 323 - 70.

78. 결혼식 지출 비용에 대한 각주 Andrew M. Francis and Hugo M. Mialon (2014). "'A Diamond Is Forever' and Other Fairy Tales: The Relationship Between Wedding Expenses and Marriage Duration," *Social Science Research Network*, https://papers.ssrn.com/sol3/papers2.cfm?abstract_id=2501480. 다른 장에서 우리는 교감의 순간에 대해 논하는데, 동일한 연구진은 결혼식 참가 하객이 많을수록 후에 혼인관계가 파탄 날 확률이 적다는 사실을 발견했다.

82. 유진 오켈리, 『인생이 내게 준 선물』 Eugene O'Kelly and Andrew Postman(2005). *Chasing Daylight: How My Forthcoming Death Transformed My Life*. New York: McGraw-Hill

Chapter 3. 각본은 깨트리라고 있는 것

86. 리츠칼튼 호텔과 기린 인형 조시 조시의 이야기는 다음 기사를 참고했다. http://www.huffingtonpost.com/chris-hurn/stuffed-giraffe-shows-wha_b_1524038.html.

88. 각본의 개념 햄버거와 생일파티 예시는 각본의 영향에 관해 많은 연구업적을 남긴 두 심리학자의 저서에서 발췌한 것이다. Roger C. Schank and Robert P. Abelson

(1977). *Scripts, Plans, Goals and Understaning.* Hillsdale, NJ: Lawrence Erlbaum.

89. 전략적으로 뜻밖의 놀라움을 선사하는 것 우리는 여기서 우리의 전작인 『스틱』과 관련성을 찾을 수 있다고 생각한다. 『스틱』은 메시지의 의외성이라는 점에서 가짜 놀라움과 의미심장한 놀라움의 차이에 대해 설명하는데 의미심장한 놀라움은 표현되는 중요한 메시지에 관심을 집중시키는 데 도움이 된다(관심을 주목시키긴 해도 내용과는 하등 상관없는 유치한 농담이나 행동과는 반대 개념). 이와 마찬가지로 이 장에서 우리는 목적을 강화하고 싶다면 정형화된 각본을 깨트릴 때 발생하는 (리츠칼튼 호텔의 일화처럼) 전략적 놀라움을 활용하기를 권한다.

90. 뜻밖의 즐거움 통계의 출처는 John C. Crotts and Vincent P. Magnini (2011). "The Customer Delight Construct: Is Surprise Essential?" *Annals of Tourism Research* 38(2): 719-2. Tania Luna and LeeAnn Renninger (2015). *Surprise: Embrace the Unpredictable and Engineer the Unexpected.* New York: Penguin Books, p. 137.

91. 프레타망제 "얼굴에 미소를 띠며" 언급은 다음에서 인용한 것이다. Matt Watkinson (2013). *The Ten Principles Behind Great Customer Experiences.* Harlow, England: Pearson, p. 107. 그 외 다른 인용 부분의 출처는 http://www.standard.co.uk/news/london/pret-a-manger-staff-give-free-coffee-to-their-favourite-customers-sandwich-chain-boss-reveals-10191611.html.

92. 사우스웨스트 항공사의 재기발랄한 안전수칙 안내방송 댈러스에 있는 사우스웨스트 본사 건물의 카페테리아 옆에는 가장 훌륭하다고 평가받는 안전수칙 안내방송들이 구름

모양의 장식판에 새겨져 있다. 보잉 737-800의 정가는 7,200만 달러지만 항공사는 정가대로 지불하지 않는다. 실제로 그들이 지불하는 가격은 커다란 기밀이지만 가끔 소문이 새어나오기 마련이다. 한 블로거가 최근 항공사의 재무제표에서 몇 가지 예시들을 발굴해냈는데, 현행 시가는 아마도 5천만 달러 정도로 보인다. http://blog.seattlepi.com/aerospace/2009/07/01/how-much-is-a-shiny-new-boeing-737-worth-not-72-million/. 칩은 2016년 6월에 사우스웨스트 워크숍에 참가했다. 안전수칙 안내방송에 관한 통계자료는 프랭크 툴리, 케이티 보인턴, 마이크 오벌리가 제공한 것으로 2016년 8월~2017년 1월의 자료이다.

95. 전문창업가인 스콧 벡 댄과 스콧 벡과의 인터뷰, 2015년 10월.

96. 토요일 깜짝 선물의 사례들 설문조사 결과, 2016년 3월.

97. VF 코퍼레이션 컨퍼런스, "밖으로 나가라" 이 회의에 대한 상세한 묘사 및 설명은 2016년 칩과 스티븐 덜과의 인터뷰, 그리고 같은 해 7월과 8월 칩과 순 유와의 인터뷰를 참고한 것이다. 속사정을 밝히자면 칩은 VF 코퍼레이션의 워크숍에서 유급 강사로 초청되어 몇 번 강연을 한 적이 있는데 그게 바로 순 유를 만나 이 이야기에 대해 알게 된 계기가 되었다. 잔스포츠의 백팩 이야기는 사내용 〈밝은 점Bright Spot〉 영상에서 나온 이야기이다(우리의 책 『스위치』에서 독려한 것처럼 VF는 이미 변화가 발생 중인 밝은 점―밖에 나가 보다 넓은 세상을 봄으로써 훌륭한 결과를 창출한―을 홍보하기 위해 많은 노력을 기울였다).

101. 약 16억 달러의 가치 VF 코퍼레이트의 리더들에게 경영 성과를 설명해야 했던 프로젝트 운영자들의 예상치를 합산한 결과, 덜의 추산에 따르면 그렇다. 그러할 보고는 디

개 너무 낙관적이기 때문에 덜과 유, 그리고 그들의 팀은 제품에 있어 첫 3년간의 수익만을 계산하는 다소 보수적인 접근법을 택했고 그 합계가 15억 달러였다. 또한 그들은 그중 실제로 시장에 출시된 제품으로부터 창출된 수익도 추적했는데, 16억 달러의 잠재 수익 포트폴리오 중 약 3분의 1이 달성되었다.

103. 회고 절정 Dorthe Berntsen and David M. Rubin (2004). "Cultural Life Scripts Structure Recall from Autobiographical Memory," *Memory & Cognition* 32(3): 427–2. 해먼드의 말은 다음에서 인용했다. Claudia Hammond (2012). *Time Warped: Unlocking the Mysteries of Time Perception*. Toronto: House of Anansi Press.

104. 바니 파리야다스와 데이비드 이글먼의 괴짜 효과 "The Effect of Predictability on Subjective Duration," *PLoS ONE* 2(11). http://journals.plos.org/plosone/article?id=10.1371/journal. pone.0001264. 이글먼은 다음 블로그 포스팅에서 괴짜 효과가 지루함으로부터 발생한다고 설명한다. http://blogs.nature.com/news/2011/11/on_stretching time.html.

105. 45미터 높이에서 그물망 위로 뛰어내렸다 해당 실험에 관한 설명의 출처는 다음과 같다. Bulkhard Bilger, "The Possibilian," *New Yorker*, April 25, 2011.

106. "그렇지 않을 때 살아 있음을 느낀다" Luna and Renninger, *Surprise*, p. xx. 서문에서 발췌.

107. 클리닉 2: 기계적인 회의 때문에 숨이 막힌다 이 시나리오는 2016년 7월, 프레이

신부와 댄이 나눈 대화에 바탕을 두고 있다.

Chapter 4. 진실은 재빨리 발을 건다

116. 의학 역사상 가장 중요한 기념비적 사건 Sarah Boseley (2007. January 19). "Sanitation Rated the Greatest Medical Advance in 150 Years," http://www. theguardian.com/society/2007/jan/19/health.medicineandhealth3.

116. 10억에 달하는 인구 World Health Organization. http://www.who.int/water_sanitation_health/mdg1/en/.

118. "우리 집보다 더 깨끗한데요" 〈Shit Matters〉, video, https://www.youtube.com/watch?v=NSwL1TCaoY#t=11.

119. CLTS 진행자가 마을을 방문 현장 답사에 관한 대부분의 설명 및 묘사는 CLTS 핸드북(다음 링크에서 내려 받을 수 있다)을 주로 참고했으며, 2016년 1월 댄이 카와 한 인터뷰로 약간의 생동감을 더했다. Kamal Kar (2008). *Handbook on Community-Led Total Sanitation*. http://www.communityledtotalsanitation.org/sites/communityledtotalsanitation.org/files/cltshandbook.pdf.

122. 34퍼센트에서 1퍼센트까지 하락 야외 배변율 하락에 대한 자료의 출처는 CLTS annual report, 2014-5, and CLTS report "Igniting Action/Asia."

124. 스콧 거스리, 마이크로소프트 애주어 출처는 http:/fortune.com/microsoft-fortune–500–cloud–computing/.

126. 강좌 설계 강습회[CDI] 댄은 2015년 6월에 마이클 파머를 인터뷰했으며, 2015년 7월에는 직접 CDI에 참가했다. 교수들의 인용구는 그때 참가한 워크숍에서 들은 것이다. 댄은 2016년 1월에 크라이스트를, 2016년 8월에는 로렌스를 인터뷰했다. 강의평가 데이터와 "그 결과는 훌륭했다" 인용구의 출처는 http://cte.virginia.edu/programs/course–design–institute/testimonials/.

Chapter 5. 스스로를 확장하라

132. 리아 채드웰의 베이커리 댄과 채드웰의 인터뷰, 2016년 7월. 두 사람을 연결해준 피봇 플래닛의 브라이언 커스에게 감사한다.

135. 자기통찰의 이점 Rick Harrington and Donald A. Loffredo (2011). "Insight, Rumination, and Self–Reflection as Predictors of Well–Being," *Journal of Psychology* 145(1). 우리가 이 논문을 검토하도록 영감을 준 타샤 유리크[Tasha Eurich]에게 감사한다. 본 주제와 관련해 흥미가 있다면 자기통찰에 관한 타샤의 저서 『자기통찰[Insight]: 어떻게 원하는 내가 될 것인가』를 읽어보라.

136. 로마로 유학 저자들이 행한 설문조사, 2015년 12월.

137. 숙고하거나 반추하는 것 위에서 언급한 타샤 유리크의 저서 5장과 6장 참고.

137. 마이클 디닌, 환자의 자살 이 이야기와 관련해 댄은 2015년 6월에는 디닌을, 2016년 6월에는 리드너를 인터뷰했다.

142. 호니그, 부활전야예배 호니그는 2016년 3월에 이 이야기를 우리에게 들려주었다. 그 후에 일어난 일은 2017년 1월에 호니그와 이메일 교환을 통해 알게 되었다.

143. 높은 기준+확신 출처는 David Scott Yeager et al. (2014). "Breaking the Cycle of Mistrust: Wise Interventions to Provide Critical Feedback Across the Racial Divide," *Journal of Experimental Psychology* 143(2): 804–24.

144. 식스시그마 블랙벨트 이 이야기의 원 출처는 2016년 3월 데일 펠프스가 제출한 설문조사 응답지이며, 2016년 8월에 댄이 펠프스, 란자니 스리바산과 후속 인터뷰를 실시했다.

148. 블레이클리, 스팽스 블레이클리의 일화는 인용된 그녀의 발언을 포함하여 대부분 질리언 조 시걸의 『그곳에 가는 길』 중 블레이클리의 챕터에서 가져온 것이다. 각 사건이 일어난 시간순은 다음을 참고했다. http://www.spanx.com/years-of-great-rears. "'싫어'라는 대답에 면역이 되기까지는" 인용구는 2016년 3월 블레이크의 《잉크Inc.》지 주최 여성 정상회의Women's Summit 강연에서 나온 표현이다. 뛰어난 통찰로 가득할 뿐만 아니라 재미있기까지 한 강연이다. http://www.inc.com/sara-blakely/how-spanx-founder-turned-5000-dollars-into a billion-dollar-undergarment-business.html에

서 볼 수 있다.

154. 클리닉 3: 팬더 가든 하우스의 변신 이 가상의 식당 이름은 《워싱턴 포스트》지가 미국에 존재하는 거의 모든 중국 음식점의 이름을 분석한 기사를 보고 떠올린 것이다. 기사를 인용하자면, "미국인은 '골든 드래곤 뷔페' 같은 이름을 보면 저절로 중국 음식점을 연상하도록 훈련되었다. 그러므로 만일 당신이 '도체스터 메도우' 같은 이름의 중국 음식점을 연다면 아마 실패할 것이다." Roberto A. Ferdman and Christopher Ingraham (2016, April 8), "We Analyzed the Names of Almost Every Chinese Restaurant in America. This Is What We Learned," Wonkblog, https://www.washingtonpost.com/news/wonk/wp/2016/04/08/we-analyzed-the-names-of-almost-every-chinese-restaurant-in-america-this-is-what-we-learned/?utm_term=.e32614cde10a.

Chapter 6. 타인을 인정하라

162. 키라 슬룹, 가수 댄과 슬룹의 인터뷰, 2015년 8월과 2016년 1월.

166. 신데렐라와 미운 오리 새끼 Gad Yair (2009). "Cinderellas and Ugly Ducklings: Positive Turning Points in Students' Educational Careers-Exploratory Evidence and a Future Agenda," *British Educational Research Journal* 35(3): 351 - 70

167. 4개의 유사한 연구들 Carolyn Wiley (1997). "What Motivates Employees According to Over 40 Years of Motivation Surveys," *International Journal of*

Manpower 18(3): 263-80.

168. 사람들이 직장을 그만두는 가장 큰 이유 Bob Nelson (1997). *1501 Ways to Reward Employees*. New York: Workman.

169. 인정 전문가들의 조언 Luthans Stajkovic (2009). "Provide Recognition for Performance Improvement." In *Handbook of Principles of Organizational Behavior*. West Sussex: Wiley, pp. 239-52.

170. 창고 정리·실수 발견 아마존 엠터크MTurk 사이트에서 연구 실험에 참가한 사람들이 제공한 일화.

171. 키스 라이싱어, 보스 헤드폰 라이싱어의 이야기는 2016년 1월 및 2014년 10월에 칩과 라이싱어의 인터뷰에서 가져온 것이다. 댄은 2016년 1월에 라이싱어를 인터뷰했고, 2016년 1월에 휴즈와도 인터뷰를 했다. 휴즈에 대한 흥미로운 사실을 하나 알려주자면 그는 프로 소프트볼 선수다. 심지어 명예의 전당에도 오른 적이 있다. 그는 프로 선수이기 때문에 소프트볼을 재미로 플레이하는 것이 금지되어 있으므로, 어떻게든 사내 팀에 도움을 받아볼까 궁리하는 건 그만두도록.

174. 도너스추즈 댄은 아마드와 페이스를 2016년 7월, 줄리 프리토는 2016년 5월과 9월에 인터뷰했다. 바바라 크베닉은 2016년 10월 감사편지의 긍정적 영향에 대한 정보를 제공해주었다. 여기에 약간의 개성을 가미해 준 미시 셔번과 세자르 보카네그라에게 감사한다.

176. 거의 백만 통의 감사편지 줄리 프리토의 이메일, 2016년 8월. "올 회계연도에 각 기부 건당 보낸 감사 메시지가 90,422개로 집계되었습니다. 이에 각각의 봉투에 담은 감사편지의 평균 매수(11매)를 곱하면 총 994,642통으로 합산됩니다."

178. 셀리그먼의 감사 편지 연습 이 연습 활동에 관한 설명의 출처는 https://www.brainpickings.org/2014/02/18/martin—seligman—gratitude—visit—three—blessings/.

179. 글래스먼이 어머니에게 보내는 편지 글래스먼은 이 편지 교환 장면을 녹화하여 인터넷에 올렸다. 원한다면 통화를 하는 동안 두 사람이 어떤 감정을 경험했는지 직접 확인할 수 있다. 2016년 7월 17일, 영상 파일에서 녹취. 출처는 https://www.youtube.com/watch?v=oPuS7SITqgY, 그 외 다른 정보와 "거의 무적이 된 것 같았습니다" 대목은 댄과 글래스먼의 2016년 7월 인터뷰에서 따온 것이다.

181. 감사 방문을 한 이들은 심지어 한 달 후까지도 통제집단 사람들보다 더 큰 행복감을 느꼈다 M. E. P. Seligman, T. A. Steen, N. Park, and C. Peterson (2005), "Positive Psychology Progress: Empirical Validation of Interventions," *American Psychologist* 60: 410–21.

Chapter 7. 이정표를 늘려라

182. 소파에서 5K까지 댄은 2016년 5월 조시 클라크를 인터뷰하고 2016년 7월에 낸시 그리핀(클라크의 어머니)을 인터뷰했다. "지독한 W5D3"의 출처는 다음 블로

그 포스팅이다. https://pleasurenotpunishment.wordpress.com/2012/03/17/the-dreadedw5d3/.

184. 수십 만 명이 거기 참가하고 있었다 인스타그램의 경우 해시태그 #c25k를 달고 있는 포스팅이 225,000개에 이른다. https://www.instagram.com/explore/tags/c25k/?hl=en, 2017년 1월 10일 확인.

186. 끝장나는 드래곤 Steve Kamb (2016). *Level Up Your Life: How to Unlock Adventure and Happiness by Becoming the Hero of Your Own Story*. New York: Rodale, p. 65에서 인용.

195. 미국 역대 대통령의 평전을 읽는 스콧 에틀 댄과의 인터뷰에서, 2016년 7월.

198. 마라톤 주자 9백만 명 Eric J. Allen, Patricia M. Dechow, Devin G. Pope, and George Wu (2014, July). "Reference-Dependent Preferences: Evidence from Marathon Runners," *NBER Working Paper No. 20343*

199. 칼 뉴포트, 목표를 완수해야 한다는 강박 블로그 https://www.scottyoung.com/blog/2007/10/18/the-art-of-the-finish-how-to-go-frombusy-to-accomplished/에서 인용.

Chapter 8. 용기 내는 연습

201. 내슈빌 연좌투쟁 이 이야기는 PBS 방송국의 탁월한 다큐멘터리 시리즈인 〈Eyes on the Prize: America's Civil Rights Years〉(1995) 중에서 〈당신네 감옥은 안 무서워 Ain't Scared of Your Jails〉 에피소드에 기반하고 있다. 이 에피소드를 비롯한 전체 프로그램은 유튜브에서 볼 수 있다. 로슨의 워크숍에 관한 대목은 〈당신네 감옥은 안 무서워〉 영상의 약 5분 즈음부터 시작된다. 테일러 브랜치의 글은 시민권 운동에 대한 그의 확정적 설명인 *Parting the Waters: America in the King Years 1954-63*. New York: Simon & Schuster. p. 286((1988)에서 인용했다. 당시 내슈빌에서 체포된 인물들에 관한 내용은 290페이지에 있다. 엄격한 훈련과 규율의 필요성에 관한 로슨의 말은 비폭력운동 전략의 역사에 관한 다음 다큐멘터리에서 인용한 것이다. Steve York, 〈A Force More Powerful〉, International Center on Nonviolent Conflict, 1999, https://www.youtube.com/watch?v=CGlnjfJvHg, 2017년 3월 2일 확인.

207. 라흐만의 폭발물처리 대원들에 대한 연구 S. J. Rachman (1982, March). "Development of Courage in Military Personnel in Training and Performance in Combat Situations," *U.S. Army Research Report 1338*.

208. 거미공포증 극복하기 1, 3, 7, 9단계의 출처는 Jayson L. Mystkowski et al. (2006). "Mental Reinstatement of Context and Return of Fear in Spider-Fearful Participants," *Behavior Therapy* 37(1): 49-60. 2시간이라는 통계 결과는 다음 논문을 인용했다. Katherina K. Hauner et al. (2012). "Exposure Therapy Triggers Lasting Reorganization of Neural Fear Processing," *Proceedings of the National Academy of*

Sciences 109(23): 9203 - 8. "거미를 무서워한 나머지 잔디밭을 걷지도 못하고"라는 대목은 다음 웹페이지에서 인용한 것이다. http://www.livescience.com/20468-spider-phobia-cured-therapy.html.

210. 실행 의도 Peter M. Gollwitzer (1999). "Implementation Intentions: Strong Effects of Simple Plans," *American Psychologist* 54: 493 - 503.

211. 가치관에 따른 행동 2010년 6월 댄과의 인터뷰에서 배경 지식을 가져옴. 메리 젠타일의 발언은 그녀의 웹사이트에 기재된 Q&A에서 인용하였다. http://www.givingvoicetovaluesthebook.com/about/.

212. 예비 랍비들의 역할극 이 사례의 출처는 다음 기사와 2017년 2월 댄과 메나첨 페너 랍비와의 인터뷰이다. Paul Vitello (2010, February 10). "Rabbis in Training Receive Lessons in Real-Life Trauma," *New York Times*, http://www.nytimes.com/2010/02/10/nyregion/10acting.html. 우리가 이 이야기에 주목할 수 있게 지적해 준 나프탈리 라벤더 랍비에게 감사한다.

214. D.A.R.E. 프로그램의 실패 웨이 팬Wei Pan의 메타분석과 관련해 다음에서 일반적이고 접근가능한 설명을 볼 수 있다. http://www.scientificamerican.com/article/why-just-sayno-doesnt-work/. 핌 쿠이퍼스의 논문은 "Effective Ingredients of School-Based Drug Prevention Programs: A Systematic Review," *Addictive Behaviors* 27: 1012 (2002).

215. 미리 첩자를 심어뒀다가 꺼내기 힘든 질문을 던지게 한다 저자들이 실시한 설문조사 응답 내용, 2016년 11월.

216. 노동자의 85퍼센트가 "그 문제를 꺼내거나 언급하면 안 될 것 같다" Frances J. Milliken (2003). "An Exploratory Study of Employee Silence: Issues That Employees Don't Communicate Upward and Why." http://w4.stern.nyu.edu/emplibrary/Milliken. Frances.pdf.

216. 용감하지만 틀린 사람 실험 Charlan Nemeth and Cynthia Chiles (1988). "Modelling Courage: The Role of Dissent in Fostering Independence," *European Journal of Social Psychology* 18: 275-80.

219. 클리닉 4: 나를 따르는 동료가 아무도 없다 Larissa McFarquhar (2009, November 21). "The Better Boss," *New Yorker*.

Chapter 9. 우리가 우리일 수 있는 이유

228. 샤프 헬스케어의 전 직원 회합 이 이야기는 2016년 9월과 2017년 2월 댄과 소니아 로즈의 인터뷰, 그리고 칩의 2016년 9월 마이크 머피, 2016년 6월 린 스콕젤라스와의 인터뷰를 바탕으로 하고 있다. 특히 샤프의 변신에 관련해 겨우 반나절 동안 샤프 내부에서 20명의 포커스 그룹을 조직해 칩과 대화를 할 수 있게 해준 린 스콕젤라스에게 각별한 감사 인사를 보낸다. 그 외 자세한 배경 지식은 로즈의 프레젠테이션을 참

고했다. "Making Health Care Better: The Story of the Sharp Experience," https://www.oumedicine.com/docs/excel/sharpeexperience-sonia-rhodes-(4-29-11).pdf?sfvrsn=2, 2017년 3월 7일에 확인. "우주 최고의 의료관리 제도" 문구 역시 이 프레젠테이션에서 인용한 것이다. 로즈와 개리 애덤슨Gary Adamson의 다음 저서에서도 세부 사항을 참조했다. Rhodes and Gary Adamson (2009). *The Complete Guide to Transforming the Patient Experience*. New York: HealthLeaders Media.

234. 환자 만족도가 비약적으로 상승 환자 및 의사 만족도와 수입 등에 관한 통계자료는 볼드리지상 서류에서 참고했으며 다음 논문에서도 인용되었다. D. G. Lofgren et al. (2007). "Marketing the Health Care Experience: Eight Steps to Infuse Brand Essence into Your Organization," *Health Marketing Quarterly* 23(3): p. 121.

236. 웃음은 사회적 반응이다 프로바인의 실험 및 연구에 관한 설명과 인용은 그가 《가디언》지에 기고한 다음 기사를 참고한 것이다. https://www.theguardian.com/books/2012/sep/02/why-we-laugh-psychology-provine.

238. 높은 고행과 낮은 고행 Dimitris Xygalatas et al. (2013). "Extreme Rituals Promote Prosociality," *Psychological Science* 24: 1602. 기부를 익명으로 했는데 연구진은 누가 얼마를 기부했는지 어떻게 알았을까? 그들은 봉투와 질문지에 같은 번호를 붙여 응답자의 익명성은 유지한 채 설문지와 기부금 액수를 짝지었다. 높은 고행의 목격자 집단에 관한 정보의 출처는 Ronald Fischer and Dimitris Xygalatas (2014), "Extreme Rituals as Social Technologies," *Journal of Cognition and Culture* 14: 345-55. 서로 낯선이들이 선별 시험을 위해 얼음물에 손을 담그는 과제 수행에 관한 결과의 출처는 Brock

Bastian et al. (2014). "Pain as Social Glue: Shared Pain Increases Cooperation," *Psychological Science* 25(11): 2079 – 85.

241. 사명감·열정 한센의 사명감·열정에 관한 자료는 곧 발간될 그의 신간 *Great at Work: How Top Performers Work Less and Achieve More*의 초안에서 얻었다.

243. "발견되기만을 기다리는 마법의 존재인 양" 브제스니예프스키의 이 표현은 다음 출처에서 인용했다. 앤절라 더크워스, 『그릿^{GRIT}』.

243. 인명구조원 실험 Adam M. Grant (2008). "The Significance of Task Significance: Job Performance Effects, Relational Mechanisms, and Boundary Conditions," *Journal of Applied Psychology* 93(1): 108 – 24.

244. 간호사와 방사선전문의 Adam M. Grant (2014), in Morten Ann Gernsbacher, ed., *Psychology and the Real World*, 2nd ed. New York: Worth.

246. 환자들의 외로움을 달래는 병원 청소노동자 Amy Wrzesniewski, Nicholas LoBuglio, Jane E. Dutton, and Justin M. Berg (2013). "Job-Crafting and Cultivating Positive Meaning and Identity in Work," *Advances in Positive Organizational Psychology* 1: 281 – 302.

246. 샤프 베이비 샤워 이 일화는 칩이 2016년 6월 데보라 베어렌이 참석한 그룹 인터뷰에서 들은 것이다.

Chapter 10. 친밀감이라는 숙제

248. 스탠튼 초등학교의 변화 스탠튼 초등학교에 관한 일화는 2016년 댄과 수잔 스티븐슨, 칼리 존 피셔로, 멜리사 브라이언트, 그리고 컬럼비아 공립학군 DCPS의 애나 그레고리와의 인터뷰에서 가져온 것이다. 관련 문서는 스티븐슨이 제공했다. 정학 및 무단결석에 관한 데이터는 플람보얀 재단이 제공하고 DCPS의 애나 그레고리의 검증을 거쳤다. 무단결석생의 정의는 DCPS가 제공한 것이다. 이듬해 학업 성취율에 대한 자료는 플람보얀 제공, 피셔로나 DCPS가 검증한 서류에서 인용했다. 읽기 및 수학능력 점수에 관한 자료의 출처는 DCPS 웹사이트이다. https://assets.documentcloud.org/documents/1238775/2014-dc-casscores-by-school.pdf.

257. 반응성 H. T. Reis (2007). "Steps Toward the Ripening of Relationship Science," *Personal Relationships* 14: 1-23. 해당 논문은 라이스가 심리학계에서 친밀한 관계를 연구하는 연구자에게 주는 상인 탁월한 학자distinguished scholar 상을 수상함으로써 세상에 나올 수 있었다. 학계의 인정과 상찬은 라이스가 전문 컨퍼런스에서 동료 학자들에게 연구 방향을 제시할 수 있는 기반을 마련해주었고, 이 논문은 그의 대답이다.

259. 일중 코르티솔 출처는 http://www.ncbi.nlm.nih.gov/pubmed/26015413.

259. 갤럽의 6가지 질문 Marcus Buckingham and Curt Coffman (1999). *First Break All the Rules.* New York: Simon & Schuster.

261. 모린 비소나노의 남동생 조니 이 이야기는 다른 주석이 없는 한 2016년 8월 댄

과 비소냐뇨의 인터뷰에서 가져온 것이다. "그들은 조니를 앞에 둔 채 자기들끼리만 말할 뿐", "난 살지 못할 것 같아"는 다음에서 인용했다. http://theconversationproject.org/about/maureen-bisognano/. "당신에게 중요한 것은 무엇입니까?" 질문의 출처는 Michael J. Barry and Susan Edgman-Levitan (2012), "Shared Decision Making—he Pinnacle of Patient-Centered Care," *New England Journal of Medicine* 366 : 780-81. 솔직한 고백: 전작 『스위치』에서 우리가 IHI의 다른 면모에 대해 쓴 후, 댄은 IHI를 위해 유보수 강연을 해달라는 요청을 받은 적이 있다. 이는 모린 비소냐뇨를 만나 그녀의 이야기를 듣게 된 계기가 되었다.

263. 자폐증을 지닌 켄드라 댄과 젠 로저스와의 대화, 2017년 2월.

266. 콜센터 직원들의 앙금 해결하기 앙금 해결 데이터의 출처는 CEB가 제공한 설문조사 서류. 2016년 8월 댄과 맷 딕슨, 댄과 에릭 브라운과의 전화 통화에서 맥락을 차용했다.

268. 버스 정류장 고친밀성·저친밀성 대화 Z. Rubin (1974). "Lovers and Other Strangers: The Development of Intimacy in Encounters and Relationships: Experimental studies of self-disclosure between strangers at bus stops and in airport departure lounges can provide clues about the development of intimate relationships," *American Scientist* 62(2): 182-90.

270. 아트 아론의 36개 질문 A. Aron et al. (1997). "The Experimental Generation of Interpersonal Closeness: A Procedure and Some Preliminary Findings," *Personality and Social Psychology Bulletin* 23: 363-77.

272. 마이크 엘람, 동료와의 대화 2016년 5월 엘람이 제출한 설문응답지와 2016년 8월의 이메일 교환.

274. 클리닉 5: 더는 외면할 수 없는 부서 갈등 피트 크루 경험은 우리가 지어낸 것이 아니다. 실제로 그런 경험을 할 수 있게 돕는 업체도 있다. 댄은 이를 직접 본 적이 있는데 꽤 훌륭했다고 말했다. http://www.bobparker.ca/pitcrewblog/에서 더 자세히 알아보라. '중요한 대화' 문구는 아주 유명하고 유익한 다음 서적에 기반을 두고 있다. 케리 패터슨, 조셉 그레니, 론 맥밀런, 알 스위즐러, 『결정적 순간의 대화』.

Epilogue. 순간을 귀중하게

281. MIT 합격통지 패키지 http://toastable.com/2010/lets-get-personal/.

285. 줄리 캐스턴 댄과 줄리 캐스턴의 인터뷰, 2015년 6월.

287. 수레쉬 미스트리, 워렌과 벳시 탤벗, 낸시 쇼플리 2016년 8월 초에 뉴스레터를 발행한 후 2016년 8~9월에 수집된 사례들.

291. 웬디와 눈 2016년 10월, 댄과 다시 대니엘스, 제시카 마쉬, 코리 포가티와의 인터뷰와 다시의 블로그 포스트. https://bravefragilewarriors.wordpress.com/2016/04/03/snow-day-in-thehospital/.

옮 긴 이
박 슬 라 연세대학교에서 영문학과 심리학을 전공했으며, 현재 전문번역가로 활동하고 있다. 옮긴 책으로『마인드 세트』,『스틱』,『인비저블』,『증폭의 시대』,『아직도 협상이 어려운가』,『하루 2시간 몰입의 힘』,『몬스트러몰로지스트 1, 2, 3, 4』,『돈의 법칙』,『시그널스』등이 있다.

순간의 힘

초판 1쇄 발행 2018년 7월 13일
초판 14쇄 발행 2024년 12월 2일

지은이 칩 히스·댄 히스 **옮긴이** 박슬라

발행인 이봉주 **단행본사업본부장** 신동해
편집장 김예원 **디자인** [★]규
마케팅 최혜진 이인국 **홍보** 반여진 허지호 송임선
국제업무 김은정 김지민 **제작** 정석훈

브랜드 웅진지식하우스
주소 경기도 파주시 회동길 20
문의전화 031-956-7362(편집) 031-956-7089(마케팅)
홈페이지 www.wjbooks.co.kr
인스타그램 www.instagram.com/woongjin_readers
페이스북 www.facebook.com/woongjinreaders
블로그 blog.naver.com/wj_booking

발행처 ㈜웅진씽크빅
출판신고 1980년 3월 29일 제406-2007-000046호

한국어판 출판권 ©웅진씽크빅, 2018
ISBN 978-89-01-22504-3 (03320)